9783355009409
D1868629

Manfred Gebhardt · Max Hoelz

NEUES LEBEN

# Max Hoelz

Wege und Irrwege
eines Revolutionärs
Biografie
von Manfred Gebhardt

Verlag Neues Leben Berlin

© Verlag Neues Leben, Berlin 1983 · Lizenz Nr. 303 (305/140/83) · LSV 0288
Schutzumschlag und Einband: Gerhard Christian Schulz · Typografie: Erika Wald
Fotos: Archiv Manfred Gebhardt (15), Bildarchiv Berliner Verlag (9), Manfred Gebhardt (7), Max Georgi (7), Christa Grams (24) · Schrift: 11 p Times · Lichtsatz: Karl-Marx-Werk Pößneck V15/30 · Druck und buchbinderische Weiterverarbeitung: Sachsendruck Plauen · Bestell-Nr. 643 550 1 · DDR 13,80 M

*Den Mansfelder Arbeitern gewidmet*

Ich muß noch ein ziemlich kleiner Junge gewesen sein, als ich seinen Namen zum erstenmal hörte. Es war im Fleischerladen in unserem Dorf. Wie gewöhnlich sollte ich ein Achtelpfund Gehacktes kaufen. Vor mir stand eine Frau, deren Mann auf dem Gut arbeitete. Als sich zeigte, daß sie nicht bezahlen konnte, sagte eine andere für sie: „Max Hoelz bezahlt's." Die Leute im Laden lachten, und die Fleischersfrau notierte die Rechnung in ihrem großen Schuldenbuch.

„Max Hoelz bezahlt's" war damals in den Dörfern des Mansfelder Landes eine geläufige Redensart. Zehn Jahre nach den Märzkämpfen von 1921 lebte Max Hoelz in den im Mansfelder Dialekt weitererzählten Geschichten der Bergarbeiter und Hüttenleute als einer, der von den Reichen nahm und den Armen mit vollen Händen gab – eine Art Robin Hood oder Karl Moor aus Schillers Räubern oder, wie für mich, einfach ein Märchenheld, der der armen Frau vom Gut die Wurst bezahlte.

Jeder kannte ihn, jeder wollte ihn gesehen haben, und jeder wußte es ganz genau, daß er Max Hoelz an diesem oder jenem Tag da oder dort begegnet war, darunter auch an Orten, wo Hoelz zu dieser Zeit unmöglich gewesen sein konnte. Hätte er allen die Hand geschüttelt, die das später erzählten, er hätte in den sechs Tagen, die er in der blutigen Osterwoche 1921 in Mansfeld war, nichts anderes tun können.

Aber die Arbeiter aus den Kupferschächten und Schieferhütten, die Frauen auf den Feldern und die Alten in den Dörfern hätten es beschwören können, daß sie ihn persönlich gesehen hatten: in Lederjacke und mit Ledermütze, einen oder besser gleich zwei riesige Revolver umgeschnallt, hoch zu Roß natürlich, wie es sich für einen solchen Mann gehört, mit schwarzem Bart und stechendem Blick – eine Mischung von herrschaftlichem Chauffeur und russischem Kriegskommissar.

Auf dem einzigen bekannten Foto aus jenen Tagen, das ihn im Gespräch mit kämpfenden Arbeitern zeigt, trägt Max Hoelz einen Hut, wie man ihn damals in jedem Warenhaus, bei Goldstein in Eisleben oder bei Christian Römmert in Helbra, kaufen konnte, und einen Anzug von der Stange. Statt Revolver hat er einen Feldstecher umgehängt, der schwarze Bart ist nur ein Lippenbärtchen, und zwischen den einzelnen Orten, in denen gekämpft wurde, fuhr er nach seinen eigenen Aussagen häufig mit dem Fahrrad hin und her. Aber das paßt natürlich nicht in das Bild eines Helden.

Damals und auch später wurde viel über ihn gestritten. Wo immer sein Name genannt wurde, blieb niemand gleichgültig. Man war bedingungslos für ihn oder ebenso bedingungslos gegen ihn. Die einen nannten ihn in einem Atemzug mit Karl Liebknecht und Rosa Luxemburg, für die anderen war er ein idealistischer Bandenführer, Räuberhauptmann, Schinderhannes und Rebellentyp. Doch kein Schlagwort wird dem Mann Max Hoelz gerecht. Er ist zu groß für ein einziges Etikett und zu widerspruchsvoll für solche Vereinfachungen. Wir halten uns an die Einschätzung, die der III. Weltkongreß der Kommunistischen Internationale im Sommer 1921 gab. In einer Grußbotschaft an das deutsche Proletariat heißt es da: „Die Kommunistische Internationale sieht in Max Hoelz einen mutigen Rebell gegen die kapitalistische Gesellschaft ... Seine Taten waren nicht zweckentsprechend ... Aber seine Taten entspringen der Liebe zum Proletariat, dem Haß gegen die Bourgeoisie."

Der Streit um Max Hoelz ist nie ganz verstummt. Doch mit den Jahren wurde es stiller um ihn. Man spürte eine gewisse



Max Hoelz im Jahr 1921

Scheu, seinen Namen zu nennen. Der Held meiner Kindheitserinnerungen geriet in Vergessenheit. Das achtbändige Lexikon von Meyer aus dem Jahre 1962 widmete ihm nur ganze drei Sätze. „Hoelz, Max, Revolutionär mit anarchistischen Tendenzen, geb. 14. 10. 1889 Moritz bei Riesa, gest. 18. 9. 1933 bei Gorki; organisierte 1920 den bewaffneten Kampf der Arbeiter im Vogtland gegen den Kapp-Putsch, in den Mitteldeutschen Kämpfen 1921 Anführer bewaffneter Arbeitergruppen. H. schadete durch sein anarchistisches Auftreten der revolutionären deutschen Arbeiterbewegung."

Selbst die rührige Kommission zur Erforschung der Geschichte der örtlichen Arbeiterbewegung in Eisleben nennt kaum seinen Namen. Keine Straße, keine Schule zwischen Helbra und Hettstedt ist nach ihm benannt. Und wie ihn alle, die heute über siebzig sind, „ganz aus der Nähe" kennen, genauso ist sein Name bei allen unter vierzig Jahren nahezu unbekannt. Unser Generalsekretär, Genosse Erich Honecker, schildert in seinen Lebenserinnerungen auch eine Begegnung mit Max Hoelz, den er Silvester 1930 im Hotel „Lux" in Moskau traf. Er nennt ihn eine „legendäre Gestalt aus manchen Klassenkämpfen in Mitteldeutschland".

In unserem Bestreben, die geschichtlichen Erfahrungen früherer Generationen für gegenwärtige und künftige Kämpfe nutzbar zu machen, können wir heute auch an Persönlichkeiten wie Max Hoelz nicht vorübergehen; an Menschen, die aus ehrlicher proletarischer Gesinnung und mit großem persönlichem Mut – wenn auch teilweise mit falschen Mitteln – für den Menschheitsfortschritt fochten. Denn es entspricht unserem Weltbild, die Geschichte in ihrem objektiven, tatsächlichen Verlauf, in ihrer Dialektik zu erfassen.

Und wie in der Naturwissenschaft jeder negativ ausgehende Versuch uns allein durch den Ausschluß eines bisher für gangbar gehaltenen Weges der richtigen Erkenntnis und damit der Wahrheit näher bringt, so haben auch jene Kämpfer im Klassenkampf, deren Methoden sich als untauglich für die Lösung der großen Probleme ihrer Zeit erwiesen, geholfen, den richtigen Weg zu finden. Es ist der Weg, der nach schweren Kämpfen, Siegen und Niederlagen schließlich auch zur Bildung des ersten sozialistischen Staates auf deutschem Boden und zum Sieg des Sozialismus in der Deutschen Demokratischen Republik führte. Zu den deutschen Revolutionären, deren Tapferkeit auf diesem Weg anderen Mut und Zuversicht gab, gehört auch Max Hoelz.

Ich habe versucht, Erkundigungen über ihn einzuholen, in den Orten, in denen er lebte, nachzufragen, in alten Zeitungen und Schriften etwas über ihn zu erfahren und auf diese Weise Stationen seines bewegten Lebens nachzuzeichnen. Das alles ist nach so vielen Jahren nicht ohne Risiko. Eine wesentliche Quelle sind Erinnerungen, seine eigenen, die er in seinem Buch „Vom ‚Weißen Kreuz‘ zur roten Fahne“ niederschrieb, das 1929 im Berliner Malik-Verlag erschien, und die seiner Zeitgenossen und Kampfgefährten. Doch was schleicht sich im Laufe der Jahre nicht alles in unsere Erinnerungen ein, wie oft sind sie trügerisch und schemenhaft. Und dennoch sind sie eine unerläßliche Quelle solcher Nachforschungen.

Neben diesen persönlichen Zeugnissen standen mir schriftliche Quellen zur Verfügung, zeitgenössische Artikel, Reden und Streitschriften. Während der revolutionären Ereignisse nach dem ersten Weltkrieg und nach der Novemberrevolution wurde auch über Hoelz eine Menge geschrieben, zuerst in der lokalen Presse, später auch in zentralen Zeitungen und Zeitschriften. Doch das war für den politischen Tageskampf bestimmt, war Auseinandersetzung mit dem Klassenfeind oder auch mit Genossen, die in bestimmten aktuellen Debatten andere Meinungen vertraten. Da ist viel Polemik, viel Taktik, viel Tagesagitation, die eine sachliche Wertung erschweren, das Bild verwischen. So entstehen Unschärfen in der Betrachtung gerade einer so vielschichtigen Persönlichkeit wie Max Hoelz. Wer schrieb da über ihn und in welcher Absicht? Wen wollte der Schreiber widerlegen, wen überzeugen? Ich möchte nicht einmal ausschließen, daß andere, die nach mir dieselben Quellen lesen, andere Schlüsse daraus ziehen. Aber gerade das macht die Nachforschungen über Hoelz so interessant.

Und noch eine Warnung möchte ich meinem Report über Max Hoelz vorausschicken: Für uns und in unserer Zeit sind die Erkenntnisse von Marx, Engels und Lenin und die darauf fußenden Beschlüsse unserer Partei der Maßstab, an dem richtiges oder falsches Verhalten gemessen wird. Und wir sind geneigt, diese Regel für jede Zeit gelten zu lassen. Doch die junge Kommunistische Partei Deutschlands von 1920 und 1921, deren Führer Liebknecht und Luxemburg die Reaktion ermordet hatte, suchte erst nach dem richtigen Weg. Nur wenige Genossen kannten damals die Werke von Marx, Engels und Lenin, und noch weniger waren in der Lage, daraus die richtigen Lehren für die komplizierten aktuellen Aufgaben zu ziehen. Der Weg, der die Arbeiterklasse zum Siege führt, verläuft nicht geradlinig. Da gibt es mutige, richtige Beschlüsse und fehlerhafte Entscheidungen auch in der Zentrale der KPD, aber auch solche, die erst die Geschichte richtig einschätzen wird. „In tausend Siegen und Niederlagen“, schrieb Fritz Heckert, einer der herausragenden Führer der Kommunistischen Partei Deutschlands, „wird die Kommunistische Partei von der Geschichte zurechtgehämmert, um die Waffe zu werden, mit der die bürgerliche Welt gestürzt und die proletarische Revolution zum Siege geführt wird.“

So kann dieses Buch gewiß nicht alle Fragen klären, die mit Max Hoelz zusammenhängen. Das will es auch nicht. Unsere Partei, die die Pflege der revolutionären Traditionen unserer Geschichte auf ihre Fahnen geschrieben hat, wird auch das Leben dieses revolutionären Kämpfers weiter erforschen. Man darf sicher sein, daß sich auch in Zukunft marxistische Historiker diesem Stoff zuwenden werden.

Wenn ich ihren Forschungen vorgreife und einige Stationen im Leben von Max Hoelz mit der Feder des Journalisten, des Reporters nachzeichne, so erfülle ich mir damit nicht nur den persönlichen Wunsch, einer Erinnerung aus meiner frühen Kindheit nachzuspüren. Ich möchte zugleich diese Erinnerung weitergeben und den jungen Leser mit diesem mutigen und selbstlosen Revolutionär Max Hoelz bekannt machen. Denn er ist ein Stück Geschichte unserer revolutionären Partei, und ich mag ihn nicht anders sehen denn als meinen Genossen.

# Der Junge aus der Halbhufe

Der Rebell aus dem Vogtland, wie Max Hoelz häufig genannt wird, dessen Geburtsort fast jeder, den ich bei meinen Nachforschungen befragte, in Falkenstein vermutete, war dreiundzwanzig Jahre alt, als er zum erstenmal die waldreiche Landschaft an der böhmischen Grenze sah. Seine Kindheit und seine ersten Jugendjahre verbrachte er in einem halben Dutzend Elbdörfer zwischen Riesa und Meißen.

Die meisten dieser Dörfer verdanken ihren landschaftlichen Reiz dem Fluß, der stürmisch im Frühling, träge im Sommer und starr im Winter dem Land sein Gesicht und seine Seele gibt. Hier, im Dorf Moritz, wurde Max Hoelz am 14. Oktober 1889 als zweites Kind eines Schneidemühlenarbeiters und einer Tagelöhnerin geboren. Von Riesa aus sieht man das Dorf am jenseitigen Ufer liegen: eine Windmühle, eine Pumpstation für das Rohrwerk in Zeithain, drei alte ehemalige Großbauerngehöfte und ein paar Dutzend Einfamilienhäuser zwischen Elbdamm und grünen Feldern. Auf dem Vogelberg, einem Hügel, der so klein ist, daß er nur hier im Flachland auffällt, wachsen halbhohe Kiefern, die nach dem Krieg auf dem sandigen Boden angepflanzt wurden. Eine Umgehungsstraße wird gerade gebaut, so wird das Dorf in naher Zukunft die Stille eines Kurortes haben. Die hundertfünfundsiebzig Einwohner von Moritz arbeiten zum Teil in den Riesaer Industriebetrieben und zum Teil in der Landwirtschaft. Der Kanal, auf dem früher die Rohstoffe zum Stahlwerk Gröditz befördert wurden, hilft heute, das Land mit Elbwasser zu bewässern.

Das Geburtshaus von Max Hoelz in Moritz bei Riesa

Eine Häusergruppe am Dorfausgang, die von den Bewohnern seit alters her als eigener Ortsteil empfunden wird, trägt die Bezeichnung Halbhufe. Das älteste Haus in der Halbhufe, heute Moritzer Straße acht, ist das Geburtshaus von Max Hoelz.

Eine Dorfbewohnerin erinnert sich noch an die Familie: „Sein Vater ging später über die Elbe.“ Sie ist um die Achtzig und hat ihr ganzes Leben in der Halbhufe gewohnt. „In den zwanziger Jahren“, sagt sie, „wurde viel von Hoelz gesprochen. Die kleinen Leute haben nichts auf ihn kommen lassen. Die Genossen nannten seinen Namen mit Stolz. Er war einer aus ihrem Dorf. Die Alten haben ihn nicht vergessen.“ Hoelz selbst erinnert sich nicht an Moritz. Als er zwei Jahre alt war, zogen seine Eltern nach Hirschstein an der Elbe. Heute erreicht man den Ort in zwanzig Minuten mit dem Auto, damals war es eine Tagesreise, die die Familie Hoelz mit dem Leiterwagen zurücklegte, auf dem das ganze Hab und Gut verpackt war. Der Vater zog den Wagen, die Mutter schob, die beiden Kinder saßen obenauf. So ging der Umzug einer Landarbeiterfamilie damals vor sich. In Hirschstein fand der Vater Arbeit auf dem Rittergut, das damals dem Rittmeister der Großenhainer Husaren Crusius gehörte. Es war eine große Domäne, die sich an der Elbe bis weit ins Land hinein erstreckte. Der Vater war hier als Ackerknecht, die Mutter als Tagelöhnerin beschäftigt. Das Schloß, in dem der Gutsbesitzer wohnte, beeindruckte den Vierjährigen, der dem Vater oft das Essen aufs Feld brachte, tief. Für ihn sah es aus wie ein Schiff, das auf dem hohen Felsen fuhr, der schroff zum Elbufer abfällt.

Eine Kastanienallee, wie sie in dieser Gegend selten ist, führt zum Schloß. Von hier oben hat man einen herrlichen Blick ins Elbtal, wo im Frühling die Bäume und die Fliederbüsche blühen und wo man dem Fluß entgegensehen kann, der hinter dem Wald in einem großen Bogen auftaucht und vorbei an Weinbergen und Wiesen dahinfließt.

Der junge Max Hoelz hat von den Vorzügen dieser Gegend mit Sicherheit nichts gewußt. Das Schloß, in dem die Herrschaft lebte, und von dessen Turm der Gutsinspektor mit dem Fernrohr die Arbeiter auf dem Feld kontrollierte, war den Landarbeiterkindern ebenso verschlossen wie der schöne Schloßpark, der schon fast die Größe eines Waldes hat, in dem man kilometerweit wandern kann. Doch damals durften die Dorfbewohner nur den sogenannten Milchweg am Rande des Parks benutzen und auch das nur abends, um sich im Kuhstall den halben Liter Milch zu holen, den sie zusätzlich zum Lohn bekamen, und am Sonntag, wenn sie nach Moritz in die Kirche gingen. Unterhalb des Schlosses standen die Landarbeiterkaten mit ihren Fußböden aus gestampftem Lehm. Eine steht noch auf dem gegenüberliegenden Hang – ein Erinnerungsstück an eine fern erscheinende Vergangenheit.



Schloß Hirschstein

Blick vom Schloß auf die Elbe

Von Hirschstein aus ging der kleine Max Hoelz täglich in die zweiklassige Dorfschule nach Bahra. Der Weg ist kürzer, als er ihn in seinen Lebenserinnerungen beschreibt und als es dem Sechsjährigen erschienen sein mag.

Doch der Aufenthalt der Familie Hoelz in Hirschstein dauerte nicht lange. Mehr als einmal mußten sie danach noch ihre Hausgeräte auf einen Leiterwagen packen und in einen anderen Ort umziehen. Der Vater war ein rechtschaffener Mann, aber kein Stiefellecker.

Sobald ihm ein Großbauer oder Gutsinspektor ungerechtfertigte Vorwürfe machte, ging er seiner Wege und suchte anderswo Arbeit. Die fand er immer, denn er war als gewissenhafter und fleißiger Arbeiter bekannt. So kamen sie über Priestewitz und Zähren bei Meißen nach dem Dörfchen Leutewitz bei Riesa. Max Hoelz mußte nun schon auf dem Feld mithelfen, Gänse oder Kühe hüten, Kartoffeln auflesen oder Rüben verziehen. Der Vater war wieder Ackerknecht, die Mutter Tagelöhnerin.

Max Hoelz beschreibt seine Eltern als Menschen von seltener Gewissenhaftigkeit und Ordnungsliebe. Ein Bild aus jener Zeit zeigt den Vater in einer mit großen hellen Perlmuttknöpfen besetzten kragenlosen Jacke, wie sie die Schäfer trugen, darunter ein „Vorhemdchen", ein Krageneinsatz, der ein Hemd vortäuschen sollte. Sein Gesicht ist schmal und voller Falten. Den linken Ellenbogen hat der Fotograf auf ein Tischchen gestützt, es scheint, als lese der alte Hoelz in einem Buch. Er sitzt aufrecht, die wie mit Leder überzogene, ausgearbeitete Hand hängt herunter, als ob sie ihm im Wege sei. Er macht einen ruhigen, gutmütigen Eindruck.

Die Mutter, die ebenfalls auf dem Feld arbeitete, mußte nebenher für die ganze Familie kochen, waschen und die Kleider flicken, die vier – später waren es sechs – Kinder zerrissen. Ein kleines Foto zeigt sie streng, mit breitem, flächigem Gesicht, schmalem Mund, das in der Mitte gescheitelte Haar ist zurückgekämmt und hinten zum Knoten gebunden. Doch ihre Strenge – das wissen wir aus den Berichten des Sohnes – ist voller Verständnis für die Sorgen anderer.

Hoelz' Vater verdiente wöchentlich zehn Mark; das reichte kaum für Brot und Pellkartoffeln. Und oft fehlte selbst das. „Wir, die wir die Erde düngten, pflügten, säten und dann die Früchte für den Arbeitgeber ernteten", schrieb Hoelz später, „hatten nicht das Allernotwendigste zum Leben." Manchmal kam es vor, daß die Mutter, um die Kinder nicht verhungern zu lassen, auf einen Trick verfiel. Dann schickte sie den Jungen mit zwei Pfennigen zum Dorfbäcker. Er gab vor, ein Bettler schicke ihn, er solle für den Zweier hartgewordenes Brot holen, das frisch fünfzehn Pfennig kostete. Sie hätten sich geschämt zuzugeben, daß sie aus dem harten Brot Suppe kochten.

Bei aller Armut, die sie aus tiefer Religiosität für göttliche

Familie Hoelz um 1910

Ordnung hielten, besaßen die Eltern von Max Hoelz einen Stolz, der auch auf die Kinder abfärbte.

Hoelz erzählt in seinen Erinnerungen, wie ihm als Achtjährigem eines Abends, als er beim Großbauern Milch holen sollte, in seiner Rüböllaterne das Öl ausging. Er bat die Frau des Bauern, ihm auszuhelfen, und bot ihr dafür zwei Pfennig. Die Frau gab ihm den Zweier wieder, aber er bestand darauf, zu bezahlen, weil er keine Almosen nehmen wollte. Bevor er ging, legte er das Geldstück auf den Melkschemel.

Schlimmer als die Armut, die er von klein auf kannte, war für den Jungen die Außenseiterrolle, in die er von der Gesellschaft gedrängt wurde. Versuchte er, mit anderen Kindern zu spielen, spürte er bald, daß ein Tagelöhnerkind eigentlich nicht dazugehörte. Die gleichaltrigen Schulkameraden hänselten ihn wegen der von der Mutter aus alten Kleidungsstücken genähten Jacke. Oft war er sehr bedrückt in jenen Jahren.

Den größten Teil seiner Kindheit verbrachte Max Hoelz in Heyda. Das Dorf, nur sieben Kilometer von Riesa entfernt, wurde zu Hoelz' Zeiten von Groß- und Mittelbauern bewirtschaftet.

In Heyda hat man den jungen Hoelz bis heute nicht vergessen. Das ist in erster Linie Bürgermeister Große zu danken, der wie Hoelz aus Moritz stammt. Er sorgt dafür, daß die Spuren des berühmten Dorfbewohners gesichert werden, und bemüht sich auch seit längerer Zeit darum, ein Max-Hoelz-Gedenkzimmer einzurichten, wie sie es in Falkenstein haben. Bürgermeister Große weiß, daß die Familie Hoelz damals in Heyda Nummer sechsunddreißig im Seitenhaus (Straßennamen gab es noch nicht) gewohnt hat. Heute ist es Riesaer Straße fünf.

Es war ein armseliges Haus, niedrig und damals schon alt: eine Tür, durch die man nur gebückt gehen konnte, und eine ebenfalls niedrige Decke in der Stube mit Lehmfußboden. Sein Vater arbeitete auf einem der Bauernhöfe, von denen es mehrere im Dorf gab und die sich noch heute gleichen: Wohnhaus, Stallung und Scheune begrenzen von drei Seiten den Hof, dessen Mittelpunkt der Dunghaufen bildet. Zu einem solchen Hof gehörten früher fünfzig bis hundert Hektar Land, das von Knechten bewirtschaftet wurde. Das Land hier ist so flach, daß sich einer im Dorf die Berge an seine Hauswand gemalt hat und einen See dazu, denn im Dorf gibt es nur Feuerlöschteiche.

Der kleine Ort Heyda, in dem Hoelz den größten Teil seiner Kindheit verlebte

Auch bei der Familie Fichtner am Dorfeingang von Heyda wird die Erinnerung an Max Hoelz hochgehalten. Alfred Fichtner und sein verstorbener Bruder sind mit ihm in die Schule gegangen. Und auch die jüngere Schwester Elisabeth, die nun auch schon über achtzig ist, erinnert sich noch an ihn. Die alte Dame, die ihn manchmal mit ihren älteren Brüdern erlebt hat, behielt ihn als aufgeweckten und hilfsbereiten Jungen in Erinnerung. „Wenn die Jungen Wasser vom Brunnen holten, führte er das Kommando“, sagt sie. In ihren Schilderungen ist er der Anführer bei allerlei Streichen. Aber Max Hoelz möchte eben jeder als den Anführer sehen, der er in Wahrheit erst viel später wurde. Manches an solchen Erinnerungen ist Legende, aber auch in solchen Legenden lebt ein

Mensch weiter. Und ob es stimmt, was man sich in Heyda über seine Konfirmation erzählt, ist ebenso fraglich. Danach soll er die Schultasche mit allen Büchern in den Dorfteich geworfen haben.

Er selbst schreibt über diese Jahre nur, daß er selten seine Schularbeiten machen konnte, weil er im Sommer auf dem Feld helfen und im Winter die Pferde an der Dreschmaschine antreiben mußte, um Geld zu verdienen. Und was für ein ungeheures Ereignis es für ihn war, als er zu seiner Konfirmation einen Anzug erhielt, sein erstes nagelneues Kleidungsstück in vierzehn Jahren!

Da klingt schon glaubhafter, was über einen seiner späteren Besuche im Dorf erzählt wird. Als Hoelz in Großenhain in der Kaserne war, kam er eines Tages nach Heyda zum Bauern Willi Große. Es war Erntezeit, und der Bauer sagte: „Ach, heute paßt es schlecht, wir dreschen gerade." Aber Hoelz antwortete: „Das macht nichts", zog seine Uniformjacke aus und half mit.

Die Kindheitsjahre an der Elbe haben den jungen Max Hoelz nicht zum Revolutionär gemacht. Aber die Erinnerung an sie hat ihm später manche Einsicht erleichtert und seinen Einsatz für die Armen mitbestimmt. Denn was der Mensch in seiner Kindheit und frühen Jugend erlebt, die ersten Auseinandersetzungen mit seiner Umwelt, die ersten Bewährungssituationen sind oft prägend für das ganze Leben. Hier bilden sich Charaktereigenschaften und Verhaltensweisen heraus, die stärker wirken, als es einem manchmal bewußt ist. Max Hoelz hat sich später oft an diese Zeit erinnert und sich wiederholt auf seine Kindheitserlebnisse berufen. Im Vorwort zu seinen Erinnerungen schreibt er 1929: „Ich bringe dabei viel Persönliches zur Sprache. Das war unvermeidlich, denn alles Persönliche war zugleich Gemeinsames. Nicht nur ich hatte schwer arbeitende arme Eltern, nicht nur ich wurde als Knecht geprügelt, lief weg, suchte hungernd Arbeit, glaubte an Gott und zog in den Krieg . . . Tausende erleben und erleiden dasselbe wie ich."

# Kitchenboy an der Themse

Wenn es so etwas wie eine Schule des Lebens gibt, dann hat der Landarbeiterjunge von der Elbe sie schon in jungen Jahren hinreichend absolviert. Und wenn der Satz stimmt, daß wir sind, was wir an Erfahrungen sammeln, dann war der vierzehnjährige Hoelz schon jemand. Geht man allerdings von dem Wissen aus, das ihm die sächsischen Dorfschulen vermittelten, dann war seine Bildung gering. Schließlich wollten sie ihren Schülern nicht mehr mitgeben, als was diese unbedingt für ihre primitive, körperlich schwere und geistig wenig anspruchsvolle Arbeit brauchten. Da half es nichts, daß Hoelz' Mutter sich vor seiner Schulzeit mühte, ihm das Lesen beizubringen und er anfangs zu den besten Schülern der Klasse gehörte. Bald wurde es immer schwerer für ihn, zumal der häufige Wechsel des Wohnortes jedesmal mit einer Umschulung verbunden war – zu einer Zeit, da es weder einheitliche Lehrbücher noch Lehrpläne gab und jeder Dorfschullehrer weitestgehend nach seinem persönlichen Gutdünken unterrichtete. Dennoch erzählt man sich in Heyda, daß er gute Zensuren bekam. Nach der Schule wollte Max Hoelz einen Beruf erlernen. Sein sehnlichster Wunsch war, Schlosser zu werden. Doch wie vielen seinesgleichen blieb ihm nach seiner Konfirmation nur die Möglichkeit, sich als Ackerknecht zu verdingen. Es war den Eltern einfach unmöglich, das Lehrgeld zu zahlen, für Kleidung und Unterhalt weiterhin aufzukommen. So kam er zum Großbauern Klotzsche in Leutewitz bei Riesa.

Hierhin folgen wir nun seinen Spuren. Der Weg führt immer an der Elbe entlang, die sich manchmal hinter Äckern und Dörfern versteckt. Am anderen Flußufer, gegenüber von Leutewitz, liegt heute das Chemiewerk Nünchritz, eine moderne Anlage, über die häufig in der Zeitung zu lesen ist. Und daneben sein Geburtsort Moritz, den Hoelz von hier aus täglich sehen konnte. Nur wenige Kilometer von der lieblichen Hügellandschaft von Hirschstein entfernt, hat sich das Bild völlig verändert. Der Fluß zieht breit und behäbig dahin, ein Wasserlieferant für die Betriebe am anderen Ufer.

Leutewitz liegt ein paar hundert Meter von der Elbe entfernt, weit genug, daß sie bei Hochwasser keinen Schaden anrichtet. Die Dörfer hier gleichen einander. Ein paar Bauernhöfe und frisch verputzte gepflegte Wohnhäuser mit großen Fenstern zur Straße und frühlingsbunten Vorgärten. Das Haus des Bauern Klotzsche, bei dem der junge Hoelz Knecht war, steht mittlerweile unter Denkmalschutz. Der Hof wurde 1791 als Vierseitgehöft gebaut, wie sie in dieser Gegend ganz selten sind. Vier Fachwerkbauten begrenzen den großen Hof. Der Eingang ein Rundbogentorweg, rechts das Wohnhaus, quer die Scheune und links die Stallungen, über denen die Melker und die Knechte, auch Max Hoelz, wohnten, die zu zweit und dritt in einem Bett schlafen mußten.

Hier also hat Max Hoelz zwei Jahre gearbeitet.

Man schreibt das Jahr 1903: Ein paar Knechte sind zum Militär eingezogen worden. Der Großbauer kann nicht gleich Ersatz finden, und so muß der Vierzehnjährige die schweren Lasten tragen, die sonst nur von älteren gehoben wurden. Dennoch liebt er die Landarbeit, sie macht ihm Freude. Bauer Klotzsche kann den fleißigen Knecht gut leiden und läßt ihn – nach zwei Jahren – ungern ziehen.

Auch bei Hoelz finden sich keine abfälligen Worte über den Bauern, der übrigens, wie ich erfahre, seinerzeit begann, in Leutewitz eine Wasserleitung zu bauen, die erste weit und breit.

Doch das Los seiner Eltern vor Augen, die trotz Fleiß und

Der Hof des Bauern Klotzsche in Leutewitz

Sparsamkeit immer in Armut lebten, versucht der junge Hoelz den teuflischen Kreislauf zu durchbrechen, nach dem die Söhne der Knechte wieder Knechte bei den Söhnen der Herren werden. Mit sechzehn Jahren verläßt er das Dorf, geht nach Riesa und nimmt in einer Gaststätte eine Stelle als Hausdiener an. Es ist der erste selbständige Schritt in seinem Leben; er geht ihn ohne die Einwilligung der Eltern.

Drei Monate später beschließt er, nach Baden-Baden „durchzubrennen", wo seine Mutter in ihrer Jugend als Kammerzofe gedient hatte. Oft hatte sie ihm davon erzählt, bald erschien die Stadt dem unternehmungslustigen Jungen in der Enge des Dorfes als ein Traumgebilde. Doch zunächst kommt er nur bis Heidelberg, wo er als Silberputzer im Hotel „Bayrischer Hof" das Geld für die Weiterreise verdient.

Und dann endlich: Baden-Baden. Bei einem reichen Fabrikanten findet er eine Stellung als Diener. Doch seine Hoffnung, wenigstens so viel freie Zeit zu finden, um sich weiterbilden und doch noch einen Beruf erlernen zu können, wird auch hier enttäuscht. Nach weiteren mißglückten Versuchen hebt er schließlich kurz entschlossen seine ganze Habe von hundertzwanzig Mark von der Sparkasse ab, kauft sich ein Handköfferchen und reist ohne weitere Vorbereitungen über Köln, Rotterdam, Hoek van Holland nach London. Hier, in der „freieren englischen Luft", hofft er, sein Fortkommen zu finden.

Die Millionenstadt an der Themse hat für den sechzehnjährigen Tagelöhnerjungen aus Sachsen keinen roten Teppich ausgerollt. Sein Englisch besteht aus den paar Brocken, die er als Liftboy in Baden-Baden aufgeschnappt hat. Seine paar Silbergroschen sind schnell ausgegeben. Gelegenheitsfreunde, die seine Unerfahrenheit augenblicklich erkennen, helfen ihm dabei. Bald aber zeigt er sich als Mensch der Tat, der nicht lange zögert, wenn er etwas für notwendig hält, der etwas wagt. Und ein Wagnis ist es schon, auf das er sich da eingelassen hat.

Er erfährt, daß das Los der Armen auch im großen London alles andere als leicht ist. Als Küchenjunge – Kitchenboy – in einem Londoner Boardinghouse, einer Pension, schleppt er von vier Uhr morgens bis zum Abend Kohlen, klopft Teppiche, spült Geschirr, scheuert Stufen, putzt Klinken und muß sich zudem mit verletzender Herablassung behandeln lassen. Nichtachtung und Beleidigung treffen ihn schwerer als harte Arbeit und Hunger. Nie hat er es der „alten, häßlichen, spindeldürren Besitzerin" vergessen, daß sie ihm den Teller mit seinem Essen auf den Fußboden stellte.

Durch den täglichen und fast ausschließlichen Umgang mit Engländern beherrscht er die Sprache bald so weit, daß er sich gut unterhalten kann. Er arbeitet in mehreren Pensionen, ist als Kitchenboy im vornehmen Chelsea und als Wagenwäscher tätig, bevor ihn ein Zivilingenieur in der City als Schüler für sein Büro einstellt.

Von seinem ersparten Geld kauft er sich englische Bücher, versucht Zeitungen zu lesen und besucht, sooft er kann, die zahlreichen öffentlichen Leseanstalten und Leihbibliotheken. Sein Wissensdurst ist riesengroß.

Von morgens um neun bis drei Uhr nachmittags fertigt der Schüler nun für den Ingenieur Pausen und kleinere Zeichnungen für Bahnbauten an. In den Spätnachmittags- und Abendstunden besucht er das Polytechnikum in Chelsea. Die Lehrer zeigen viel Verständnis für seine Lage, denn er ist der einzige Deutsche unter den dreißig Schülern und sein Englisch noch nicht so perfekt, daß er dem Unterricht ungehindert folgen könnte.

Von den zwölf Schilling, die er verdient, kauft er Bücher und Zeichenutensilien, da bleibt oft nicht viel zum Leben. Die Eltern, die ihm die heimliche Abreise nach England nicht nachtragen, helfen, wo sie können. Doch viel können sie nicht. Manchmal schicken sie ihm ein paar Mark, die sie sich selbst vom Munde abgespart haben. Doch gibt es auch Zeiten, in denen er nicht einen Penny besitzt und manchen Tag nichts zu essen hat.

In einem englischen Geistlichen, der eine Zeitlang in Dresden studiert hat, findet er später einen Freund, dem er vieles verdankt. Er fördert sein Studium und rät ihm, in einen Schwimmklub einzutreten, um Leute kennenzulernen. Doch obwohl Hoelz nur einen Katzensprung entfernt von der Elbe aufgewachsen ist, in der man damals durchaus noch baden konnte, kann er nicht schwimmen. Um das zu ändern, geht er nun täglich – bis in den Dezember hinein – in den Hyde Park baden. Nach einigen Wochen gewinnt er sogar ein Wettschwimmen und erhält eine Silbermedaille, die er jedoch bald auf der Pfandleihe versetzen muß.

Nach knapp zwei Jahren kehrt er nach Deutschland zurück, um pflichtgemäß seinen Militärdienst abzuleisten. Die

Jahre in England waren für den wissensdurstigen jungen Mann außerordentlich wichtig: Er hatte als Volontär in einem technischen Büro gearbeitet und eine Schule besucht. Zum erstenmal ist ihm etwas anderes zugetraut worden als Putzen und Dienen. Das hat er England nie vergessen.

Später erinnert er sich: „Man ist in England großzügiger als in Deutschland. Man verlangt dort nicht für jeden Posten ein Staatszeugnis oder ein Examen. Man kann sich dort aus eigener Kraft emporarbeiten. In England fragt man nicht, wer ist dein Vater? In England gilt der Mann, was er tut, was er leistet. Ich weiß heute, daß in England infolge des kapitalistischen Systems die gleiche Ausbeutung der besitzlosen Klassen stattfindet; damals fühlte ich mich freier als in Deutschland."

Die Rückkehr nach Deutschland ist für den lernbegierigen Zwanzigjährigen eine Enttäuschung. Eine Fotografie aus dieser Zeit zeigt ihn mit damals modischem Bürstenhaarschnitt und einem dünnen Bärtchen auf der Oberlippe. Die Augen blicken etwas starr geradeaus, wie es die Fotografie zu jener Zeit verlangte. Er wirkt noch ein bißchen unfertig, jünglingshaft.

In Berlin findet der angehende Techniker aus London keine Anstellung. Immer wenn er bei seiner Bewerbung in einem technischen Büro angibt, sein Vater sei Ackerknecht, sinken seine Chancen, und nicht selten rümpft man die Nase über solche Herkunft. Der Sohn eines Ackerknechts, der Techniker werden will – das rüttelt an den Säulen der heiligen alten Ordnung, in der die oben von denen unten getrennt sind wie der Himmel von der Hölle. Und so, wie die Hölle nicht verschwinden darf, weil sonst auch der Himmel nicht mehr existieren könnte, so müssen die Armen arm bleiben, damit die Reichen reicher werden können. Das lernt Max Hoelz bald verstehen.

Da er als Eisenbahntechniker keine Beschäftigung findet, beginnt er wieder als Hausknecht und Geschirrspüler, diesmal im Restaurant „Architektenhaus“ in der Berliner Wilhelmstraße. Später erhält er eine Stelle bei der renommierten Firma Siemens & Halske, aber nicht als Techniker, sondern als Hilfskellner.

In dieser Zeit schließt er sich dem Christlichen Verein Junger Männer an. Hier findet er Gleichgesinnte, vorwärtsstrebende junge Menschen, zu denen er sich hingezogen fühlt. Außer seinen Freunden in diesem Jugendbund hat er keine Bekannten. Den Umgang mit Mädchen verbieten ihm seine Vorstellungen von Sünde. Um seine erotischen Wünsche zu unterdrücken, tritt er dem „Weißen Kreuz“, einem evangelischen Keuschheitsbund, bei. Während einer sechsmonatigen Prüfungszeit muß er fast täglich dem Präses des Sittlichkeitsbundes sein sexuelles Tun und Denken in aller Ausführlichkeit schildern. Erst nach dieser halbjährigen Läuterung wird er in feierlicher Sitzung als Mitglied in den Bund aufgenommen, dem er bis 1914 angehört.

Doch eine seinen Fähigkeiten angemessene Arbeit hat er bei aller Keuschheit noch immer nicht. Endlich findet er bei der Eisenbahnfirma Arthur Koppel in der Berliner Dorotheenstraße einen Abteilungsingenieur, der nicht nach seiner Herkunft fragt, sondern ihm Gelegenheit gibt zu zeigen, was er kann. Hoelz muß unter Aufsicht eines Ingenieurs Probezeichnungen und Berechnungen anfertigen. Er erhält die Stelle. Nun besucht er in den Abendstunden zur weiteren technischen Ausbildung mehrmals in der Woche die städtische Handwerkerschule. Der Ingenieur ist streng mit ihm, kritisiert ihn oft scharf, besonders wegen seiner schlechten Schrift.

Häufig muß Max Hoelz Arbeiten mehrmals abschreiben, aber nirgends findet sich ein böses Wort über den Vorgesetzten, auch nicht über andere Menschen, von denen er etwas lernen konnte. Sein Lerneifer ist so groß, daß er oft die Nacht hindurch arbeitet, sich auf dem Spirituskocher einen starken Kaffee braut und morgens noch in den Kleidern am Tisch

sitzt, da er irgendwann ermüdet eingeschlafen ist. Bald schickt man ihn nach Bayern an den Bahnbau der Strecke Neuenburg vor dem Wald – Schönsee. Diese Arbeit macht ihm sehr viel Freude, weil er den ganzen Tag im Freien arbeiten kann. Ein Jahr lang nehmen er und seine Kollegen hier Nivellierungen und Vermessungen vor. Die Ingenieure, mit denen er zusammenarbeitet, sagen zu ihm: „Hoelz, Sie sind ein tüchtiger Mensch. Aber Ihnen fehlen noch theoretische Kenntnisse. Versuchen Sie, noch zwei oder vier Semester eine technische Schule zu besuchen."

Er versucht es, geht nach Dresden, verdient als Kegelaufsetzer, später als Filmvorführer das Geld für die Vorbereitung auf das Examen. So stellt er zunächst täglich von neun Uhr abends bis lange nach Mitternacht Kegel auf. Dafür bekommt er ganze fünfundsiebzig Pfennig je Abend. Im Lichtspielhaus dann, für die Arbeit in der feuersicheren, engen und heißen Eisenkabine, verdient er immerhin fünfundzwanzig Mark in der Woche. Davon kann er Schulgeld und Bücher bezahlen und fast täglich warm essen. Er besucht in Dresden das Einjährig-Freiwilligen-Institut von Direktor Wiener an der Bürgerwiese. Es gab im Wilhelminischen Deutschland und auch in anderen Ländern für junge Leute mit höherer Schulbildung, die sich freiwillig meldeten, das Vorrecht, nur ein Jahr zu Vorzugsbedingungen beim Militär zu dienen. Man nannte sie Einjährig-Freiwillige. Als „Einjähriger" ist ihm der soziale Aufstieg möglich, den er anstrebt. Doch zuerst muß er eine besondere Prüfung ablegen. Die doppelte Belastung von Schule und Arbeit ruiniert bald seine Gesundheit, und die Rekrutenmusterungskommission, die ihn nach seiner Rückkehr aus England für gesund befunden hatte, erklärt ihn nun wegen Tuberkuloseverdachts für den aktiven Wehrdienst untauglich. Die Ärzte raten ihm dringend, das aufreibende Leben aufzugeben, Dresden zu verlassen und in eine waldreiche Gegend überzusiedeln.

So kommt Hoelz nach Falkenstein im Vogtland, wo er eine

Anstellung bei einem Landvermesser findet. In seiner freien Zeit versucht er, das Studium fortzusetzen. Bei der Arbeit an frischer Luft verbessert sich sein Gesundheitszustand zusehends. Abends arbeitet er als Filmerklärer im großen Kino am heutigen Karl-Liebknecht-Platz. Durch diese Tätigkeit wird er bald stadtbekannt. Er versteht es, die abenteuerlichen Filme mit so viel Spannung darzubieten, daß die Zuschauer die Handlung richtig miterleben. Zuerst spielt er ein paar Takte auf dem Klavier, dann kommentiert er das Geschehen auf der Leinwand: „... plötzlich sticht der Bösewicht dem Ehemann mitten ins Herz.“ Seine dramatische Darstellung der Filmhandlung macht ihn so berühmt, daß mancher nur wegen seiner Erklärungen ins Kino kommt.

Der aufgeweckte, kräftige junge Mann mit dem schwarzen Haar und der angenehmen Stimme, die er Abend für Abend allen Stummfilmstars leiht, ist der Traum so manchen Mädchens. Schließlich verliebt er sich in die Tochter des Spediteurs Buchheim, Klara, die später seine Frau wird. Und auf diese Weise bleibt er, wie er sagt, „im Vogtland kleben“.

# Begegnung in Galizien

Den Ausbruch des ersten Weltkrieges im August 1914 erlebt Max Hoelz in Falkenstein. Als Ersatzreservist meldet er sich beim 18. Königshusaren-Regiment in Großenhain, in der Nähe seiner alten Heimat. Schon am 10. August wird er eingezogen, und in den ersten Oktobertagen rückt er mit dem 27. Reserve-Armeekorps unter dem Kommando des sächsischen Kriegsministers, General von Carlowitz, ins Feld. Sein erstes Gefecht erlebt der junge Soldat vor Ypern gegen die Engländer. Ausgerechnet gegen Menschen jenes Volkes, bei dem er zwei Jahre gelebt hat und dem er viel verdankt. Er sieht Verwundete, die schmutzig, hungrig und durstig von der Front kommen, und Gefangene, die von den Wachposten getreten und geschlagen werden. Beim Anblick gefangener oder gefallener Engländer muß er daran denken, wie viele Menschen ihm in England geholfen haben, und es fällt ihm schwer, sich im Labyrinth seiner Gedanken zurechtzufinden.

Die wenigsten Soldaten verstehen seine Gefühle und seine Zweifel. Das schafft ihm einen schweren Stand. Zudem spielt er weder Karten noch erzählt er zotige Witze, statt dessen liest er im Neuen Testament. Max Hoelz wird zur Zielscheibe des Spottes. Oft wird er sogar von älteren Soldaten geschlagen, die so ihre Überlegenheit beweisen wollen. Manchmal ist er so verzweifelt, daß er mit dem Gedanken spielt, sich eine Kugel in den Kopf zu schießen. Solange er denken kann, hat er Prügel und Mißhandlungen hingenommen als etwas, gegen das ein religiöser Mensch nicht ankämpfen darf. Es liegt nicht in seinem Wesen, zurückzuschlagen. Doch eines

Kriegsgetraut (1915)

Nachts, als ihn wieder zwei ältere Kavalleristen piesacken und ihn trotz seiner Müdigkeit nicht zur Ruhe kommen lassen, ist es mit seiner Geduld am Ende. Er packt den einen an der Gurgel und brüllt ihn an, daß er ihn umbringen würde, wenn die Quälereien nicht aufhörten. Von da an hat er Ruhe.

Immer konsequenter denkt der junge Soldat über Zweck und Ziel dieses Gemetzels nach. Unter den Eindrücken des Kampfes an der Somme und vor Ypern quält ihn die Frage nach dem Warum. Er beginnt zu erkennen, daß der Kampf, den sie führen, kein Kampf für eine gerechte Sache ist.

Das Hochzeitsbild aus dem Jahr 1915 zeigt an der Seite der hübschen dunkelhaarigen Braut Klara im langen weißen Kleid und einem noch längeren Schleier einen ernsten, in sich gekehrten Mann. Sein Blick zeigt deutlich die Wandlung, die in seinem Inneren vor sich gegangen ist. Wie heiter sieht er doch noch auf jenem Foto aus dem Jahre 1911 aus, das ihn als Geometer in Falkenstein zeigt, mit langem, gescheiteltem und leicht pomadisiertem Haar, mit Fliege und Menjoubärtchen und mit einem unternehmungslustigen Blick, so, wie sich die Mädchen einen Mann auf dem Tanzboden wünschen. Vier Jahre später spiegeln seine Augen all das Elend wider, das sie gesehen haben. Max Hoelz lebt in einem inneren Zwiespalt, aus dem er keinen Ausweg sieht.

Er bemüht sich, zu einem Infanterieregiment an die Front versetzt zu werden, denn das Leben im Generalkommando, wo die Offiziere gemeinsam mit anderen Schmarotzern „saufen, huren und prassen", wie er selbst es nennt, widert ihn von Tag zu Tag mehr an. Er will leben wie alle, die Nöte und Sorgen aller teilen, die Lasten aller tragen. Endlich wird er als Meldereiter zur 106. Reserve-Infanteriebrigade abkommandiert. In den folgenden Jahren nimmt er an allen Kämpfen seiner Einheit an der Ost- und Westfront teil, er erhält das Eiserne Kreuz und die Friedrich-August-Medaille.

Ein Erlebnis bestimmt maßgeblich seinen weiteren Lebensweg. Es ist Ende 1917 an der galizischen Front, während des Vormarsches, als Max Hoelz zum erstenmal durch einen seltsamen Zufall mit einem Sozialisten in Berührung kommt.

In dieser Zeit beginnt ein Teil der revolutionären Arbeiter, die zum Kriegsdienst eingezogen wurden, unterstützt durch die „Spartakusbriefe“, mit verstärkter Antikriegspropaganda in den Schützengräben und hinter der Front. Zu ihnen gehört auch der Redakteur der „Leipziger Volkszeitung“ Georg Schumann, der in einer Nachschubformation in Galizien dient. Schumann steht schon seit 1910 mit Karl Liebknecht in Verbindung, er hat die Zentrale Parteischule der SPD besucht und danach auf Vorschlag von Rosa Luxemburg in der Redaktion der „Oberfränkischen Volkszeitung“ in Hof gearbeitet. Im April 1914 wird er Lokalredakteur in Leipzig. Während des Krieges kämpft er für die revolutionäre Beendigung des imperialistischen Völkermordens und stellt sich mit der antimilitaristischen Opposition der Leipziger Arbeiterjugend an die Seite Liebknechts und der deutschen Linken. Er gehört der Gruppe „Internationale“ und später der Spartakusgruppe an, gemeinsam mit Karl Liebknecht, Rosa Luxemburg, Wilhelm Pieck und anderen.

Im September 1916 wird Schumann zum Militär eingezogen und an die Ostfront abkommandiert. Auch hier setzt er seine revolutionäre Tätigkeit fort. Wegen Agitation unter den Soldaten wird Schumann im Oktober 1917 verhaftet. In dem kleinen Bauernhaus eines galizischen Dorfes, das als Militärgefängnis dient, bewachen ihn ein Gefreiter und drei Mann: der Gefreite ist Max Hoelz, nunmehr Meldereiter bei der Kavallerieabteilung der 53. Division. Obwohl Schumann mit einer harten Strafe, möglicherweise mit dem Tod, rechnen muß, macht er aus seiner revolutionären Gesinnung kein Hehl und bemüht sich unerschrocken, politisch indifferente Soldaten für seine Überzeugung zu gewinnen.

Den Wachmannschaften ist es streng untersagt, mit Gefangenen zu sprechen; dennoch unterhält sich Max Hoelz viel mit Georg Schumann in den wenigen Tagen, die sie zusammen sind.

In seinem Buch „Vom ‚Weißen Kreuz‘ zur roten Fahne“ schreibt Hoelz mehr als zehn Jahre später: „Das, was ich von Schumann hörte, war für mich etwas Überwältigendes, Neues, Unerhörtes, war ein Blick in eine ganz andere Welt, von deren Vorhandensein ich bisher keine Ahnung hatte. Ich verstand und begriff vieles nicht, was er sagte, aber es regte mein Denken an und wies mir den Weg zu einer neuen Weltanschauung, von der ich früher nicht einmal zu träumen gewagt hätte.“

Georg Schumann, für den der Anklagevertreter beim Kriegsgericht zwölf Jahre Zuchthaus beantragt hat, wird wegen „Zersetzungsarbeit“ unter den Soldaten zu sechs Monaten Militärgefängnis verurteilt. In einem Brief aus dem Gefängnis vom Mai 1925 kommt Hoelz noch einmal auf diese sein ganzes weiteres Leben entscheidend mitbestimmende Begegnung zurück. „Vieles war mir nicht klar“, schreibt er da, „aber eines hatte ich schnell erfaßt, Schumann hatte eine Idee, ein Ziel, das ihn beherrschte, ihn erfüllte, für das er sich mit Leib und Seele einsetzte . . . Absolut klar war mir aber ebenso“, schrieb Hoelz weiter, „daß, wäre Schumann zum Tode verurteilt worden und meiner Truppe die Exekution zugefallen, ich mich ohne Rücksicht auf alle Folgen geweigert hätte, an der Exekution mitzuwirken. Außerdem hätte ich, auch das stand fest für mich, Schumann zur Flucht verholfen und ihn zur Flucht getrieben, sofern er etwa nicht wollte.“

Georg Schumann wurde später einer der führenden Funktionäre der Kommunistischen Partei Deutschlands in der Weimarer Republik und einer der Organisatoren des antifaschistischen Widerstandes. Er war Landtags- und Reichstagsabgeordneter, nahm an der illegalen Tagung des Zentralkomitees unter Ernst Thälmann am 7. Februar 1933 in Ziegenhals teil, organisierte den Widerstand in Sachsen und Schlesien, wurde von den Faschisten verhaftet, durch Gefängnisse und Konzentrationslager geschleppt. Nach seiner Entlassung aus dem KZ Sachsenhausen 1939 setzte er seine antifaschistische Tätigkeit fort, gehörte der unter Führung des Zentralkomitees stehenden operativen Leitung der KPD an und war maßgeblich an der Bewegung „Freies Deutschland" beteiligt. Im Juli 1944 wurde Schumann erneut verhaftet und im Januar 1945 von den Faschisten ermordet. Der Kommunist Georg Schumann hatte in dem tief religiösen Max Hoelz im Herbst 1917 eine Weiche gestellt, die seinem Denken und Handeln eine neue Richtung gab.

Hoelz' politische Einsichten sind zu dieser Zeit noch bestimmt von religiösen Utopien, in denen Jesus, der Zimmermannssohn aus Nazareth, die zentrale Stellung einnimmt. Er hatte sich politisch noch nie betätigt, und es fehlte ihm bisher jede Anregung zur Beschäftigung mit politischen Ideen. Sein ganzes Denken seit seiner Schulentlassung war darauf gerichtet, im Leben vorwärtszukommen, damit er später seinen Eltern eine Stütze sein kann. Die wenigen freien Stunden hat er im Kreise von Menschen verbracht, die seine religiösen Anschauungen teilten. Doch die Erlebnisse und unmittelbaren Eindrücke während des Krieges haben seine Religiosität erschüttert. „Es bildet nicht das den Menschen, was er erlebt, sondern wie er das empfindet, was er erlebt", sagt er später einmal.

Hoelz beginnt, einen Ausweg aus dem sinnlosen Morden zu suchen.

In einem Brief an den deutschen Reichskanzler Wilhelm Marx schreibt er im Januar 1924: „Nur über eins wurde ich mir in diesen vier Jahren klar: daß, wenn dieses Morden einmal zu Ende sein würde, es meine Pflicht sein müsse, daran mitzuwirken, daß ein ähnliches Unglück nicht wieder über die Menschheit kommen dürfe. Auf welche Weise aber eine solche Völkerzerfleischung für die Zukunft verhindert werden könne, darauf konnte ich mir eine befriedigende Antwort nicht geben."

Georg Schumann, der sozialistische Redakteur aus Leipzig, hilft ihm bei dieser Suche. Er wird in der folgenden Zeit zu einem der wenigen Menschen, die Hoelz voll akzeptiert und deren Meinung er respektiert.

In dem galizischen Dorf, in dem Hoelz und Georg Schumann einander zum erstenmal begegneten, treffen inzwischen die ersten spärlichen Meldungen vom Ausbruch der russischen Revolution ein. Selbst jene Soldaten, die sich bisher nie mit dem Sozialismus beschäftigt haben, begreifen, daß hier etwas vor sich geht, was nicht auf Rußland beschränkt bleiben wird. Sie hoffen, es würde der Anfang sein vom Ende des Krieges. Da sich immer größere Gruppen der deutschen und der russischen Soldaten verbrüdern, werden die im Osten stehenden Truppenteile der deutschen Armee durch andere abgelöst. Auch Hoelz' Einheit kommt Ende 1917 an die Westfront. In seinem Militärpaß lesen wir Namen, die mit großen verlustreichen Schlachten des Krieges verbunden sind. Ypern, Flandern, Somme, Verdun, Reims.

Am 6. März 1918, einem regnerischen Morgen, gerät er in einem Wald bei Amiens in ein furchtbares Gefecht. Die Amerikaner eröffnen ein mörderisches Trommelfeuer. Nach kurzer Zeit liegen Tausende Tote und Verwundete auf dem Schlachtfeld. Dieses alle früheren an Grausamkeit übertreffende Erlebnis bewirkt eine endgültige tiefgreifende innere Wandlung bei Max Hoelz. Mit verzweifelter Inbrunst betet er um einen schnellen Tod. Es ist sein letztes Gebet! Nach diesen furchtbaren Stunden hat er keine religiösen Illusionen mehr.

Im Herbst 1918 wird Hoelz als dienstuntauglich und kriegsbeschädigt mit einer monatlichen Rente von vierzig Reichsmark aus dem Heeresdienst entlassen. Er findet Anstellung bei einer großen Eisenbeton-Baufirma, die in der Nähe von Mühlhausen im Elsaß, dicht an der französischen Front, im Auftrag der Heeresleitung Betonunterstände baut. Am 7. November 1918 erhält er die Nachricht, daß seine Frau

Klara schwerkrank sei. Er nimmt Urlaub und fährt vom 8. zum 9. November über Strasbourg–Frankfurt(Main)–Kassel–Halle–Chemnitz ins Vogtland. Überall trifft er auf zurückflutende Truppen, und zum erstenmal spürt er etwas von jener ungeheuren Kraft der Masse, die auch ohne Offiziere zu marschieren und zu handeln weiß. Allerdings mit anderen Zielen, als ihre bisherigen Lenker es wünschten. Doch diese Kraft, die Hoelz hier zum erstenmal bewußt erlebt, kann er in diesen Tagen nur gefühlsmäßig erfassen. Er spürt, daß etwas Einmaliges geschieht. „In diesen Stunden", schreibt er später, „wurden die Worte wieder lebendig, die Georg Schumann – der 1917 während des Feldzuges gegen Rußland als erster Sozialist meinen Weg kreuzte – zu mir und den anderen Kameraden, die ihn bewachten, gesprochen hatte."

# Der Bürgermeister muß Abbitte tun

In diesen Novembertagen herrscht in Deutschland die Revolution. Kämpfende Arbeiter und Soldaten fahren auf Lastwagen durch die Städte und verkünden auf selbstgemalten Transparenten ihre Forderungen nach Frieden und Sozialismus. Der Kaiser in Berlin und die Könige und Fürsten im ganzen Land danken ab. Der Krieg, der Millionen Menschen Hunger, Not und Tod gebracht hat, wird im Ergebnis der Revolution beendet. In vielen Orten übernehmen Arbeiter- und Soldatenräte die Macht. Nach dem Vorbild der Sowjets in Rußland verwirklichen sie erste demokratische Forderungen. Das ehemalige Kaiserreich ist Republik geworden.

Die „Rote Fahne", die Tageszeitung des Spartakusbundes, schreibt in diesen Tagen: „Mit der Abdankung von ein paar Hohenzollern ist es nicht getan. Mißtraut denen, die von Reichskanzler- und Ministerstellen herunter glauben, eure Geschicke lenken zu dürfen."

In der „Freiheit", dem Blatt der Unabhängigen Sozialdemokraten (USPD), schreiben revolutionäre Arbeiter: „Wollen wir Völkerfrieden, wollen wir das Glück und eine bessere Zukunft unseres Volkes, wollen wir die Wunden heilen, die dieser unselige Krieg geschlagen, dann dürfen wir nicht haltmachen nach dem Sturz der Purpurträger. Wir müssen bis zur Wurzel allen Übels, bis zu dem Kapital als dem Träger der gegenwärtigen Gesellschaftsordnung."

In Falkenstein und im ganzen Vogtland erlebt man die Revolution nur als ein fernes Ereignis, das in der Stadt kaum Widerhall findet. Die Männer sind zum großen Teil noch im

Novemberrevolution 1918: Regierungstruppen gehen auf dem Alexanderplatz mit Flammenwerfern gegen Arbeiter vor.

Krieg und die Frauen von den Unternehmern eingeschüchtert. Vor dem Krieg war Falkenstein ein lebendiges Städtchen mit einer weit über die Grenzen hinaus bekannten Stickerei- und Spitzenindustrie.

In der Unterstadt fand man damals kaum ein Haus, in dem nicht im Erdgeschoß zwei oder drei Maschinen liefen. Viele Falkensteiner waren als Lohnsticker für die großen Geschäfte in Plauen tätig, und Plauener Spitzen waren weltweit bekannt. Doch der Krieg traf die Städte im Vogtland und besonders Falkenstein sehr hart.

Die Rohstoffimporte blieben aus, das Exportgeschäft kam

zum Erliegen. Die Menschen brauchten im Krieg Wichtigeres als Spitzen. So herrscht hier am Ende des Krieges bittere Not, die die Menschen lähmt.

Doch mit den Soldaten, die in diesen Tagen von allen Fronten nach Hause zurückfluten und zu Hause keine Arbeit finden, ändert sich die Situation schnell. Viele von ihnen haben in den großen Städten an der Novemberrevolution teilgenommen, und sie bringen neben ihren Wunden und Narben auch revolutionäres Gedankengut mit ins abgelegene Vogtland. Einige haben Soldatenverbrüderungen in Rußland miterlebt oder auf anderem Weg Kunde von der Oktoberrevolution erhalten. Zu ihnen gehört auch Max Hoelz, der am 9. November über Chemnitz, dem heutigen Karl-Marx-Stadt, nach Falkenstein zurückkommt.

Als er zwischen Hügeln und Wäldern die ersten Häuser des Städtchens liegen sieht, geht ihm manches durch den Kopf. Auf der Durchreise in Leipzig hat er versucht, seinen alten Bekannten von der galizischen Front, den sozialistischen Redakteur Georg Schumann, zu erreichen und sich mit ihm zu beraten, wie es nun weitergehen soll. Max Hoelz denkt oft zurück an seine Gespräche mit Georg Schumann. Ja, dieser würde mehr wissen über die Revolution und ihre Forderungen. Doch Schumann ist zu dieser Zeit noch als Vorsitzender des Soldatenrates eines Truppenteils an der Ostfront und kommt erst Ende 1918 nach Leipzig zurück.

Hoelz versucht sich vorzustellen, was Georg Schumann ihm wohl geraten hätte. Auf jeden Fall – darüber hatten sie schon im Herbst 1917 in Galizien gesprochen – mußten überall Arbeiter- und Soldatenräte die Macht übernehmen. „Alle Macht den Räten!“ hatte er auf vielen Plakaten gelesen.

Sein erster Weg führt Hoelz deshalb vom Bahnhof direkt zum Rathaus. Und seine erste Frage gilt dem Arbeiter- und Soldatenrat. Doch davon ist in Falkenstein nichts bekannt. Mit selbstgeschriebenen Handzetteln, die er in der Stadt an Fronturlauber und Arbeiter verteilt, ruft der Heimkehrer

Hoelz für denselben Abend noch zu einer Versammlung auf. Etwa dreißig Männer kommen, darunter auch der Vorsitzende der USPD, ein gewisser Storl. Über die Bildung des Rates geraten sie augenblicklich in Streit. Dennoch konstituiert sich noch am selben Abend der Arbeiter- und Soldatenrat von Falkenstein. Hoelz und Storl werden die Vorsitzenden. Sie fordern ein Zimmer im Rathaus, in dem der Arbeiter- und Soldatenrat seine Amtsgeschäfte führen kann.

In dieser zugespitzten politischen Situation des November 1918 tritt Max Hoelz zum erstenmal ins Licht der Öffentlichkeit. Dieser bisher stille, fast scheue Mann wird durch die revolutionären Ereignisse im Land in eine Verantwortung gedrängt, die er sich nie hat träumen lassen. Daß er sie dennoch auf sich nimmt, zeigt, wie ernst ihm sein Versprechen ist, das er sich selbst im Krieg gegeben hat – nie wieder zuzulassen, daß sich dieses schreckliche Völkermorden wiederholt.

Um die Revolution auch in Falkenstein zu sichern, fährt Hoelz mit einigen Mitgliedern des Arbeiter- und Soldatenrates am nächsten Tag nach Leipzig, um Waffen für die Arbeiter im Vogtland zu holen. Nach zwei Tagen kommt er mit einigen Gewehren nach Falkenstein zurück, seine politischen Gegner haben ihn inzwischen aus dem Arbeiter- und Soldatenrat ausgeschlossen.

Doch Max Hoelz, einmal ins politische Leben eingetreten, gibt nicht auf. Er bemüht sich nun auf andere Weise, der revolutionären Sache zu dienen. So beginnt er Abonnenten für die „Vogtländische Volksstimme", eine Zeitung der Unabhängigen Sozialdemokraten, zu werben.

Durch dieses tägliche Treppauf-Treppab-Werben für eine Sache, die er selbst erst zu erfassen beginnt, kommt er mit vielen Menschen ins Gespräch und lernt für seine spätere politische Arbeit. In diesen Wochen wird Hoelz Mitglied einer Arbeiterpartei, der Unabhängigen Sozialdemokratischen Partei Deutschlands. Das ist zunächst, wie er in einem späteren Brief (vom 30. Mai 1925) schreibt, „eine mehr instinktive, im-

1919

Morgen Sonntag, den 4. Mai, nachmittag ½3 Uhr findet in dem Schützenhaus eine

Falk. Anzeiger

große öffentliche politische Versammlung

statt.

Redner: **Hoelz-Falkenstein.**

Falkenstein

Thema: Aufklärung und Bericht über die Vorgänge in der Stadt. – Freie Aussprache.

Arbeiter! Beamte! Angestellte! Gewerbetreibende und alle anderen Einwohner der Stadt werden ersucht, in ihrem eigensten Interesse der Versammlung beizuwohnen.

pulsive Handlung". Hoelz will in diesen Wochen einfach dazu gehören, er will sich den Menschen anschließen, die wie er nach Frieden und Befreiung von Unterdrückung streben.

Doch was die Arbeiter im Vogtland erhoffen und wofür sie kämpfen, bleibt aus: eine wirkliche demokratische und sozialistische Entwicklung in Deutschland. Das Proletariat wird nicht zur herrschenden Klasse. Es gelingt ihm nicht, die gegen Imperialismus und Militarismus gerichtete Revolution in eine sozialistische umzuwandeln und an der Seite von Sowjetrußland eine neue Gesellschaft aufzubauen. An der Jahreswende 1918/19 wird in Berlin die Kommunistische Partei Deutschlands gegründet, an deren Spitze Karl Liebknecht und Rosa Luxemburg stehen.

Die Gründung der Kommunistischen Partei Deutschlands war ein Wendepunkt in der deutschen Geschichte. Rosa Luxemburg sagte in ihrer historischen Rede zur Begründung des Parteiprogramms: „Nun, Parteigenossen, heute erleben wir den Moment, wo wir sagen können: Wir sind wieder bei Marx, unter seinem Banner."

W. I. Lenin schrieb in einem Brief an die Arbeiter Europas und Amerikas: „. . . als der Spartakusbund den Namen, kommunistische Partei Deutschlands' annahm, da war die Gründung einer wahrhaft proletarischen, wahrhaft internationalistischen, wahrhaft revolutionären III. Internationale, der Kommunistischen Internationale, Tatsache geworden."

Damit besitzt auch die deutsche Arbeiterklasse eine revolutionäre Kampfpartei. Für die Reaktion aber war, wie die „Vossische Zeitung“ am 18. Januar 1919 schreibt, „die Gründung der Kommunistischen Partei ein Alarmsignal“.

In Berlin sterben in diesen Januartagen Hunderte proletarischer Kämpfer im Kugelhagel der Konterrevolutionäre. Am 15. Januar fallen auch Karl Liebknecht und Rosa Luxemburg durch Mörderhand. „Der erste Ansturm der revolutionären Avantgarde des deutschen Proletariats“, wird Ernst Thälmann später schreiben, „wurde von der Bourgeoisie mit Hilfe der Sozialdemokratie im Blut der Arbeiterschaft erstickt.“

Doch die junge KPD lebt weiter. Ihre Gründung bleibt ein historisches Ereignis, dessen Größe sich in den kommenden Kämpfen immer wieder erweisen wird. Zu ihren ersten Mitgliedern gehört auch der Leipziger Genosse Georg Schumann.

An ihn denkt Hoelz, als er zu Beginn des Jahres 1919 ins politische Leben tritt. Er schreibt ihm nach Leipzig und bittet ihn, in einer Versammlung in Falkenstein zu sprechen. „Ich wünschte nicht nur seine Einwirkung auf die Massen im Vogtland“, schreibt Hoelz später, „sondern ich erhoffte vor allen Dingen auch für mich persönlich die Klärung vieler Fragen, mit denen ich allein nicht fertig werden konnte.“

Schumann antwortet ihm, er würde kommen, aber er könne nicht in einer Versammlung der USPD sprechen, weil er inzwischen der Kommunistischen Partei Deutschlands (Spartakusbund) angehöre. Wenn Hoelz für die KPD eine Versammlung einberufen wolle, käme er gern.

Diese Versammlung kommt schließlich zustande. Die Worte Schumanns finden großen Widerhall. Und mit anderen Gleichgesinnten gründet Max Hoelz im Frühjahr 1919 die Ortsgruppe Falkenstein der Kommunistischen Partei Deutschlands. In nur wenigen Wochen wird das Vogtland und der ganze Bezirk Chemnitz (heute Karl-Marx-Stadt) zu einer Hochburg des Kommunismus.

Plakate des Roten Vollzugsrates in Falkenstein kurz vor dem Einmarsch der Reichswehr im April 1920

Hier wirkt ein so bedeutender Revolutionär wie Fritz Hekkert. Auch der spätere Vorsitzende der KPD, Heinrich Brandler, ist in Chemnitz tätig. Er gibt in dieser Zeit die revolutionäre Zeitung „Der Kämpfer" heraus, das Organ des Spartakusbundes und später der KPD im Bezirk Chemnitz.

Auch mit Fritz Heckert, den die Chemnitzer Arbeiter im November aus dem Gefängnis befreit haben und der als einer der Mitbegründer der Kommunistischen Partei Deutschlands auf dem Gründungsparteitag sprach, wird Hoelz in diesen Wochen bekannt. Mit seinem Beitritt zur Kommunistischen Partei hat sich Max Hoelz politisch in einer Weise exponiert, daß er in große Konflikte mit seinen Angehörigen und bisherigen Freunden gerät.

Man hat Hoelz oft einen Individualisten oder gar einen Anarchisten genannt. Unter Anarchismus verstehen wir eine kleinbürgerliche Ideologie und Politik, die jeden Staat, auch den sozialistischen, jede Organisation und jede Partei, auch die revolutionäre Partei der Arbeiterklasse, ablehnt. Das tat Hoelz mit Sicherheit nicht. Er selbst äußert sich dazu (in einem Brief aus dem Gefängnis vom 30. Mai 1925): „Wär ich Individualist . . ., dann wäre ich heute sicherlich nicht in den Reihen der KPD . . . Mir war von jeher im Instinkt und Intellekt verankert, daß große Ideen (bürgerliche oder proletarische, politische oder wirtschaftliche) *nur* durch einen festen organisatorischen Rumpf, mit straff disziplinierten Gliedern und einem zentralen Kopf im großen Ausmaß verwirklicht werden können . . . Im Moment meines politischen Erwachens 1917/18 war es mir ganz absolut klar, daß ich nur im Rahmen einer zentralistischen Organisation mit disziplinierten Gliedern meine Pflicht für den proletarischen Befreiungskampf erfüllen konnte."

An anderer Stelle schreibt Hoelz: „Ein Arbeiter, der die Zusammenhänge, die Ursachen und Wirkungen des gegenwärtigen Geschehens mit ein bißchen Instinkt und ein bißchen Intellekt zu erforschen versteht, für den ist die KPD die *einzige* praktische Möglichkeit, durch die die Befreiung aller Werktätigen und die sozialistische Gesellschaft verwirklicht werden kann. Und weil diese Überzeugung mir fest im Fleisch und Blut, im Herz und Hirn sitzt, verankert ist, deshalb wird es für mich nie eine Trennung und Loslösung von der Partei (KPD) geben, denn wenn ein solcher Kerl wie ich einmal etwas erfaßt, begriffen und für gut und notwendig erkannt hat, dann ist er nicht mehr davon loszukriegen."

So wie Max Hoelz mußte auch die junge Kommunistische Partei Erfahrungen im revolutionären Kampf sammeln. Viele neue Fragen tauchten auf, die beantwortet werden mußten. Lenins Lehren über die Beteiligung der Kommunisten an den Wahlen zu bürgerlichen Parlamenten war noch kein Allgemeingut. So lehnte die KPD die Teilnahme an den Wahlen zur Nationalversammlung ab. Angesichts der starken parlamentarisch-demokratischen Illusionen in der Arbeiterklasse war das ein ernster Fehler. Die Mehrzahl der Delegierten des Gründungsparteitages unterschätzte auch die Arbeit in den von revisionistischen Führern geleiteten Gewerkschaften. Sie folgten der Losung sektiererischer Kräfte: Heraus aus den Gewerkschaften. Damit beschnitt sich die Partei selbst ihren Masseneinfluß. Solche und ähnliche falsche Meinungen entstanden jedoch aus der revolutionären Ungeduld vieler proletarischer Kader. Dazu kam ein Mangel an revolutionären Erfahrungen und einer nüchternen Einschätzung der realen Lage. Max Hoelz macht da keine Ausnahme. Er lernt, sammelt Erfahrungen und irrt, wie jeder, der neue Wege beschreitet.

Im Frühjahr 1919, im März und April, flammen überall im Land neue Klassenschlachten auf. Es kommt zu massenhaften Arbeitsniederlegungen und auch zu bewaffneten Kämpfen. Im Ruhrgebiet stehen Mitte Februar hundertachtzigtausend Arbeiter im Generalstreik. In ihren Forderungen heißt es: „Das Ziel der Revolution war und ist, das kapitalistische Ausbeutertum zu beseitigen und die Produktionsmittel aus

Straßenkämpfe in Berlin, März 1919

den Händen einzelner Kapitalisten in den Besitz der Allgemeinheit zu überführen." In Mitteldeutschland herrscht Generalstreik. In Berlin legt ein Generalstreik, der am 4. März beginnt, tagelang alle Betriebe still. In München errichten Arbeiter die Bayrische Räterepublik. Lenin sendet ihr ein Grußschreiben, in dem er nach Maßnahmen fragt, die Hoelz im Vogtland dabei ist durchzusetzen.

Die Arbeiter kämpfen darum, die Revolution weiterzuführen. Auch im Vogtland, zumal die Lage hier für die arbeitenden Menschen besonders schwierig ist. Von Max Hoelz wissen wir, daß von den siebzehntausend Einwohnern Falkensteins vier- bis fünftausend arbeitslos sind, daß die Menschen

hungern, während sich die Kapitalisten unangetastet weiter bereichern. In diesen Frühjahrswochen 1919 verschlechtert sich die Lage der werktätigen Bevölkerung in Falkenstein, mit verursacht durch einen unfähigen und reaktionären Bürgermeister, noch weiter. Es wird eine Arbeitslosenversammlung in die Schulturnhalle einberufen und Max Hoelz gebeten, dort zu sprechen. Das ist die erste große Kundgebung, auf der er als Redner auftritt. Sie wird nach seinen eigenen Worten der Auftakt zu jahrelanger Illegalität wie zu inneren und äußeren Kämpfen, die ihn mit der revolutionären Massenbewegung zusammenschweißen.

Hoelz wird zum Vorsitzenden des neuen Arbeitslosenrates

Falk. Anzeiger

Arbeitslose!!!

Heute Donnerstag abends 1/2 8 Uhr im großen Falkensaale

Massenkundgebung

Wahl eines Arbeitslosenrates.

Arbeitslose Falkensteins erscheint in Massen!

20.2.19 Der Einberufer: Schäfer.

gewählt. „Der Kämpfer", die Zeitung der KPD in Chemnitz, schreibt darüber:

„Am 24. April 1919 wurde in Falkenstein von den dortigen Arbeitslosen ein Arbeitslosenrat gewählt, der in seiner Mehrheit aus Kommunisten besteht." Damit entspricht die Partei in Falkenstein der Forderung der Zentrale der KPD, die Mehrheit in den Räten zu erobern und die Massen zu gewinnen. Die Versammlung stellt eine Reihe ökonomischer Forderungen zur Linderung der größten Not und beschließt, am Nachmittag zum Rathaus zu ziehen, um die Verwirklichung ihrer Forderungen beim Bürgermeister und bei den dort versammelten Stadträten durchzusetzen. Hoelz spricht im Auftrag der Arbeitslosen. Er verlangt, daß der Stadtrat in Anwesenheit der Arbeiter berät und eine Entscheidung über ihre Forderungen fällt.

Noch heute lebt in Falkenstein die Erinnerung an jene Zeit, in der der Name der Stadt und der Name von Max Hoelz so zusammenschmelzen, daß man Hoelz fortan immer für einen Vogtländer halten wird. Und in gewisser Weise ist er das auch, denn überall trifft man in diesem Landstrich auf seine Spuren.

Vom Rathaus, diesem imposanten Backsteinbau mit seiner schönen Fassade, die eine größere Stadt vermuten läßt, als es Falkenstein ist, führt uns der Weg zur Max-Hoelz-Schule, der bisher einzigen dieses Namens in unserem Land. Der Direktor führt uns durch das Traditionszimmer, das Max Hoelz gewidmet ist, und stellt uns zwei alte Genossen, Max Georgi und Erich Schmalfuß, vor, die sich noch an das erste Auftreten von Max Hoelz im Frühjahr 1919 erinnern. Sie waren damals junge Burschen von fünfzehn, sechzehn Jahren. Sie kannten Max Hoelz aus dem Kino, wo er als Filmvorführer so spannend die Filmhandlung kommentiert hatte. Seine pakkende Art zu reden half ihm jetzt bei seinen ersten Auftritten in politischen Versammlungen. Erich Schmalfuß, siebenundsiebzig Jahre alt, wirkt mit seiner starken Brille fast wie ein pensionierter Lehrer. Er erinnert sich, daß er in diesem Jahr gerade die Schule beendet und wie viele andere auch weder einen Arbeitsplatz noch eine Lehrstelle bekommen hatte. „Auch mein Vater war arbeitslos und mit Max Hoelz im Arbeitslosenausschuß tätig", sagt er. „Dadurch kam ich in die Versammlungen und lernte den Hoelz-Max – im Vogtland nennt man den Familiennamen zuerst – als Redner kennen."

Der Junge ist begeistert von diesem Mann, von seiner Bescheidenheit, seinem Eintreten für die Ärmsten, für alte Leute, Kranke, Mütter und Kinder. Hoelz' unerschrockenes Auftreten macht Eindruck auf die Menschen, besonders auf die Jugend. Den Stadtrat, besonders den reaktionären Bürgermeister aber versetzt die Entschlossenheit der Arbeiter in hilflose Wut. Der Bürgermeister läßt sich sogar dazu hinreißen, ein Plakat der Arbeitslosen zu zerreißen. Während des Krieges hat er die Soldatenfrauen äußerst grob behandelt.

Das Haus in Falkenstein, in dem Max Hoelz wohnte

Ihre berechtigten Wünsche beantwortete er damals mit der Drohung, sie die Treppe hinunterwerfen zu lassen. Nun droht er den Arbeitslosen, die eine höhere Unterstützung fordern, mit dem Einsatz von Militär.

So spitzt sich die Lage zu: Die Demonstranten fordern eine Entschuldigung des Bürgermeisters. Der weigert sich und wird nun gezwungen, zur Sühne einen „Spaziergang" durch die Stadt zu unternehmen – an der Spitze der Demonstranten. Es wird die erste große politische Aktion von Max Hoelz, eine Lektion, bei der kein Mensch zu Schaden kommt und die mit dem Gelächter der Arbeiter über den flüchtenden Bürgermeister endet.

Schon Tage darauf beginnt eine wütende Hetze in der bürgerlichen Presse gegen die Kommunistische Partei. Es ist fast eine Pogromstimmung. Das „Nürnberger Tageblatt" schreibt: „Die Falkensteiner Spartakisten schleppten ihren Bürgermeister fünf Stunden in der Stadt herum, schleppten ihn auf den Schloßfelsen und stürzten ihn dann in die Tiefe."

Noch in derselben Nacht fordert der Bürgermeister von der Regierung in Dresden Militär an, da angeblich alles in hellem Aufruhr sei und die vom Arbeitslosenrat aufgeputschten Massen bereits die Läden plünderten. Gegen Hoelz wird ein Steckbrief erlassen und für seine Ergreifung ein Kopfpreis von zweitausend Reichsmark ausgesetzt.

Inzwischen nimmt der Arbeitslosenrat seine Tätigkeit auf. Er setzt eine Erhöhung der Arbeitslosenunterstützung und eine Rente für Kriegswitwen durch. Rings um Falkenstein stehen mächtige Wälder, aber den armen Leuten ist es streng verboten, sich auch nur ein Stück Holz zu holen. Sie frieren. Der Arbeitslosenrat erreicht, daß in den Wäldern der Barone Holz geschlagen und an die Bevölkerung verkauft wird. Ebenso erreicht er, daß Kartoffeln geliefert werden, die es bisher nicht zu kaufen gab. Gemeinsam mit der örtlichen Polizei durchsuchen Arbeiter die Häuser von Schiebern, wobei man große Lebensmittelvorräte entdeckt, die an Kranke und Wöchnerinnen verteilt werden.

In den nächsten Tagen folgen weitere Arbeiterversammlungen mit anschließender Demonstration. Unternehmer, die die Arbeiter beschimpfen und verleumden, müssen vor dem Rathaus Abbitte tun. Die junge Kommunistische Partei nutzt hier eine alte, von der Kirche aufrechterhaltene Sühnemaßnahme als Kampfmethode, um die Massen der Arbeiter an der Auseinandersetzung mit der Bourgeoisie zu beteiligen.

Die in diesen Kämpfen an der Spitze stehen, sind keine Spinner und keine Räuberhauptleute, als die sie von der Reaktion beschimpft werden. Es sind proletarische Kämpfer, die noch durchsetzen wollen, was in den revolutionären Novembertagen 1918 nicht erreicht werden konnte. Doch sie können die taktischen Raffinessen nicht durchschauen, mit denen die Monopolherren, Junker und Militaristen im Bündnis mit den sozialdemokratischen Führern gegen die Revolution vorgehen. Als Hoelz und die Genossen in Falkenstein noch um die Ziele des November kämpfen, ist im Reich die Entscheidung längst gefallen. Mit den Wahlen zur Weimarer Nationalversammlung am 19. Januar hat die Reaktion – mit Hilfe der SPD – die Machtfrage zu ihren Gunsten entschieden. In dieser Nationalversammlung sitzen ganze vier Arbeiter unter Hunderten von Reaktionären. In seiner „Thronrede" als Reichspräsident fordert der Sozialdemokrat Friedrich Ebert: „Rückkehr von der Revolution auf den Weg der Gesetzmäßigkeit".

Mit der Niederlage der Bayrischen Räterepublik Ende April bis Anfang Mai 1919 ist die Novemberrevolution endgültig beendet, und es beginnt eine neue Etappe des Kampfes: die Periode der revolutionären Nachkriegskrise.

Am 28. April spricht Max Hoelz auf einer großen Versammlung im Schützenhaus. Selbst der reaktionäre „Vogtländische Anzeiger" bescheinigt ihm: „In längerer Rede sprach dann Hoelz über die Ziele der Kommunistischen Partei. Er ermahnte die Arbeitslosen, Ausschreitungen zu unterlassen, und betonte, daß Blutvergießen vermieden werden müsse ... Im weiteren Verlauf der Rede wurden Karl Liebknecht und Rosa Luxemburg als Ideale hingestellt. Der 1. Mai werde glanzvoll gefeiert werden, jedermann solle sich der Kommunistischen Partei anschließen, die alle Interessen der Arbeiter vertrete ..."

Trotz dieser zur Besonnenheit mahnenden Rede und obwohl das Leben in Falkenstein völlig normal verläuft, rückt einen Tag später, am 29. April 1919, eine Kompanie Soldaten in Falkenstein ein, um Max Hoelz und die Mitglieder des Arbeitslosenrates zu verhaften. Wie überall in Deutschland herrscht nun auch im Vogtland der weiße Terror.

## Als die Glocken Sturm läuteten

Im Dunkel der Nacht dringen die Soldaten des sozialdemokratischen Reichswehrministers Gustav Noske in Falkenstein ein und verhaften alle Mitglieder des Arbeitslosenrates, deren sie habhaft werden können. Hoelz, den Vorsitzenden, auf den sie es besonders abgesehen haben, erwischen sie nicht. Dabei sind sie umsichtig vorgegangen, haben eigens einen Spitzel ausgeschickt, der feststellen soll, in welchem Zimmer der Gesuchte schläft. Doch der Mann macht seine Sache so täppisch, daß Hoelz wach wird und fliehen kann. Bei Anbruch des Morgens sieht er von einer Höhe aus, wie im Ort Militär durch die Straßen patrouilliert. Zwei Freunde informieren ihn gegen acht Uhr, daß der ganze Arbeitslosenrat verhaftet ist und die Soldaten geschworen haben, den Ort nicht eher zu verlassen, bis sie auch Hoelz gefaßt hätten. Die anderen Gefangenen werden inzwischen in Militärautos nach Plauen ins Gefängnis transportiert, denn die Soldaten fürchten einen Befreiungsversuch durch Falkensteiner Bürger. Hoelz weiß, was ihn erwartet, wenn er den Militärs, die begierig auf den für seine Verhaftung ausgesetzten Preis sind, in die Hände fällt. Dennoch verläßt er das sichere Versteck und geht hinunter in die Stadt. Sofort ist er von Menschen umringt. Er verlangt einen Offizier zu sprechen; als der kommt, fordert er die unverzügliche Freilassung der Gefangenen. So erstaunlich es klingen mag: Keiner der Soldaten wagt es in diesem Moment, Hoelz zu verhaften. Ja, sie ziehen sich sogar, erschreckt von der Übermacht der kampfentschlossenen Bürger, aus der Stadt zurück. Die Kirchenglocken läuten

Sturm – die KPD ruft zu einer Massenversammlung vor das Rathaus.

Mit dem Einmarsch der Reichswehr ist eine neue Situation in Falkenstein entstanden: Die unmittelbare Auseinandersetzung der Arbeiter und Erwerbslosen mit der Staatsmacht beginnt. Max Hoelz wird nun, wie er selbst sagt, mehr gefühlsmäßig als aus Überlegung, zu Handlungen getrieben, die ihn ganz unvermittelt aus seinem bisherigen Leben hinausschleudern. In dieser Zeit beginnen sich erste Legenden um seinen Namen zu ranken, wie das folgende Lied aus jenen Tagen beweist:

Schlag ein auf die Trommel,
Tambour, schlag ein,
nach München wolln wir hinein
nach München wolln wir marschieren,
die „Sipo" soll unsere Waffen spüren.

Max Hoelz, der reitet uns voraus
auf einem roten Rosse ...
Max Hoelz, den hier ein jeder kennt,
der führt das rote Regiment.
Voran, mit uns, Genosse!

Die Tätigkeit des Arbeitslosenrates, die Verteilung von Lebensmitteln vor allem an Kranke und Schwangere, die Lohnzulagen für Landarbeiter, die Holzverteilung und manches andere mehr haben seinen Namen bekannt gemacht. Vier Monate lang hat der Rat unter Hoelz' Leitung eine segensreiche Arbeit für die Bevölkerung geleistet.

Die Verhaftung des Arbeitslosenrates fordert Hoelz heraus. Nach dem Abzug der Reichswehrtruppen verhaftet er den Bürgermeister und fünf weitere Erfüllungsgehilfen der Bourgeoisie, um so die Freilassung des Arbeitslosenrates zu erzwingen. Hier wendet er zum erstenmal Gewalt an, aber nur, um die Interessen der Arbeiter und ihrer Vertreter vor der Willkür der Reaktion zu schützen. Man hat ihm das später als Geiselnahme ausgelegt, eine Maßnahme, die nicht zu den Methoden der revolutionären Partei gehört. Aber bei dem Wort Geiselnahme denkt man heute an terroristische Aktionen gegen Unschuldige, an gemeine Verbrechen, an Flugzeugentführungen und Kindesraub. Deshalb ist es wohl richtiger, hier von Gefangennahme zu sprechen, denn von Max Hoelz werden nicht Unschuldige, sondern die Führer der Konterrevolution vorübergehend festgenommen, unter den Augen der demonstrierenden Massen, in aller Öffentlichkeit. Und nicht um Unrecht zu begehen, sondern um es zu verhindern.

Von früh um acht bis nachmittags gegen achtzehn Uhr, im strömenden Regen, stehen die Menschen an diesem Apriltag vor dem Rathaus in Falkenstein und warten auf die Rückkehr der verschleppten Genossen. Endlich gegen Abend geht ein Raunen und dann ein Jubeln durch die Menge. Im Triumphzug kehren die Freigelassenen nach Falkenstein zurück. Der Bürgermeister und seine Spießgesellen werden nun auch freigelassen. Es tritt wieder Ruhe ein in der kleinen Stadt. Der „Vogtländische Anzeiger“ schreibt am nächsten Tag: „Mit Rücksicht auf die eigenartigen Zustände in Falkenstein wurden die Verhafteten freigelassen, worauf die festgehaltenen Geiseln freigegeben wurden und wieder Ruhe eintrat.“

Für einige Wochen herrscht nun tatsächlich Ruhe in der Stadt. Die Arbeiter, die erkannt haben, daß sie durch entschlossenes Handeln durchaus Erfolge erzielen können, gehen gestärkt aus dieser Auseinandersetzung hervor. Auch das Selbstvertrauen von Max Hoelz ist gewachsen. Hand in Hand mit den Behörden, mit einigen Schutzleuten, die die Macht der Arbeiter respektieren, geht der Arbeitslosenrat wieder daran, Lebensmittel und Brennmaterial zu verteilen und den Schleichhandel zu unterbinden. Sie beschlagnahmen in Häusern der Fabrikanten große Mengen gehorteter Lebensmittel. Das Stadtblatt veröffentlicht eine Bekanntmachung, die von den Behörden unterzeichnet ist, daß die beschlagnahmte Ware im Rathaus an Kranke, Kriegswitwen und Wöchnerinnen verteilt wird.

Max Hoelz hat in der Tat wenig Bedenken in der Wahl seiner Mittel. Um die Interessen der Arbeiter und armen Bauern durchzusetzen, schreckt er auch vor ultimativen Forderungen und vor Gewaltandrohung nicht zurück. Eines Abends, in einer Versammlung im benachbarten Treuen, kommt ein alter Tagelöhner auf die Bühne und bringt stotternd sein Anliegen vor. Er arbeite seit vierzig Jahren beim Rittergutsbesitzer in Pfaffengrün, berichtet er. Für fünfzig Pfennig Stundenlohn. Er habe seinen Arbeitgeber gebeten, ein paar Pfennige zuzulegen, da er von dem Geld weder leben noch sterben könne. Da – so berichtet der alte Mann – antwortete der Gutsbesitzer: „Geh doch zu Hoelz und laß dir von dem was geben."

Hoelz hat vielleicht in diesem Moment das Los seiner Eltern vor Augen, die wie der alte Mann für einen Gutsbesitzer schuften. Noch am selben Abend schreibt er dem Ausbeuter, daß er unverzüglich zehntausend Mark an den Boten auszuhändigen habe, damit den Tagelöhnern eine Lohnzulage gewährt werden kann. Anderenfalls würden ihm die Arbeiter die Pferde aus dem Stall holen und verkaufen. Das Geld wird pünktlich geliefert. Die Landarbeiter spenden Hoelz Beifall.

In einem anderen Fall zwingt er einen reichen Kaufmann, einem armen Blinden tausend Mark zu geben, damit dieser sich eine Existenz als Korbflechter aufbauen kann.

Die Stadt erlebt unter Hoelz eine Art Gleichheitsgesellschaft. Von den Reichen nehmen – den Armen geben. Doch eine gerechtere Verteilung, wie Hoelz sie anstrebt, ändert noch nichts an den Produktionsverhältnissen und schafft keine neue Gesellschaft, keinen Kommunismus. Um die Lebensverhältnisse zu ändern, ist es notwendig, die Produktionsverhältnisse zu ändern. Das hat schon Karl Marx nachgewiesen. Aber woher soll Hoelz das wissen? Er hat zu diesem Zeitpunkt noch kein Wort von Marx gelesen. Er handelt aus einem spontanen Gerechtigkeitsempfinden heraus. Dabei schießt er in bester Absicht und um der guten Sache willen auch über das Ziel hinaus. Er tut Dinge, die geeignet sind, den Kommunismus, dem er dient, in Mißkredit zu bringen und manche Menschen zurückzustoßen, ja abzuschrecken, statt sie für den gemeinsamen Kampf zu gewinnen.

Dennoch gewinnt die Kommunistische Partei in der Stadt und in den umliegenden Dörfern neue Anhänger. Viele erkennen an, daß der Arbeitslosenrat unter Max Hoelz es ernst damit meint, die Not der Armen zu lindern. Auch in den Dörfern finden Versammlungen der Kommunisten statt, und in einigen Orten bilden sich Gruppen der KPD. Das ruft die Reaktion erneut auf den Plan.

Den ganzen Mai hindurch ist es ruhig geblieben in Falkenstein. In der Nacht vom 2. zum 3. Juni ist es erneut vorbei mit dieser Ruhe. Eine achthundert Mann starke Reichswehrtruppe, ein Jägerregiment, rückt unter dem Kommando eines Obersts Berger um zwei Uhr nachts in die Stadt ein, die im Schlaf überrumpelt werden soll. Doch die Stadt ist hellwach.

Stunden vor dem Überfall wird Max Hoelz, der zu vielen Menschen, auch zu Beamten, ein gutes Verhältnis hat, von einem Eisenbahner gewarnt. Über die Dienstleitung war der Beamte informiert worden, daß ein Zug mit Militär von Zwikkau heranrollt. Hoelz geht sofort zum Bahnhof, wo der Bürgermeister mit seinem Stab über die Lage berät. Der Falkensteiner Bahnhof ist ein niedriges Gebäude und das Fenster zu dem Zimmer, in dem die Herren die Lage erörtern, nur angelehnt. Am Fenster hört Hoelz ihr Gespräch mit. Er ist also bestens informiert über alles, was in der Stadt geschehen soll.

Der Arbeitslosenrat ist auf einen solchen Überfall der Reichswehr vorbereitet. Die Menschen in der Stadt wissen, wenn zu ungewohnter Zeit die Glocken läuten, dann kommt die Reichswehr. Dann soll jeder, der ein Fenster zur Straße hat, die Truppen mit allem, was man hinauswerfen kann, empfangen, mit Wassereimern und Schüsseln, mit Koch- und Blumentöpfen.

Hoelz beobachtet mit drei Genossen das Einlaufen des Zuges, hört die Kommandos und sieht, wie die Soldaten kompanieweise antreten. Dann läuft er los, die Bahnhofstraße hinauf bis zur Kirche. Mit dem Küster steht er auf gutem Fuß. Der läßt Hoelz in die Kirche, gemeinsam mit anderen klettert er zum Glockenstuhl hinauf. Sie warten noch ab. Die Soldaten marschieren gerade die Bahnhofstraße entlang. Man hört ihre Kommandos in der Nacht: „Fenster zu! Es wird geschossen!" Die Soldaten fühlen sich nicht wohl in ihrer Haut, die Dunkelheit, die fremde, feindliche Stadt machen sie unsicher. Und wer weiß, was man ihnen in Zwickau erzählt hat ...

Als ihr Zug die Grünanlage an der Kirche erreicht, beginnen mitten in die Stille der Nacht hinein die Glocken Sturm zu läuten. Der Pfarrer kommt im Hemd angerannt, um zu sehen, was geschehen ist. Danach stürmen Soldaten auf die Kirche zu. Doch die Männer um Max Hoelz sind blitzschnell die Treppen hinunter- und Hals über Kopf davongeeilt. In letzter Minute verschluckt sie das Dunkel der Nacht.

Bis zum Morgen suchen die Soldaten das Gelände mit Leuchtkugeln ab, bis hinüber zum Mühlberg. Aber die Männer sind verschwunden. Die kommunistische Zeitung „Der Kämpfer" berichtet ein paar Tage später über die Lage in Falkenstein: „Nach dem Ausladen begann die Arbeit, die darin bestand, alle die, die das Sturmzeichen auf die Straße gerufen hatte, zu verhaften oder zu beschießen. Gleichzeitig setzte die unausbleibliche Jagd nach unseren Führern und Parteimitgliedern ein, die aber zum größten Verdruß der Beteiligten völlig negativ verlief. Ganz selbstverständlich war es der Garde, nachdem sie die Verhaftung unserer örtlichen Führerschaft nicht erreicht hatte, sich auf andere Weise zu rächen, und nun begann die Hetze auf die mittlerweile erwachte Einwohnerschaft. In der gemeinsten und schamlosesten Weise wurden Verhaftungen vorgenommen. Frauen warf man zu Boden, riß ihnen die Kleider vom Leibe und führte sie brustentblößt ab . . . Waren tagsüber Absperrungen, Hausdurchsuchungen und Verhaftungen, so wiederholte sich dasselbe abends 22.15 Uhr bis Tagesanbruch."

Das grüne Haus in der Amtsstraße (heute Max-Hoelz-Straße zwei), in dem Max Hoelz wohnt, wird von einhundert Mann mit Gewehren und Handgranaten gestürmt. Unter dem Vorwand, es sei vom Dach aus geschossen worden, wird es von den Soldaten wie eine Festung eingenommen. Dabei finden sie im Haus keinerlei Waffen. Die Arbeiter und Erwerbslosen sind zu diesem Zeitpunkt generell unbewaffnet. Mehr als drei Stunden beschießen die Söldner den Schornstein des kleinen Hauses, das nur ein paar Minuten vom Rathaus entfernt in einer Seitenstraße steht. Der Offizier schreit: „Der Kerl muß vernichtet werden, und wenn die ganze Bude in die Luft geht."

Doch „der Kerl" ist längst über alle Berge. Man hätte sich denken können, daß der Gesuchte nicht in seinem eigenen Haus auf seine Festnahme warten würde. Von der Höhe des Mühlberges beobachtet er das Treiben der Soldaten. Und obwohl das Militär mehrere Wochen in Falkenstein bleibt und kein Haus und keinen Schrank undurchsucht läßt, wird er nicht entdeckt.

Erich Schmalfuß aus Falkenstein erzählt über diese Zeit: „Eines Morgens war ich bei meiner Großmutter, die in einem kleinen Haus wohnte. Plötzlich geht die Tür auf, und aus der großen Stube kommen Max Hoelz und der Genosse Louis Müller, der damals in Falkenstein eine wichtige Rolle spielte. Sie hatten hier übernachtet, meine Großmutter hatte sie versteckt, aber mir hatte sie nichts davon gesagt. Überall wurde nach Hoelz gefahndet. Aber er war unauffindbar. Bald tauchte er auf, bald war er wieder verschwunden."

Die Reichswehrleute lassen wirklich nichts unversucht, ihn zu verhaften, auch auf die Gefahr hin, sich vor den Leuten in der Stadt zu blamieren. So stürzt sich eines Tages eine Patrouille von fünfzehn Mann in der Ellefelder Straße auf eine Hochzeitskutsche. Die Insassen werden verhaftet, denn die Soldaten behaupten, die Braut sei Hoelz und der Kutscher sein Adjutant. Gassenjungen machen sich über die Soldaten lustig und rufen ihnen in bestem Sächsisch zu: „Sucht ihr den Hoelz? Den hab ich in der Tasche!" Hoelz spricht zur selben Zeit auf Versammlungen in den umliegenden Dörfern. Jeder seiner Auftritte ist eine Blamage für die Reichswehr.

Einmal muß Hoelz zu einer Parteikonferenz ins damalige Chemnitz reisen. Sein Quartier befindet sich in Auerbach. Er ist auf den Zug angewiesen, denn die Autos, die ihm angeblich, nach den Berichten seiner Gegner, immer zur Verfügung stehen, existieren nur in deren Phantasie. Der Zug kommt aus Falkenstein und ist voller Militär. Hoelz gerät in eine fast ausweglose Situation, vor allem auf dem Bahnsteig in Zwickau, wo er umsteigen muß. Er steht inmitten der Soldaten, die ihn seit Wochen suchen. Doch keiner erkennt ihn.

Es mag sein, daß Hoelz, als er dieses und andere Erlebnisse später wiedererzählt, etwas hinzugegeben, manche Situation zugespitzt hat. Er hatte etwas übrig für abenteuerliche Auftritte, und er verstand es, sie spannend zu schildern, wie einst die Filme im Kino.

Noch heute kann man in Falkenstein derartige Geschichten hören. Erich Schmalfuß berichtet: „Ich hatte damals im Sommer 1919 gerade eine Lehrstelle als Schuhmacher bekommen und war mittags auf dem Wege zu meinem Meister, der am heutigen Karl-Liebknecht-Platz wohnte. Da sehe ich die Genossen Hoelz, Louis Müller, Popp und Gruhner, die vier waren damals immer zusammen. Es muß kurz vor dem Abzug der Reichswehr gewesen sein. Ich komme also da unten den Berg herauf; im Hotel ‚Zum Falken', was heute das Volkshaus ist, hat die Reichswehr Quartier bezogen. Auf der Straße stehen Lastwagen und ein Soldat dabei mit Gewehr. Vor mir die vier gesuchten Genossen. An der Straßenkreuzung beim Volkshaus bleiben sie stehen und sprechen mit dem Soldaten. Was wohl auf dem Auto ist, wird er gefragt. Ich bin neugierig und stelle mich dazu. Gerade sagt der Soldat: ‚Das geht euch gar nichts an.‘ Doch noch ehe er sich umgedreht hat, reißt ihm Hoelz das Gewehr von der Schulter. ‚Ist es geladen?‘ fragt er. Als er keine Antwort bekommt, drückt er einfach ab, und vom Dachfenster fällt ein Ziegel herunter. Einer der vier Gesuchten klettert auf das Auto und ruft: ‚Ach, sieh mal an, hier sind ja Gewehre und Munition. Was nun?‘ Sofort nimmt jeder, der in der Nähe ist, ein paar Gewehre und rennt los, rüber in den Grund, den Berg hinauf und in die Schlucht, bis zum Mühlberg, wo wir die Waffen verstecken. Hoelz und die drei anderen Genossen nehmen jeder ein Gewehr und laufen rauf zur Kirche. Als sie in Höhe des Schlosses sind, werden sie beschossen. Im Eckgeschäft geht die Fensterscheibe zu Bruch. Unsere haben zurückgeschossen und sind dann weitergelaufen. Dann kommt die Reichswehr wieder zurück, doch fangen kann sie keinen.“

Zu dieser Zeit, wenige Monate nach seinem Eintritt in die Kommunistische Partei, ist Max Hoelz schon ein bekannter und hochgeschätzter lokaler Führer. In einer Einschätzung der politischen Arbeit der KPD-Ortsgruppe Falkenstein schreibt „Der Kämpfer“ Ende Juni 1919: „Der von den Arbeitslosen gewählte Arbeitslosenrat erkämpfte von der ersten Stunde seiner Tätigkeit Erfolg auf Erfolg für die breite Bevölkerung bzw. Arbeitslosen unter dem Vorsitz unseres unvergleichlich tatkräftigen Genossen Max Hoelz, der es verstanden hat, unter Einsatz seiner ganzen Person alles das, was recht und billig war, durchzusetzen. Heißen Dank sind wir diesem Mann schuldig und verteidigen ihn gegen den Vorwurf der Feigheit von seiten seiner ohnmächtigen Gegner. Wir wollen nur bemerken, daß gerade Genosse Hoelz sich bei der ersten Besetzung der Stadt durch Truppen das Verdienst erworben hat, daß die Truppen nach nur stundenlangem Auf-

Karl Liebknecht wird gemeinsam mit anderen gefallenen Kämpfern der Arbeiterklasse unter großer Anteilnahme der Bevölkerung in Berlin beigesetzt.

enthalt verschwanden und unsere verschleppten Genossen noch an demselben Tag zur Stelle geschafft wurden."

Doch seine Feinde bleiben nicht untätig. Schon damals bestand die Hauptmethode der Reaktion in Verleumdung, der Verdrehung von Tatsachen, der Fälschung von Dokumenten und der Verbreitung von unbewiesenen Behauptungen. Solange Hoelz sich frei in der Stadt bewegen konnte, wagten sie nicht, öffentlich die Stimme gegen ihn zu erheben; jetzt aber, da er sich verbergen muß, verbreiten sie so unglaubliche Lügen wie diese: „Der Kommunistenführer Hoelz ist ein kapitalistischer Agent." Hoelz soll aber nicht nur verleumdet, er soll auch physisch vernichtet werden. Es besteht kein Zweifel, daß er, der den herrschenden Kreisen so viel Angst einflößt, das Schicksal von Karl Liebknecht und Rosa Luxemburg und vielen anderen revolutionären Kämpfern teilen soll. Dem entgeht er dadurch, daß er vorübergehend Falkenstein und das Vogtland verläßt und sich bei einer befreundeten Familie an der tschechischen Grenze verbirgt. Seinen Humor aber verliert er auch in dieser Situation nicht. So läßt er sich, als er in seinem Versteck hört, der Reichswehrkommandeur nenne es im Steckbrief als besonderes Kennzeichen, kurz entschlossen sein langes Haar abschneiden und schickt es dem Herrn Oberst in einem Brief mit der Bemerkung: „Hier sind die langen Haare, suchen Sie sich den Kerl dazu!"

Am Sonnabend, dem 21. Juni, ziehen die Noske-Truppen aus Falkenstein ab in der Hoffnung, daß die mit Gewehren, Handgranaten und Stahlhelmen ausgerüstete Bürgerwehr nunmehr die Arbeiter niederhalten könne. Doch die Arbeiter entwaffnen diese Schützengilde; es zeigt sich, daß die Kommunisten Falkensteins keineswegs geschlagen sind.

Der Kommandant der Bürgerwehr erklärt bei seiner Gefangennahme, er hätte den Auftrag vom Reichswehrministerium gehabt, Hoelz und den Vorsitzenden der KPD von Falkenstein, Paul Popp (einen mutigen Genossen, der im April 1935 im Zuchthaus Waldheim von den Faschisten ermordet wurde), zu erschießen, selbst auf die Gefahr hin, daß dabei andere Menschen mit ums Leben kämen. Die Reaktion hat ein Blutbad vorbereitet, das durch das entschlossene Auftreten der Arbeiter verhindert wird.

Vierundzwanzig Stunden später, am Sonntag, dem 22. Juni, erscheinen erneut Sicherheitstruppen in Falkenstein. Die dritte Besetzung der Stadt beginnt. Wieder muß die KPD in die Illegalität gehen. Am 25. Juni trifft folgendes Schreiben in Falkenstein ein: „Nr. 893 III. Eilt sehr! Die fortgesetzten Putsche in Falkenstein werden nicht eher aufhören, bis der Kommunistenführer Max Hoelz, der dort am 21. Juni sich erneut des Landfriedensbruches schuldig gemacht hat, festgenommen ist. Gegen Hoelz liegt Haftbefehl vor. Er ist im sächsischen Fahndungsblatt vom 23. Juni von der St. A. Plauen zur Festnahme ausgeschrieben. Obwohl er sich ununterbrochen im Vogtland aufgehalten hat, ist seine Verhaftung noch nicht möglich gewesen, weil er von seinem starken Anhange in der Bevölkerung geschützt und versteckt wird und auch örtliche Polizeibeamte mehrfach versagt haben. Die Amtshauptmannschafts- und Stadträte werden daher veranlaßt, die Gendarmerie und Polizeibeamten nachdrücklich anzuweisen, mit größerem Eifer und allen Mitteln auf Hoelz zu fahnden ..."

Hoelz hält sich indessen im Jagdhaus des Barons von Trützschler, in der Nähe von Falkenstein, verborgen. Der Baron – ein bürgerlicher Demokrat, Enkel eines Revolutionärs von 1848, der sich selbst lange Zeit verbergen mußte – hat ihm diesen Schlupfwinkel zur Verfügung gestellt.

Da Hoelz aus Sicherheitsgründen in den Monaten Juli und August 1919 im Vogtland nicht mehr auftreten kann, aber auch nicht untätig bleiben will, hält er im Auftrag der Zentrale der KPD in Halle, Ammendorf, Merseburg, Leuna, Helbra, Mansfeld, Hettstedt und anderen Orten Mitteldeutschlands Versammlungen ab. In diesen Wochen lernt er Hunderte von Arbeiterfamilien kennen, die ihn aufnehmen und verpflegen, obwohl sie oft selbst kaum das trockene Brot haben. Zwar tritt er unter den Namen Fritz Sturm und Fritz Werner auf, doch ist er auch dort jeden Tag von Verhaftung bedroht. Da ein Aufenthalt in dieser Gegend immer gefährlicher für ihn wird, schickt ihn die Partei im Spätsommer 1919 auf eine Parteischule in die Lüneburger Heide; dort soll er sich Kenntnisse in der Theorie des Marxismus-Leninismus aneignen. Hoelz ist sehr froh darüber, daß sich ihm eine solche Gelegenheit bietet, hatte er doch bisher kaum die Möglichkeit, sich theoretisch zu bilden. Er selbst schreibt in diesem Zusammenhang: „In den ersten Monaten meiner politischen Tätigkeit als Arbeitslosenrat und Versammlungsredner hatte ich nur wenig Zeit und Gelegenheit, Bücher zu lesen, da sich die Ereignisse fortwährend überstürzten und ich aus einer Aufregung in die andere geschleudert wurde." Er hat bis dahin lediglich ein Buch über den historischen Materialismus gelesen, das er sich während seiner Versammlungsreisen auf jeder Bahnfahrt vornahm. „Es hatte mir zum Bewußtsein gebracht", bekennt er, „daß mir in theoretischer Hinsicht noch jede Grundlage fehlte und daß es höchste Zeit war, das bisher Versäumte nachzuholen. Ich wollte tiefer eindringen in die Probleme des wissenschaftlichen Sozialismus, die Lehre von der Befreiung der Werktätigen."

Doch gerade das kann er auf der Schule in Walsrode nur zum Teil. Sein Lehrer Otto Rühle, der 1915/16 gemeinsam mit Karl Liebknecht gegen die Kriegskredite stimmte und 1915 in der Wohnung von Wilhelm Pieck an der Reichskonferenz führender linker Sozialdemokraten teilnahm sowie am Reichstreffen der Gruppe Internationale 1916, gehört zu dieser Zeit schon zu den linkssektiererischen Kräften in der Partei. Sie lehnen die Mitarbeit der Partei in den bürgerlichen Parlamenten und in den reformistischen Gewerkschaften ab und treten gegen die Leitsätze der KPD auf. Bald darauf wird Rühle aus der Partei ausgeschlossen.

Daß der erste und für lange Zeit einzige politische Lehrer von Hoelz ein Linksradikaler ist, bleibt auf seine weitere Entwicklung nicht ohne Einfluß. Er, der ohne theoretische Vorbildung zu diesem Lehrgang kommt, saugt alles, was ihm sein Lehrer vermittelt, auf wie ein Schwamm. Und damit auch die sektiererischen Ansichten Rühles, der bald darauf der zum Terrorismus neigenden Kommunistischen Arbeiterpartei beitritt. Diese im April 1920 gebildete linksradikale Partei betrieb eine abenteuerliche Politik, die von der Bourgeoisie zu Provokationen gegen die Arbeiter ausgenutzt wurde. Auch Max Hoelz tendierte zeitweilig zur KAPD, für eine kurze Zeit stand er ihr näher als der VKPD. Doch wie die meisten ehrlichen proletarischen Elemente fand er bald den Weg zur KPD zurück.

Nach dem Lehrgang in Walsrode schrieb Hoelz: „Mein Tätigkeitsdrang galt nun dem Lernen. Es machte mir viel Freude, meinem rein gefühlsmäßigen Verhalten zur revolutionären Sache ein festes wissenschaftliches Fundament zu geben." Und an anderer Stelle: „Bis zu dem Kursus ... glaubte ich, daß eine proletarische Revolution zur Befreiung der Unterdrückten und Ausgebeuteten *gemacht* werden könne durch den Willen und den Mut einiger hundert opfermütiger Menschen. Erst die Einführung in den wissenschaftlichen Sozialismus gab mir die Erkenntnis, daß eine Revolution nicht ausbricht, weil Hunderte oder Millionen Proletarierherzen ihr entgegenschlagen ..."

Die Novemberrevolution und die ihr folgenden revolutionären Kämpfe im Vogtland sind im Leben von Max Hoelz entscheidende Ereignisse. Er wird von der Revolution emporgehoben, findet den Weg zur Kommunistischen Partei, wird im Vogtland deren Mitbegründer und populärer Funktionär, beginnt sich mit dem wissenschaftlichen Sozialismus zu beschäftigen. Über das Vogtland hinaus stellt die Partei ihm große Aufgaben, wie sein Einsatz in Mitteldeutschland zeigt. Daß er dabei nicht frei von Fehlern ist – wer wollte ihm das vorwerfen! Hoelz ging es immer um die Aktion. Alles andere war für ihn Opportunismus. Manche wichtige Entscheidung im gesamtrevolutionären Prozeß verstand er nicht und billigte sie auch nicht. Später – erst im Zuchthaus – fand er Zeit, erwarb er sich das nötige Wissen, um sein Verhältnis zur KPD zu klären und als revolutionärer Kämpfer in den Reihen der Partei zu wirken.

„Umlernen mußte ich", schreibt er aus dem Gefängnis an einen Genossen, „– und das habe ich getan – in bezug auf meine Einstellung zum Tempo der revolutionären Umwälzung. In diesem Punkt haben wir doch wohl alle umlernen müssen. 1918/19 und zum Teil noch später sah ich die Sache so, als müsse und würde *umgehend* der Sieg unserer Sache Faktum werden."

Doch viele schwere Kämpfe stehen noch bevor.

# Der rote General

In der folgenden Zeit, den letzten Monaten des Jahres 1919 und zu Beginn des Jahres 1920, finden wir Hoelz an verschiedenen Orten, mal unter seinem richtigen, mal unter falschem Namen, immer auf der Flucht. Wo er auftaucht, findet er Helfer und Gleichgesinnte, versetzt er die Hüter der bürgerlichen Ordnung in Angst und Schrecken. Er wird verhaftet und – zum Entsetzen der bürgerlichen Presse – von seinen Genossen handstreichartig befreit. Selbst vor der Behauptung, Hoelz sei „mit dem Teufel im Bunde", mit der besonders konservative Kreise der stark religiös gebundenen Bevölkerung des Vogtlandes gegen ihn aufgebracht werden sollen, schreckt man nicht zurück. Der Preis, der auf seinen Kopf ausgesetzt ist, wächst und wächst, doch Hoelz zu fassen gelingt ihnen nicht. Er macht sich lustig über seine Gegner, schreibt: „Sie hängen mich nicht – sie hätten mich denn." Mehrmals wird seine Verhaftung gemeldet, einmal, von den „Leipziger Neuesten Nachrichten", sogar seine Erschießung. Trauertelegramme und -briefe, sogar Kränze und Delegationen aus dem ganzen Land kommen zu seiner „Beerdigung".

Je öfter es ihm gelingt, seinen Häschern ein Schnippchen zu schlagen, um so dreister und tollkühner wird er. Er leistet sich Auftritte, die man schon eher als Husarenstreiche bezeichnen kann. So erscheint er eines Nachmittags, trotz der Warnung seiner Genossen, in einer großen Arbeitslosenversammlung in Falkenstein und spricht dort länger als eine Stunde. Plötzlich, wie es nicht anders sein kann, dringen Gendarmen in den Saal ein; Schüsse fallen, es entsteht Panik. Genosse Paul Popp, der Hoelz noch mehrmals retten soll, schlägt genau in dem Moment, in dem sich die Polizei auf Hoelz stürzen will, mit dem Spazierstock gegen den großen Kronleuchter. Schlagartig wird es beinahe stockfinster. Gendarmen packen Hoelz, Arbeiter befreien ihn, eine wilde Verfolgungsjagd beginnt. Es kommt zu einer regelrechten Straßenschlacht. Doch die Häscher fangen Hoelz nicht.

Ein anderes Mal, man schreibt Ende Oktober 1919, fällt ihm, während im Schützenhaus gerade eine Versammlung der KPD tagt, die neueste Ausgabe des „Falkensteiner Anzeigers" mit seinem Steckbrief in die Hände. Die Kopfprämie ist wieder um einige tausend Mark erhöht worden. „Das reizte mich", erzählt er später, „die Falkensteiner Spießer, Spitzel und Gendarmen ein bißchen in Aufregung zu bringen. Ohne einen Freund oder Genossen zu benachrichtigen ..., sprang ich während der Versammlung von der Gartenseite des Schützenhauses durch ein Fenster auf die Bühne. Die Wirkung ... war unbeschreiblich." So wie Hoelz gekommen ist, verschwindet er wieder. Die reaktionäre Presse ist außer sich. Der „Vogtländische Anzeiger" schreibt: „Der Kommunist Hoelz, auf dessen Ergreifung bekanntlich eine hohe Belohnung ausgesetzt ist, ... hat vor einer im Schützenhaus abgehaltenen, von den Kommunisten einberufenen Versammlung eine kurze Ansprache gehalten, in der er sich für den ihm von seinen Anhängern gewährten Schutz bedankte. Darauf verschwand er wieder im Dunkel der Nacht, aus dem er aufgetaucht war. An der Stadtgrenze ... wartete ein Kraftwagen auf ihn, mit ihm war er vermutlich angefahren, und mit ihm ist er wieder geflohen. Wegen der Dunkelheit in den Straßen konnte, wie man uns berichtete, weder seine Spur noch seine Verfolgung aufgenommen werden. Ihn zu verhaften war nicht möglich, weil der vollbesetzte Saal innen und außen von seinen Anhängern stark bewacht war."

Der ominöse Kraftwagen geistert durch viele Presse- und Polizeiberichte, doch hat es ihn nie gegeben. Leider nicht.

Hoelz besaß zu dieser Zeit nicht einmal ein Fahrrad. Er hatte lediglich in der Versammlung verkündet, jede Verfolgung sei zwecklos, weil mehrere, mit bewaffneten Genossen besetzte Automobile draußen warteten. Dieser Trick hatte den gewünschten Erfolg – die Polizisten versuchten tatsächlich gar nicht erst, ihn zu verfolgen.

Dutzende ähnlicher Handlungen erzählt man sich über ihn. Am hellichten Tag spaziert er durch Falkenstein. Die Menschen bleiben stehen, starren ihn an wie ein Gespenst oder wie jemanden, der eine verteufelte Ähnlichkeit mit Max Hoelz hat. Er geht zum Rathaus, in die Polizeiwache und sagt: „Guten Tag! Ist alles in Ordnung?" Die Beamten sind so verdutzt, daß sie sich nicht vom Platz rühren. Einer antwortet sogar: „Ja, es ist alles in Ordnung." Darauf geht er ins etwa hundert Meter entfernte Café, nimmt am Stammtisch Platz und bestellt sich einen Kaffee. Der Wirtin sagt er: „Bitte beeilen Sie sich, sonst trinkt die Polizei meinen Kaffee, denn sie sind hinter mir her." Als er das Café verläßt, trifft Hoelz den Genossen Popp, der ihn sucht und ihm ernste Vorhaltungen über seinen Streich macht. In dem Moment tauchen auch schon zwei Polizisten auf, um Hoelz zu verhaften. Popp zieht einen riesigen Knüppel hinter seinem Rücken hervor, und die Polizisten rennen los, um Unterstützung zu holen. Währenddessen können Hoelz und Popp verschwinden.

Gewiß war Hoelz mutig, ein Draufgänger. Er verübte Husarenstreiche, die ihn bekannt machten, aber mit denen er nicht nur sich, sondern auch andere Genossen in Gefahr brachte. Ein Mensch mit fünfundneunzig Prozent Gefühl und fünf Prozent Verstand, so kennzeichnet er später selbst seine Handlungen zu dieser Zeit. Denn natürlich handelte er stets, wie er selbst schreibt, ohne seine Genossen vorher zu informieren. Diese Aktionen leisteten später denen Vorschub, die Hoelz einen unbesonnenen Draufgänger, einen wilden Rebellen, eine romantische Figur oder gar einen Anarchisten nannten.

Wenn sich auch in seinen Handlungen immer wieder anarchistische Züge einschlichen, ein Anarchist war er nicht. Er hatte Schwierigkeiten mit der Disziplin. Doch es war ihm klar, daß keine revolutionäre Partei ohne zentrale Leitung und ohne den demokratischen Zentralismus auskommt. Soviel hat er schon gelernt, daß der Kampf gegen den Kapitalismus nicht mit einer Handvoll mutiger Männer zu gewinnen ist, sondern daß man dazu die Mehrheit der revolutionären Klasse braucht.

Für sein Verhalten in der Illegalität gibt es gewiß mancherlei Erklärungen. Zunächst einmal wußte er, was für einen starken Eindruck es auf die aufgerüttelten Massen des Vogtlandes machte, daß da einer ist, der mit seiner Kühnheit den ganzen staatlichen Apparat überlistet und einfach stärker, in den Augen mancher Vogtländer schier unbesiegbar ist. Seine Auftritte werden von Mund zu Mund weitererzählt, wie früher die Geschichten vom Stülpner-Karl, der aus den Bergen des Erzgebirges kam, den Reichen etwas nahm, um es den Armen zu geben. Max Hoelz' persönlicher Mut gibt vielen anderen Kraft und Selbstvertrauen im Kampf gegen die scheinbar allmächtigen Herren. Und die Massen folgen ihm. Hinzu kommt sein Tatendrang, der oft größer ist als seine Erfahrungen im revolutionären Kampf, wo eben nicht alles mit Husarenstückchen zu lösen ist. Aber man kann diesen Hoelz schlecht teilen in einen Draufgänger, wenn es angebracht ist, tollkühn zu sein, und in einen kühlen Taktiker, der abwägen und warten kann, wenn das besser ist. Hier sprechen auch Temperament und Charakter ein Wort mit, und Hoelz' Blut war keine Buttermilch. Er war, auch wenn er es nicht gern gehört hätte, ein Hitzkopf, der nicht immer die Folgen seiner Taten bedachte. Und wir dürfen nicht vergessen, daß es damals nicht nur in der SPD, sondern auch in der KPD Leute wie den Parteivorsitzenden Paul Levi gab (der seit dem Frühjahr 1919 an der Spitze der Partei stand und bald darauf mit der KPD brach), die zuviel zögerten und aus Angst vor angeblichem Putschismus den Klassenkampf behinderten.

Das Jahr 1920 stellt Hoelz vor neue komplizierte Aufgaben. Am Morgen des 13. März rückt die Marinebrigade Ehrhardt unter schwarzweißroten Fahnen des Kaiserreiches in die Hauptstadt Berlin ein, um die Republik zu stürzen. Die faschistische Gesinnung der Truppe zeigt schon ihr lautstark gesungenes Lied: „Hakenkreuz am Stahlhelm, schwarz-weißrot das Band. Die Brigade Ehrhardt werden wir genannt."

Die Putschisten besetzen das Regierungsviertel, erklären die Nationalversammlung für aufgelöst und führen eine zügellose Militärdiktatur ein. Der ostpreußische Generallandschaftsdirektor Kapp und der ranghöchste General der Reichswehr, Freiherr von Lüttwitz, stehen an der Spitze dieses konterrevolutionären Putsches, der die Errungenschaften der Novemberrevolution beseitigen und eine ultrareaktionäre Herrschaft errichten soll. Die Regierung unter dem Sozialdemokraten Bauer flieht nach Dresden und weiter nach Stuttgart. Kapp, Aufsichtsratsmitglied der Deutschen Bank und Vorstandsmitglied der reaktionären Deutschnationalen Volkspartei, ist als Kanzler vorgesehen.

In der Stunde höchster Gefahr für die Republik erhebt sich die Arbeiterklasse gegen die Putschisten. Insgesamt zwölf Millionen Arbeiter und Angestellte nehmen den Kampf gegen die Konterrevolution auf, in der ersten Reihe Kommunisten und die linken Kräfte innerhalb der USPD. Ohne Unterschied der Parteizugehörigkeit beginnen sich im ganzen Land die Arbeiter zum gemeinsamen Kampf gegen den gemeinsamen Feind zusammenzuschließen. Einheitsorgane wie Streikausschüsse, Einheitskomitees, Vollzugsräte und Volksausschüsse werden gebildet.

Am selben 13. März noch ruft neben anderen Bezirksverbänden auch die KPD-Organisation des Bezirks Erzgebirge/Vogtland zum Kampf gegen die Putschisten auf. Sie fordert die Bewaffnung der Arbeiter und die Bildung von Arbeiter-

Streikversammlung in einer Gießerei

räten. Um zehn Uhr bereits werden die Mitglieder der Bezirksleitung telefonisch von den Vorkommnissen in Berlin verständigt. Die Genossen organisieren in den Betrieben den Generalstreik. Um zehn Uhr dreißig beschließt zum Beispiel die tausendsiebenhundert Mann starke Belegschaft der Chemnitzer Aktienspinnerei in einer Versammlung auf dem Fabrikhof, die Arbeit sofort niederzulegen. In Gruppen von zwanzig bis fünfzig Arbeitern ziehen sie anschließend zu den anderen Betrieben, um die Arbeiter aufzufordern, ebenfalls in den Streik zu treten. Obwohl es Sonnabend und die normale Arbeitszeit um dreizehn Uhr zu Ende ist, gelingt es, viele Betriebe sofort zum Streiken zu veranlassen. Mittags findet im Stadtzentrum bereits die erste Massenkundgebung statt, auf der der Genosse Fritz Heckert zur Aktionseinheit auffordert, und noch am Nachmittag desselben Tages wird auf Initiative der KPD beschlossen, in Chemnitz einen paritätisch zusammengesetzten Aktionsausschuß der Arbeiterparteien zu bilden, die Arbeiter zu bewaffnen und eine Kampftruppe aufzustellen sowie Wahlen zu einem politischen Arbeiter- und Vollzugsrat durchzuführen.

Die Nachricht vom Kapp-Putsch erreicht Max Hoelz in Oberfranken, wo er sich zu dieser Zeit verborgen hält. „Alles

Brüder Volksgenossen!

Reichswehr versucht, das revolutionäre Proletariat des Vogtlandes-Erzgebirges abzuwürgen.

Wir weichen im ersten Moment dem Kampf mit der Waffe aus, um das Blut unserer Brüder zu schonen. Weil wir es notwendiger gebrauchen, appellieren wir an Euer Solidaritätsgefühl. Für das gesamte Proletariat Sachsens wie des ganzen Reiches kann es nur eine Losung geben:

Verschärfter Generalstreik auf der ganzen Linie!

Heraus aus den Betrieben, hin auf die Straße.

Volksgenossen, Arbeitsbrüder verlaßt Eure Vogtländer nicht!
Es geht ums Ganze! Es geht um alles!

Nieder mit der Reaktion und Reichswehr!

Hoch der Kampf um die Freiheit! Um den Sozialismus!
Der Endsieg wird unser sein!

Der Rote Vollzugsrat.
gez. Max Hoelz.

in mir“, schreibt er dazu, „drängte ins Vogtland zurück, um mit einem Stamm zuverlässiger und kampferprobter Genossen und Arbeiter die Abwehrmaßnahmen gegen den monarchistischen Putsch im größeren Maßstabe zu organisieren.“

Über Nacht ist im ganzen Land eine neue Situation entstanden. Unter Führung der Kommunisten und linker Mitglieder der USPD beschränken sich die Arbeiter in einigen Gebieten nicht auf den Generalstreik. Sie gehen zum bewaffneten Kampf gegen die Konterrevolution über. In Berlin, Leipzig, dem Senftenberger Revier und in anderen Gebieten kommt es zu bewaffneten Auseinandersetzungen mit den Putschisten.

Am Montag, dem 15. März, wurden in vielen Betrieben von Chemnitz Wahlen zu den Arbeiterräten abgehalten und in geheimer Abstimmung ein Vollzugsrat gewählt. Im Umkreis von fünfzig Kilometern wurden die reaktionären Zeitfreiwilligen und Einwohnerwehren entwaffnet.

In Forst (Lausitz) gründeten die Arbeiter einen Vollzugsrat, dem die Kommissionen Bewaffnung, Ernährung, Propaganda und Verkehr unterstanden. In Eberswalde und im Finow-Gebiet standen zweitausend Arbeiter unter Waffen. Sie beschlagnahmten Munition, Autos, kontrollierten Mühlen und Lebensmittelbetriebe.

In Mitteldeutschland erhoben sich die Bergarbeiter. Im Mansfelder Revier waren zehntausend Arbeiter bewaffnet. Auf Schloß Seeburg wurden zweihundertfünfzig Gewehre, drei schwere Minenwerfer, zwölf leichte und sechs schwere Maschinengewehre konfisziert. Allein in Eisleben stellten die Arbeiter vier Kompanien, darunter eine aus etwa achtzig Jugendlichen. In Thüringen wurde eine fünftausend Mann starke Volksarmee gebildet, die sich auf dem von ihr eingenommenen Truppenübungsplatz Ohrdruf sammelte. Selbst in Mecklenburg entwickelten sich heftige Kämpfe.

Im Ruhrgebiet wurden Arbeiterwehren gebildet, die am

15. März ihren ersten Sieg über die anrückenden regulären Truppen errangen. Innerhalb weniger Tage entstand die Rote Ruhrarmee, die größte Arbeiterarmee in Deutschland unter kapitalistischen Bedingungen. Zeitweilig war sie hunderttausend Mann stark und in Kampfgruppen, Bataillone, Kompanien und Züge aufgegliedert. Sie befreite innerhalb einer Woche das gesamte Ruhrgebiet. In Hamburg erklärt Ernst Thälmann, daß die Arbeiter nicht in die Aktion eingetreten sind, „um etwa die Regierung Ebert – Noske zu stützen. Daran haben wir gar kein Interesse, für uns kommt es darauf an, die Situation für das revolutionäre Proletariat auszunutzen". Unter dem Druck der Massen beschließt die Hamburger Bürgerschaft, „alle waffenfähigen Männer ohne Unterschied der Parteirichtung, die zum Schutz der Republik entschlossen sind", zu bewaffnen.

In dieser Situation trifft Max Hoelz am Abend des 13. März im Vogtland ein. Sein erster Weg führt ihn zu einer Beratung der KPD-Ortsgruppe Oelsnitz im „Reichsadler". Hier wird beschlossen, den Kampf gemeinsam mit den Genossen in Falkenstein zu organisieren. Die Bezirksleitung Erzgebirge/Vogtland hat unmittelbar nach Bekanntwerden des Putsches einen Aufruf erlassen, in dem gefordert wird, Arbeiterräte zu wählen, die ihrerseits den Vollzugsrat wählen sollen. Wörtlich heißt es in dem Aufruf der Parteileitung: „Ihr müßt die ganze politische und wirtschaftliche Macht in eure Hände nehmen. Es ist jetzt nötig, eure Macht zu organisieren und so zu organisieren, daß sie euch nie mehr genommen werden kann. Alle Macht den Räten! Nieder mit den Kriegs- und Revolutionsverbrechern! Es lebe der Kampf um die ganze Befreiung der Arbeiterklasse!"

Dieser Aufruf wird nun zur Grundlage des Kampfes auch der Falkensteiner Parteiorganisation und ihres Arbeiterrates, an dessen Spitze Max Hoelz berufen wird. Seine erste Frage an die Arbeiter lautet, ob sie schon die Reichswehr entwaffnet haben.

Das entspricht auch dem Aufruf der Zentrale der KPD, in dem die Entwaffnung der Reichswehr und die Bildung einer Arbeiterwehr gefordert wird. Doch Falkenstein ist am nächsten Mittag noch immer von Reichswehrtruppen besetzt. Ein Teil der Genossen war dafür, sie zu entwaffnen, ein anderer warnte davor. Es mußte gehandelt werden, und zwar schnell.

Hoelz ruft alle erreichbaren Genossen zusammen, um die Reichswehr durch einen Handstreich zu entwaffnen. Doch noch bevor es zur Aktion kommt, rücken die Soldaten nach Thüringen ab, um den dortigen Reichswehrtruppen zu Hilfe zu eilen. Diese sind bereits in ein offenes Gefecht mit Arbeitereinheiten verwickelt.

Hoelz ist ungehalten über die vertane Chance zur Bewaffnung der Arbeiter. Vor dem Hotel „Zum Falken" stehen noch Lastwagen mit Benzinfässern, die von ein paar Soldaten bewacht werden. Mit einer Handvoll Genossen entwaffnet er die Reichswehrsoldaten und beschlagnahmt die Autos. Dabei erbeuten sie auch einige Gewehre. Doch einer der Soldaten kann entkommen und die schon auf dem Marsch befindlichen Truppen alarmieren. Sie kehren zurück und besetzen die Stadt erneut. Vor dem Schloß kommt es zu einer Schießerei zwischen Arbeitern und Reichswehr. Mehrere Soldaten werden entwaffnet, doch dann müssen sich die Arbeiter zurückziehen und in Sicherheit bringen.

In Auerbach sammeln sich die Versprengten erneut. Hoelz hört, daß im Schützenhaus gerade eine Versammlung stattfindet. Als er im Ort eintrifft, ist sie gerade zu Ende. „Alles zurück in den Saal", kommandiert er, „ich habe der Arbeiterschaft Wichtiges zu sagen!"

Im Nu ist der Saal wieder gefüllt. Hoelz fordert die Frauen auf, den Saal zu verlassen. Die Spannung wächst. Die Versammlung hatte soeben beschlossen, den Generalstreik auszurufen und im übrigen abzuwarten.

Nun spricht Hoelz zu den Arbeitern und fordert sie zu Aktionen auf. Die Auffassungen der Anwesenden gehen in diesem Punkt auseinander, denn es ist eine widersprüchliche Situation. Natürlich sind die Arbeiter gegen die Putschgenerale. Aber sollen sie für die Regierung Ebert – Noske kämpfen, für die, die ein Jahr zuvor Karl Liebknecht und Rosa Luxemburg ermordet haben? Mögen sie doch zum Teufel gehen, meinen manche, das Proletariat werde sie nicht retten. Die sozialdemokratischen Führer haben im Bund mit der reaktionären Reichswehr gegen die Interessen des Volkes gehandelt, sie haben die revolutionären Kämpfe überall im Land blutig niedergeschlagen und die Interessen der Revolution verraten. Nun sind sie auf der Flucht. Einige der im Saal Anwesenden finden, daß es sich um eine Auseinandersetzung innerhalb der herrschenden Klasse handelt, die diese Herren gefälligst unter sich ausmachen sollen. Doch solche Meinungen bleiben in der Minderheit.

Die Mehrheit ist bald entschlossen zum gemeinsamen Kampf, und die revolutionären Kräfte stehen auch hier an der Spitze. Es wird entschieden, sofort zum Gendarmeriegebäude zu marschieren, die Gendarmen zu entwaffnen und mit diesen Waffen die Reichswehr in Falkenstein anzugreifen.

Ein Zug von zweitausend Mann erreicht Falkenstein. Sie überwältigen die Gendarmerie und erbeuten eine große Anzahl von Karabinern, viele Kisten mit Stielhandgranaten und eine Reihe von Maschinengewehren. In der Nacht kommt es im benachbarten Auerbach zu einem Gefecht, bei dem der Rittergutsbesitzer Wanitzki von Reichswehrsoldaten getroffen wird, als er in Nachtmütze und Schlafrock aus dem Fenster sieht. Ein zwanzigjähriger Arbeiter wehrt den Angriff der schwerbewaffneten Reichswehrtruppen mit einem einzigen Maschinengewehr ab. Heldentaten werden von vielen revolutionären Kämpfern in diesen Tagen vollbracht.

Die Reichswehrleute ziehen sich schließlich nach Plauen zurück, doch die Arbeiter geben sich mit dem Erreichten nicht zufrieden. Um so weniger, als sie hören, daß sich ihre

Klassenbrüder im ganzen Reich, besonders im Ruhrgebiet, gegen die Kapp-Lüttwitz-Verschwörer erhoben haben. Die Meldung über das Scheitern des Kapp-Putsches, die am 17. März eintrifft, und über die Wiedereinsetzung der alten Regierung wird von Hoelz und seinen Genossen für einen Bluff gehalten, mit dem man die Arbeiter ködern und beruhigen will. Hoelz schreibt später: „Wir waren uns einig: Solange Hunderttausende von Arbeitern und Genossen im Ruhrgebiet im heißen Kampf standen, mußten wir alles tun, um sie zu unterstützen. Das konnten wir am besten, indem wir die reaktionäre Reichswehr ... des Vogtlandes entwaffneten und die Arbeiter bewaffneten."

Im Ruhrgebiet bilden Kommunisten, Mitglieder der USPD, Sozialdemokraten und gewerkschaftlich organisierte Arbeiter Abteilungen der Roten Armee. Jeder Ort stellt seine Kompanie, die von dem betreffenden Aktions- und Vollzugsausschuß Verpflegung und Löhnung erhält. In allen Orten werden Werbebüros eingerichtet. Auch im Vogtland öffnen solche Werbebüros zur Bildung einer Roten Armee. Die aus vielen Teilen des Reiches kommenden Arbeiter, die am revolutionären Kampf teilnehmen wollen, werden bewaffnet und, soweit die Vorräte reichen, eingekleidet und besoldet. Jeder Rotgardist, so berichtet Max Hoelz, erhält einen täglichen Sold, die Verheirateten für jedes Kind wöchentlich fünfzehn Mark extra.

Um die Soldaten zu verpflegen und zu entlohnen, fordert Hoelz von den Fabrikanten und Kriegsgewinnlern des Vogtlandes Geld, das sie auch „freiwillig" geben. Sie erklären sich bereit, die bestehenden Machtverhältnisse anzuerkennen und sich zu fügen – Ausdruck für die Stärke der bewaffneten Arbeiter. Dafür verpflichtet sich die Rote Garde, für Ordnung zu sorgen und Plünderungen zu verhindern. „Wir durften auf keinen Fall dulden", schreibt Hoelz, „daß irgendwelche unsauberen Elemente die revolutionäre Sache in Verruf brachten."

Ehemaliger Sitz des Vollzugsrates in Falkenstein

In seinen Erinnerungen schildert Max Hoelz zwei Fälle, die zeigen, wie entschieden gerade er selbst Verstöße gegen die revolutionäre Disziplin ahndete. In Plauen hat ein junger Rotgardist einige Schmuckstücke mitgehen lassen. Der Fabrikant meldet diesen Vorfall der militärischen Leitung. Hoelz selbst ordnet eine strenge Durchsuchung an. Als der Übeltäter gefunden ist, wird der Schmuck zurückgegeben und der Rotgardist mit Haft bestraft.

In einem anderen Fall hat ein Rotgardist seinem Quartiergeber Silbermünzen entwendet. Hoelz veranlaßt eine allgemeine Durchsuchung, selbst bei den Kompanieführern. Schließlich findet man die Silbermünzen bei einem angetrunkenen Soldaten, der sich trotz des strengen Alkoholverbots im Wirtshaus aufhält. Hoelz ist so erbittert, daß er sich dazu hinreißen läßt, den Rotgardisten an Ort und Stelle zu züchtigen. Das ist übrigens die einzige Gewalttätigkeit, die ihm aus dieser Zeit nachgesagt wird.

Die Zahl der roten Soldaten im Vogtland vergrößert sich täglich. Und sie stehen nicht allein. Im Ruhrgebiet ist die Rote Armee auf hunderttausend Mann angewachsen. Sie greift am 17. März Dortmund an und erobert die Stadt. Am 18. und 19. März wird Essen besetzt. In Hamburg fordert Ernst Thälmann erneut die Bewaffnung der Arbeiter. Der Aktionsausschuß erklärt unter seinem Vorsitz: „Das Gewehr in der Hand der Arbeiter ist die Grundlage der Freiheit!" Die Hamburger Arbeiter werden aufgerufen, für folgende Forderungen zu kämpfen: „... Bewaffnung des gesamten Proletariats, Unterstützung der kämpfenden Arbeiterschaft in Kiel; Befreiung der politischen Gefangenen und Inhaftierten."

Auch im vogtländischen Plauen sitzen seit dem Frühsommer 1919, seit nunmehr neun Monaten, einundzwanzig Arbeiter aus Falkenstein in Untersuchungshaft, denen jetzt der Prozeß gemacht werden soll. Hoelz beschließt, die Genossen zu befreien. Mit siebzig Männern aus Oelsnitz und Falkenstein bricht er am 22. März nach Plauen auf. Er selbst nennt diesen Tag den schönsten seines Lebens. Er hat den Plan für diesen Handstreich selbst ausgearbeitet. Er muß als eine taktische Leistung betrachtet werden, unter anderem auch deshalb, weil niemand zu Schaden kommt. Die Aktion wird unter größter Geheimhaltung vorbereitet. Die beteiligten Arbeiter sind nur darüber informiert, wann und wo sie abends abgeholt werden. Niemand von ihnen weiß, worum es geht. Sie haben lediglich den Auftrag, auf einen bestimmten Lkw, der langsam durch Oelsnitz-Untermarxgrün fährt, aufzuspringen. Erst dann erhalten sie Anweisungen.

In Plauen werden die beiden Lkw, auf denen Maschinengewehre montiert sind, so aufgestellt, daß sie den Gefängniseingang und den Vorplatz absichern. Ein Teil der Arbeiter umstellt das Gefängnis, damit die Reichswehr keine Hilfe herbeiholen kann. Andere steigen über das Tor, um es von innen zu öffnen. Die Gefangenen in den Zellen, die merken, daß die Stunde der Freiheit schlägt, beginnen einen ohrenbetäubenden Lärm zu machen, sie rufen, klopfen, pfeifen, singen, jubilieren. Nun sind die Befreier im Hof und müssen nur noch ins Gefängnis selbst eindringen. Doch dessen eisernes Tor läßt sich nicht aufbrechen. So wird der im selben Haus wohnende Oberstaatsanwalt geweckt und aufgefordert, das Gefängnis zu öffnen. Es gibt einen kleinen Disput zwischen Max Hoelz und dem Herrn Oberstaatsanwalt. Vielleicht ist Hoelz etwas grob, auf jeden Fall aber sehr bestimmt; denn der Oberstaatsanwalt Dr. Huber öffnet das Gefängnis, und innerhalb weniger Minuten sind die einundzwanzig Genossen befreit. Die Nachtaufseher eilen, am ganzen Leibe zitternd und weiß wie eine Kalkwand, herbei. Sie glauben, ihre letzte Stunde habe geschlagen. Sie folgen Hoelz' Befehlen ohne Widerspruch.

Da der Staatsanwalt nicht in der Lage ist, die von Hoelz geforderten Strafprozeßakten herauszugeben, die Arbeiter aber keine Zeit verlieren dürfen, wird der Beamte als Geisel mitgenommen. Es bleibt ihm nichts anderes übrig, als sich in sein Schicksal zu fügen. Auf Hoelz' Anweisung schreibt er seiner Frau, er würde erschossen, wenn bis zwölf Uhr mittags die Akten nicht herbeigeschafft wären. Noch vor zwölf Uhr erscheint die Frau mit einem Beamten des Landgerichts und liefert die Akten ab. Der Staatsanwalt wird freigelassen, ohne daß ihm auch nur das geringste geschehen ist.

Diese Geschichte ist später in vielen Varianten erzählt worden, da jeder, der dabei war oder davon gehört hat, sie etwas anders berichtet. Sicher ist aber auf jeden Fall soviel: Außer den einundzwanzig politischen Häftlingen aus Falkenstein wird in dieser Nacht niemand aus dem Gefängnis geholt, es wird nicht, wie die bürgerliche Presse schreibt, „das Gefängnis geöffnet". Kein Krimineller kommt frei. Die Aktion läuft ab, ohne daß jemand Schaden nimmt. Die Arbeiter nehmen keine Rache, weder an dem Oberstaatsanwalt, der die Untersuchungen gegen die Falkensteiner Arbeiter leitete, noch an den Aufsehern, obwohl sich die befreiten Genossen, wie Hoelz später schreibt, um das Vorrecht stritten, an den Aufsehern, die besonders brutal waren, Vergeltung zu üben. Die Gefangenen hatten furchbar gelitten, und ihre Gefühle waren nur allzu verständlich.

Die Arbeiter jubeln Hoelz zu, als er am Morgen nach der Aktion mit den befreiten Gefangenen in Falkenstein eintrifft. Sie sind stolz auf ihn. Die Bourgeoisie aber ist an einer empfindlichen Stelle getroffen worden – an der staatlichen Autorität der Justiz. Und da reagiert der Obrigkeitsstaat allergisch. Das kann er Hoelz nie verzeihen.

Siegestrunken der raschen und leichten Erfolge wegen geht Hoelz dann auch Wege, die nicht mehr mit der Linie der Kommunistischen Partei Deutschlands übereinstimmen und zu Konflikten mit der Partei führen.

## Rückzugsgefechte

Auch nach der Niederschlagung des Kapp-Putsches und dem Abdanken der monarchistischen Clique gehen die bewaffneten Kämpfe im Ruhrgebiet und im Vogtland weiter. Doch für das Ziel der bewaffneten Arbeiter, die Errichtung einer Räterepublik, ist der Zeitpunkt noch nicht gekommen. So beschließt die Zentrale der KPD, für eine Arbeiterregierung einzutreten, bestehend aus Vertretern der SPD, der USPD und der Gewerkschaften, die, gestützt auf das bewaffnete Proletariat, der revolutionären Bewegung breiten Spielraum lassen müsse. Lenin begrüßt diesen Vorschlag als grundsätzlich richtig.

Max Hoelz, der noch im Vogtland kämpft, kennt den Beschluß zunächst nicht, und als er davon erfährt, versteht er ihn nicht. Er sieht auch später, als er diese Zeit analysiert, einen Widerspruch darin, daß die Zentrale die Zeit für die Errichtung einer Räterepublik noch nicht für gekommen hält, aber ein bewaffnetes Proletariat fordert, damit die kommende Regierung sich auf die Bajonette der Arbeiter und nicht auf die Bajonette der Bourgeoisie stützen kann. „Zwei verschiedene Parolen", schreibt Hoelz. Und er findet, daß der Beschluß der Zentrale Verwirrung stiftet. In Wirklichkeit fehlt ihm das Verständnis für den Charakter einer solchen Regierung als Übergangsinstitution zur Diktatur des Proletariats, für die Dialektik des Kampfes um Demokratie und Sozialismus, dafür, daß die Masse des Volkes nicht sofort für den Kampf um den Sozialismus gewonnen werden kann.

Am 1. April geht auch im Ruhrgebiet der Generalstreik zu

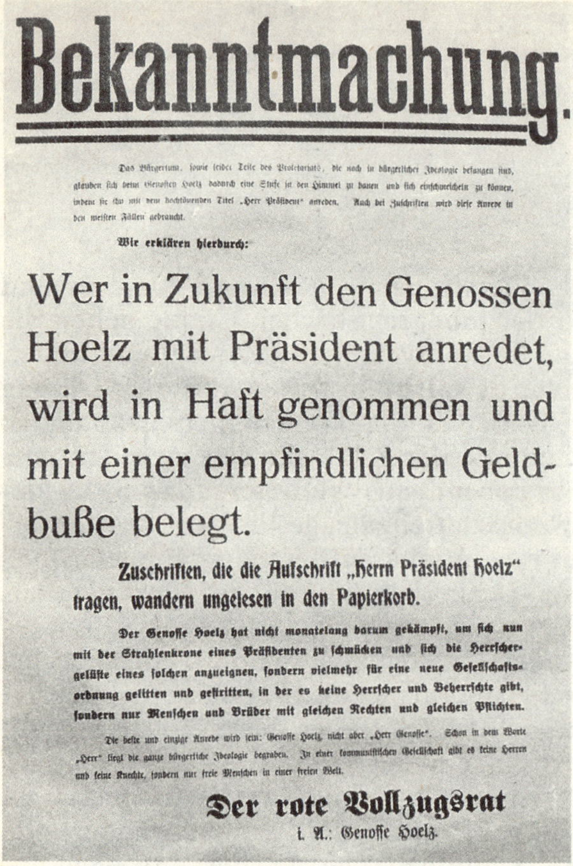

# Bekanntmachung.

Das Bürgertum, sowie leider Teile des Proletariats, die noch in bürgerlicher Ideologie befangen sind, glauben sich beim Genossen Hoelz dadurch eine Stufe in den Himmel zu bauen und sich einschmeicheln zu können, indem sie ihn mit dem hochtönenden Titel „Herr Präsident“ anreden. Auch bei Zuschriften wird diese Anrede in den meisten Fällen gebraucht.

**Wir erklären hierdurch:**

## Wer in Zukunft den Genossen Hoelz mit Präsident anredet, wird in Haft genommen und mit einer empfindlichen Geldbuße belegt.

**Zuschriften, die die Aufschrift „Herrn Präsident Hoelz“ tragen, wandern ungelesen in den Papierkorb.**

**Der Genosse Hoelz hat nicht monatelang darum gekämpft, um sich nun mit der Strahlenkrone eines Präsidenten zu schmücken und sich die Herrschergelüste eines solchen anzueignen, sondern vielmehr für eine neue Gesellschaftsordnung gelitten und gestritten, in der es keine Herrscher und Beherrschte gibt, sondern nur Menschen und Brüder mit gleichen Rechten und gleichen Pflichten.**

Die beste und einzige Anrede wird sein: Genosse Hoelz, nicht aber „Herr Genosse“. Schon in dem Worte „Herr“ liegt die ganze bürgerliche Ideologie begraben. In einer kommunistischen Gesellschaft gibt es keine Herren und keine Knechte, sondern nur freie Menschen in einer freien Welt.

**Der rote Vollzugsrat**
i. A.: Genosse Hoelz.

Ende. Der Zentralrat und die Leitung der Roten Ruhrarmee tun alles, um den aussichtslos gewordenen Kampf abzubrechen. Sie vereinbaren einen Waffenstillstand. Einen Tag später aber marschiert die Reichswehr unter dem Vorwand, Arbeiter hätten diesen Waffenstillstand gebrochen, im Ruhrgebiet ein und übt blutige Rache an den revolutionären Kämpfern.

In anderen Teilen Deutschlands kämpfen noch immer klassenbewußte Arbeiter gegen die Konterrevolution. Ein Zentrum dieser Aktionen ist der Bezirk Erzgebirge/Vogtland. Hier ist, nach der Befreiung der Gefangenen in Plauen, die Popularität von Max Hoelz noch gewachsen. Natürlich will er nicht, wie Paul Levi in einem Zeitungsaufsatz schreibt, „der Heiland des Proletariats auf Erden sein". Er will den Kampf fortsetzen, den er und seine Genossen zur Abwehr der Reaktion begonnen haben.

Seine Popularität aber birgt auch Gefahren. Manche Genossen drohen, wenn sie nicht weiter wissen, einfach mit Max Hoelz. So wird sein Name für Aktionen gebraucht und mißbraucht, von denen er oft nicht einmal etwas weiß. Deshalb läßt die Kommunistische Partei in den Dörfern und Städten des Vogtlandes eine Bekanntmachung anschlagen, in der sie vor „unsichern Elementen" warnt, die unter Androhung von Gewalt und Mißbrauch des Namens Hoelz auf eigene Faust und ohne Berechtigung Haussuchungen und Beschlagnahmungen vornehmen. Diese schrecken, so heißt es in der Bekanntmachung, nicht davor zurück, sich selbst Ausweise auszustellen und diese „durch gemeine Fälschung" mit Hoelz' Unterschrift zu versehen.

Aber Hoelz tut auch selbst genug, um seinen Namen zum Reizwort werden zu lassen. „Die vogtländischen Arbeiter", schreibt er, „haben ihre historische Aufgabe erfaßt: Sie haben den Abwehrkampf zu einem Kampf um die proletarische Diktatur zu machen versucht, sie haben losgeschlagen, ihr Leben eingesetzt, ohne auf das Mobilmachungstelegramm der Parteizentrale zu warten." Zunächst versucht Hoelz, mit der Roten Armee im Ruhrgebiet in Verbindung zu treten. Doch auch als diese schon nicht mehr existiert und nirgends im Reich mehr gekämpft wird, setzt er seine Aktionen fort, obwohl sie nun keinerlei Aussicht auf Erfolg mehr haben. Der Mut der Arbeiter im Vogtland ist ungebrochen, ihr Kraftbewußtsein gemischt mit falschen Hoffnungen. Viele ihrer Handlungen sind mehr gefühlsbetont als kühl abgewogen.

Sie setzen im Vogtland den Kampf fort, wo sie ihn hätten nach Lage der Dinge beenden sollen.

Am 29. März schreibt „Der Kämpfer", das Organ der Kommunistischen Partei in Westsachsen: „Hoelz hat manches getan, was ein Politiker, der nüchtern die Kräfteverhältnisse erwägt und danach handelt, nicht getan haben würde. Aber Hoelz hat keine Verbrechen begangen, die die Hetze gegen ihn rechtfertigen. Verglichen mit den Taten der Reaktion, die Arbeiter standrechtlich erschießen ließ, was ist Hoelz?"

In diesen Tagen hetzt besonders die „Neue Vogtländische Zeitung" in Plauen, ein stockreaktionäres Blatt, ganz unverschämt gegen die Arbeiter, vor allem gegen die Arbeitslosen. Sie ist eine der ersten Zeitungen, die ganz unverblümt Arbeitslosenunterstützung als „Prämie für Faulheit" bezeichnet. Die Verbitterung der Massen ist verständlicherweise groß, und sie wächst noch, als die Zeitung offen zum Mord aufruft und schreibt, es müsse sich doch jemand finden, der sich die fünftausend Mark Belohnung verdienen wolle und Hoelz beseitige.

Am Ostersonntag des Jahres 1920 marschieren die Arbeitslosen unter Hoelz' Leitung zur Redaktion. Die Redakteure dieses Schmierblattes haben sich in Sicherheit gebracht, das Nest ist leer. So zertrümmern die Demonstranten, um weitere Hetze zu verhindern, die Rotationsmaschinen.

In Falkenstein geht Hoelz anders, besonnener vor. Die bürgerliche Presse wird dort unter die Kontrolle der Arbeiter gestellt, und der „Falkensteiner Anzeiger" trägt den Untertitel: „Erscheint unter der Vorzensur des Aktionsausschusses in Falkenstein".

Am 30. März 1920 druckt dieser „Falkensteiner Anzeiger" einen „Aufruf an die besitzende Klasse", in dem diese davor gewarnt wird, den Einmarsch der Reichswehr zu fordern. Das ist verbunden mit der Drohung, „die Maschinen in den Betrieben zu zerstören, die Villen, überhaupt alle Häuser der besitzenden Klasse sowie die Gebäude der Behörden, Staatsgebäude usw., in Brand zu setzen oder in die Luft zu sprengen". Der Aufruf widerspricht der Politik der Kommunistischen Partei. Er ruft zu Kampfmethoden auf, die die Kommunisten zu Recht ablehnen.

In falscher Einschätzung der Situation geht Hoelz mit seinen Leuten nun daran, neue Waffen heranzuschaffen, um den Kampf, den sie inzwischen allein führen, ausdehnen zu können. Als sie erfahren, daß in Frankenberg bei Chemnitz noch Waffen der Reichswehr lagern, wählt Hoelz dreißig zuverlässige Männer aus, die sich ohne Gewehr oder Revolver, jeder nur mit einer Handgranate in der Tasche, auf den Weg nach Frankenberg machen. Als sich ihnen in Chemnitz Schutzleute entgegenstellen, die Hoelz verhaften und die Kopfprämie kassieren wollen, gibt er das Kommando: „Handgranaten raus!"

Beim Anblick der gefährlichen Granaten stieben die Ordnungshüter auseinander. Nach einem weiteren Zusammenstoß mit Polizisten marschieren die Vogtländer im Gänsemarsch auf dem Bahndamm entlang in Richtung Frankenberg. Nach etwa einer Viertelstunde aber beginnt erneut eine Schießerei, denn inzwischen hat die Chemnitzer Polizei die ganze Gegend alarmiert. Doch sie haben Glück. Frankenberger Arbeiter begrüßen Hoelz und seine Kolonne und bieten ihnen Schutz.

Die Genossen der KPD-Bezirksleitung Erzgebirge/Vogtland in Chemnitz sind aufs äußerste beunruhigt über die Aktionen, die Hoelz durchführt. Sie haben, ebenso wie die Zentrale, erkannt, daß derartige Aktionen nicht den historischen Gegebenheiten entsprechen. Mehrmals versuchen sie daher, Hoelz von weiteren Kämpfen abzuhalten. Fritz Heckert, Heinrich Brandler und andere Genossen fordern Hoelz auf, sich der neuen Lage anzupassen. Hoelz hält das für Verrat an der Revolution. Er glaubt noch immer, daß es möglich sein muß, vom Vogtland aus die revolutionäre Bewegung im

Reich zu entfachen. So scheitert der Versuch der Genossen in Chemnitz, Hoelz umzustimmen.

Trotzdem fährt Fritz Heckert am Ostersonnabend nach Falkenstein, um einen gemeinsamen Aufruf des Chemnitzer Arbeiterrates und der Aktionsausschüsse des Vogtlandes zur Beendigung der Kämpfe auszuarbeiten. Am 7. April sollen die Verhandlungen mit einem Regierungsvertreter abgeschlossen werden. Doch Hoelz, dessen Name in dem Glauben, auch mit seinem Einverständnis zu handeln, ebenfalls unter diesen Aufruf gesetzt wird, empört sich darüber und beantwortet die Bemühungen zur Beendigung des aussichtslosen Kampfes mit neuen Aktionen.

Nun sieht die Bezirksleitung keine andere Möglichkeit mehr, als sich von Max Hoelz zu trennen. Auf der KPD-Bezirkskonferenz am 7. April im Volkshaus in Chemnitz wird er wegen Disziplinlosigkeit mit siebenundachtzig gegen siebzehn Stimmen aus der Kommunistischen Partei ausgeschlossen. Hoelz begreift und billigt diesen Beschluß nicht, zumal er selbst auf der Konferenz nicht anwesend war und daher auch nicht Stellung nehmen konnte. Die Genossen im Vogtland protestieren gegen seinen Ausschluß, und Hoelz fühlt sich nach wie vor, bis zu seinem Tod, als Kommunist.

„In der Partei“, schreibt Hoelz, „befanden sich auch damals noch immer die besten und revolutionärsten Elemente der Arbeiterklasse. Aber es fehlte den aktiven, vorwärtsdrängenden Elementen die genügende Klarheit und ideologische Schulung, die sie befähigt hätte, den Kurs der Partei herumzureißen und die schwankende opportunistische Politik der leitenden Genossen durch eine konsequente bolschewistische Politik zu ersetzen. Bei der damaligen opportunistischen Führung der Partei war es sowohl dem einzelnen revolutionären Arbeiter als auch den aktiv kämpfenden Formationen viel schwerer, sich bedingungslos der Disziplin der Partei zu unterwerfen, als es bei einer konsequent eindeutigen Führung der Fall gewesen wäre.“

Hoelz beschuldigt hier die leitenden Genossen insgesamt und ungerechterweise einer schwankenden opportunistischen Haltung. Nun war es in der Tat für die Führung dieser jungen Partei außerordentlich schwierig, stets die entsprechende Taktik für die fast täglich wechselnden Kampfbedingungen zu wählen, und nicht jede Entscheidung erwies sich später als richtig. Die junge KPD stand in den ersten Jahren vor riesigen neuen Problemen der Strategie und Taktik des revolutionären Klassenkampfes, und sie mußte dabei die meiste Zeit in der Illegalität kämpfen. Auch in dieser Zeit wurden viele richtige und wichtige Entscheidungen getroffen. Aus Hoelz' Worten spricht die Ungeduld vieler proletarischer Kämpfer. Seine Wege und Irrwege werden hier besonders deutlich. Er vertritt zu dieser Zeit Positionen, die er erst später im Gefängnis korrigiert. Doch niemand, auch nicht der Genosse Max Hoelz, ist berechtigt, die Parteidisziplin zu verletzen. Denn Disziplin wird von jedem Genossen erwartet, insbesondere, wenn er so bekannt ist und so sehr im Blickfeld der Öffentlichkeit steht wie in jenen Tagen Max Hoelz.

Der Ausschluß von Max Hoelz bedeutet keine Verurteilung seines gesamten politischen Wirkens im Vogtland, obwohl seine Handlungen im Frühjahr 1920 nicht der Linie der Partei entsprechen.

Max Hoelz hat diese Kontroverse mit der Partei im Jahre 1920 immer wieder beschäftigt. In einem Brief aus dem Gefängnis schreibt er viele Jahre später, daß er mit Leuten wie Heinrich Brandler immer noch die gleichen Konflikte habe wie damals 1920. Nur mit dem Unterschied, „daß ich heute sogar mich bedingungslos der Disziplin der KPD auch unter einer Leitung Brandler unterordnen würde". Heute, schreibt er, würde er anders handeln. Er würde sich direkt mit dem Vertreter des Exekutivkomitees der Kommunistischen Internationale in Verbindung setzen und diesen um Direktiven bitten. „Teilt der Vertreter (des EKKI) die Ansichten ... und identifiziert er sich mit ihrer Beurteilung der Lage – schön.

Dann fügt sich Hoelz. Dann wird ‚El Tiempo' (die Zeit) es zeigen, wessen Beurteilung richtig war. Auf jeden Fall ist es unbedingte Voraussetzung für alles praktische Handeln, daß eine Partei, in diesem Fall also die KPD, als zentraler Kopf und Führerin proletarischer, revolutionärer Massen dem Gegner in absoluter Geschlossenheit und Einheitlichkeit des Willens entgegentritt. Vor der Aktion größte Freiheit der Meinungsäußerung. Während der Aktion straffste Disziplin des Handelns. In diesem Sinne war 1920 mein Widerstand gegen die Parolen Brandlers praktisch falsch." Und an anderer Stelle sagt er: „Bei meinem Temperament (nicht meiner Einstellung) muß ich auch heute noch damit rechnen, von der Partei ausgeschlossen zu werden, *nicht* deshalb, weil ich mich der Parteidisziplin nicht füge (der Parteidisziplin muß ich mich fügen, aus eigener Erkenntnis, weil ohne die Disziplin mein ganzes Handeln zwecklos ist).... Was würde die Folge eines solchen Ausschlusses sein? Die Partei *kann* mich *organisatorisch* von sich abstoßen, loslösen, trennen, aber sie ist nie und nimmer in der Lage, mich ideologisch, seelisch, geistig aus ihren Reihen zu entfernen. Das heißt, ich würde - nach einem Ausschluß – genau wie vorher mit äußerster Intensität für die Partei arbeiten und wirken. Für die Partei kann es also sehr wohl eine Trennung von Hoelz geben, nicht aber für mich eine Trennung von der Partei."

Diese selbstkritische Einschätzung, sein klares Bekenntnis zur Parteidisziplin, stammt, wie gesagt, aus einer späteren Zeit. Noch schreiben wir das Jahr 1920. Da der von Heckert angestrebte Waffenstillstand nicht zustande kommt, rückt die Reichswehr mit Unterstützung thüringischer und bayrischer Truppen in Sachsen ein. Am 12. April wird der Ausnahmezustand über die Amtshauptmannschaft Zwickau verhängt. Damit können die Militärbefehlshaber die Aktionsausschüsse und die Arbeiterwehren auflösen und die bürgerliche „Ruhe und Ordnung" wiederherstellen.

Die Arbeiter kämpfen aufopferungsvoll. Aber ohne wirksame Unterstützung aus den übrigen Teilen des Reiches ist ihr Widerstand zwecklos. Gegen fünfzigtausend Soldaten, ausgerüstet mit den modernsten Großkampfmitteln, kann auch Hoelz nichts ausrichten. Und er will es auch nicht mehr auf einen regelrechten Kampf ankommen lassen. Er gibt Befehl, die „Festung“ Falkenstein zu verlassen und sich geschlossen bis an die tschechoslowakische Grenze zurückzuziehen, damit die revolutionäre Arbeitertruppe nicht planlos auseinanderläuft. Zur Warnung der Reichswehr und der lokalen Bourgeoisie erscheint am 14. April in Falkenstein und in anderen Orten des Vogtlandes ein Flugblatt mit dem Titel „Der Weg in den Tod“. Hoelz hat es nicht mitunterschrieben, aber als Führer der revolutionären Kämpfe trägt er auch dafür die Verantwortung; und er hat sie auch nie abgelehnt, das entspräche nicht seinem Charakter. Am Schluß des Flugblattes heißt es: „. . . daß das revolutionäre Vogtland auf den Einmarsch der Reichswehr wartet, sich verteidigen, die Bourgeoisie vernichten wird, um dann selbst in den Tod zu gehen“.

Dieses Flugblatt, das zum individuellen Terror aufruft, schadet der Arbeiterklasse sehr. Die Bourgeoisie hat es leicht, anhand dieser Erklärung zu behaupten, daß die Arbeiter des Vogtlandes, die Kommunisten, und an ihrer Spitze Max Hoelz Mörder seien.

Als die Reichswehr in Falkenstein einrückt, brennen am Stadtrand tatsächlich einige Fabrikantenvillen. Hoelz schreibt zwar später, daß er in Wahrheit nicht die Absicht hatte, seine Drohung wahr zu machen, sondern den Besitzern nur einen Schreck einjagen wollte. Und tatsächlich hat er keinen Befehl zum Anzünden der Villen gegeben. Aber wer einen solchen Aufruf zum Terror erläßt, den darf es nicht wundern, wenn einige ihn wörtlich nehmen und auch danach handeln. Die Reaktion nützt die brennenden Villen sofort aus. Sie läßt Postkarten mit dem Bild von Hoelz und den fünf niedergebrannten Häusern drucken, als Beweis für die angebliche Brutalität dieses Mannes.

Doch wenn die Bourgeoisie behauptet, im Vogtland habe unter Hoelz Mord und Terror geherrscht, dann sind das die üblichen Verleumdungen, die immer und zu jeder Zeit gegen die Herrschaft der Arbeiter vorgebracht werden. Terror und Unsicherheit breiten sich erst aus, als die Reichswehr einmarschiert. Arbeiter und Bauern werden gejagt, gefoltert. Es wird geplündert und geraubt. Der weiße Terror wütet. Was unter Hoelz nie vorgekommen ist, daß Gefangene mißhandelt wurden, geschieht jetzt überall. Hunderte von Arbeitern sitzen in den Gefängnissen. Doch die sozialdemokratische Landesregierung behauptet auf Plakaten, die Aktion habe nur den Zweck, die „Räuberhorden" von Hoelz unschädlich zu machen. Im übrigen würde niemandem ein Haar gekrümmt.

Die Arbeitertruppen ziehen sich vor der Übermacht zurück. Außer zu kleinen Plänkeleien und Vorpostengefechten kommt es zu keinen Zusammenstößen. Die Rotarmisten sprengen einige kleine Brücken, machen ein paar Straßen unpassierbar, um dem Gegner die Verfolgung zu erschweren. Als der Kreis um sie immer enger wird, ziehen sie sich in die Wälder zurück. Was aber weiter tun? Sollen sie geschlossen mit ihren Waffen über die Grenze gehen und sich in der Tschechoslowakei internieren lassen, oder sollen sie sich auflösen und jeder im Alleingang versuchen, die Sperrkette der Reichswehr zu durchbrechen? Sie entscheiden sich für den zweiten Weg. Hoelz löst seine Kampftruppen auf, um der Reichswehr die Möglichkeit und den Anlaß zu einem Blutbad zu nehmen.

Die Niederschlagung des Kapp-Putsches und die revolutionären Kämpfe zur Abwehr der Konterrevolution gehören zu den herausragenden revolutionären Ereignissen der Geschichte der deutschen Arbeiterbewegung.

In der bis dahin bedeutendsten proletarischen Einheitsaktion verhinderte die Arbeiterklasse die Errichtung einer offenen Militärdiktatur und verteidigte die demokratischen und sozialen Errungenschaften der Novemberrevolution.

Die Aktionen der Arbeiterklasse im Vogtland und der Kampf unter Teilnahme von Max Hoelz, der mehr als einmal sein Leben riskierte, sind ein Teil dieses Kampfes. Auch da, wo die Aktionen Hoelz' objektiv mehr schaden als nützen, entspringen sie ehrlicher Überzeugung. Lenins Buch „Der ‚linke' Radikalismus, die Kinderkrankheit des Kommunismus" ist zu diesem Zeitpunkt noch nicht veröffentlicht. Auch Max Hoelz ist von dieser Krankheit nicht verschont geblieben.

# Matiasek kommt zurück

Nach einer abenteuerlichen Flucht durch die Wälder kommt Hoelz schließlich in die benachbarte Tschechoslowakei. Er erlebt an der Grenze, wie seine Kampfgefährten von den Reichswehrsoldaten aus den Häusern geholt, mit Gewehrkolben geschlagen und zu Paaren getrieben werden. Ohnmächtige Wut steigt in ihm auf. In diesen Stunden mag er Rache geschworen haben, allen, die gefangene und wehrlose Arbeiter unmenschlich behandelten. Der Veteran Franz Dörfler aus Bublava bei Graslice erinnert sich: „Ich war damals bei meinem Schwager Emil Wesp, bei dem sich Max Hoelz in der Scheune im Heu versteckt hatte. Wir böhmischen Arbeiter halfen den flüchtenden Rotarmisten, wo wir nur konnten. Ich weiß noch, wie die gefangenen Arbeiter an ein Lastauto gebunden vor dem Gasthof Knoth am Sachsenberg lagen und wie die Reichswehr Siegesfeiern abhielt. Von Zeit zu Zeit kam ein Uniformierter aus dem Haus und schlug auf die Wehrlosen ein."

Und der Veteran Hünigen aus Graslice sagte: „Wir, die Kommunisten und Tausende böhmischer Arbeiter waren begeistert von Hoelz und seiner Schar."

Wenn Hoelz nun versucht, sich und so viele Genossen wie möglich in Sicherheit zu bringen, so in erster Linie, um eines Tages die Verhafteten aus der Hand ihrer Peiniger zu befreien. Es ist, als hätte er den Menschen, die tapfer mit ihm gekämpft haben, geschworen, sie nicht im Stich zu lassen.

So irrt nun Hoelz mit noch einem Genossen durch die Wälder, müde und erschöpft. Sie haben den ganzen Tag noch nichts gegessen. Als es dunkel wird, erreichen sie ein tschechisches Dorf. Die Nacht ist kalt und regnerisch. Es ist Mitte April, sie können unmöglich im Freien bleiben. So schlüpfen sie in eine Scheune, kriechen ins Heu, um warm zu werden. Ihre Sachen sind völlig durchnäßt, die Zähne klappern vor Kälte.

Im Morgengrauen wandern sie weiter bis nach Eger (Cheb). Von dort versuchen sie, nach Pilsen (Plzeň) weiterzufahren. In einem Dorfgasthaus, wo sie übernachten wollen, fallen sie den Gendarmen auf, und es folgt eine wilde Flucht über Dächer und Zäune. Sie springen von einer Mauer, fallen in die Jauchegrube eines Bauernhofes, entkommen dennoch, laufen über eine morastige Wiese, bis zum Knöchel im Wasser versinkend, und werden schließlich von der hereinbrechenden Dunkelheit verschluckt. Sie sind gerettet.

Sieben Stunden marschieren sie nun den Bahndamm entlang durch die kalte Nacht, die Kleider naß, dreckig und stinkend. Sie wagen es nicht, ein Haus zu betreten, besteigen aber dann auf einer kleinen Station gegen vier Uhr morgens den ersten abfahrenden Zug. Doch wer ist schon zu so früher Stunde, noch vor Abfahrt des ersten Zuges auf dem Bahnhof? Jeder Fremde fällt hier sofort auf. Und so werden sie dann auch von einer Gendarmeriestreife im Zug festgenommen und gefesselt nach Eger zurückgebracht.

Zwei Tage später wird Hoelz zwei Reichswehroffizieren und einem Dresdner Staatsanwalt gegenübergestellt, die ihn augenblicklich als „den Hoelz" identifizieren. Die Beamten sind sicher, daß er ausgeliefert werden wird, noch am selben Tag soll er der Reichswehr übergeben werden. Da kommt – wie der reitende Bote in Brechts Dreigroschenoper – buchstäblich in letzter Sekunde, als der Gefangene schon reisefertig ist, eine Nachricht von der Regierung in Prag. Hoelz und vier andere gefangene Rotgardisten aus dem Vogtland sollen in die Hauptstadt überstellt werden.

In einem Sonderzug, der aus nur zwei Wagen besteht, erreichen sie – bewacht von fast fünfzig Polizisten – die Stadt an der Moldau. Von dort geht es weiter nach Jičin und dann zu Fuß zum Zuchthaus Karthaus. Hier bleiben die Gefangenen vier Monate, den ganzen Sommer 1920 hindurch.

Das Zuchthaus, ein ehemaliges Kloster, hat keine Heizung, und in seinen zwei Meter dicken Mauern steckt noch immer die Winterkälte. Obwohl es draußen warm ist, frieren die Gefangenen entsetzlich. Außerdem haben sie Hunger. Schließlich helfen ihnen die organisierten Arbeiter aus Jičin, versorgen sie mit Lebensmitteln und Decken, und je näher der Sommer kommt, desto weniger stört sie auch die Kälte.

Die deutschen Behörden bemühen sich immer wieder um Auslieferung der Gefangenen, was zumindest für Max Hoelz den sicheren Tod bedeutet hätte. Außer ihm sind vierundzwanzig weitere Kämpfer aus dem Vogtland in Karthaus inhaftiert. In Deutschland gelten sie als gemeine Verbrecher, die im Lande abgeurteilt werden sollen. Die Regierung in Prag aber billigt ihnen den Status von politischen Häftlingen zu, die aus Überzeugung gehandelt haben, und sie gewährt ihnen, auch Max Hoelz, politisches Asyl.

Die Kommunistische Partei Deutschlands zieht in diesen Monaten erste Lehren aus dem Kapp-Putsch, in dem die Arbeiterklasse einen Sieg errang, weil sie geeint handelte, weil Kommunisten, Unabhängige und sozialdemokratische Arbeiter gemeinsam kämpften. Im Juni 1920 beteiligt sich die KPD erstmalig an den Wahlen zum Reichstag und erringt auf Anhieb zwei Mandate, eines davon gewinnen die Genossen in Chemnitz. Fritz Heckert verzichtet zugunsten von Clara Zetkin.

Ein weiteres Ereignis bestimmt den Kampf der Partei in diesem Frühling. Im April überfallen polnische Gutsbesitzer und Kapitalisten, gestützt auf den englischen und französischen Imperialismus, die junge Sowjetmacht. Das löst eine machtvolle Bewegung der Arbeiter in ganz Europa aus, die unter der Losung „Hände weg von Sowjetrußland!“ demonstrieren, streiken und Waffenlieferungen an Polen verhindern.

Clara Zetkin legt als KPD-Abgeordnete im Reichstag ein glühendes Bekenntnis zur Sowjetmacht ab. Ihre Rede beginnt mit den Sätzen: „Das erste Wort der Kommunisten hier ist über dieses Haus, ist über Deutschlands Grenzen hinaus gerichtet. Es ist das Bekenntnis zur internationalen Solidarität der Proletarier aller Länder ... Es ist insbesondere ein Ausdruck dankbarer und bewundernder Brüderlichkeit für das unter den größten Schwierigkeiten gegen eine ganze Welt kämpfende und aufbauende sozialistische Räterußland."

Max Hoelz erfährt im Gefängnis durch die Presse von dem Überfall auf Sowjetrußland. Doch selbst die entstellten Informationen in sowjetfeindlichen Zeitungen beweisen ihm, daß, wie er schreibt, „der Kampf der russischen Arbeiter und Bauern nicht um nationaler oder imperialistischer Ziele willen geführt wurde, sondern daß Sowjetrußland, der erste Arbeiterstaat, diesen Kampf zu seiner Selbstbehauptung und im Interesse der Arbeiter der ganzen Welt aufzunehmen gezwungen war". Am liebsten wäre Hoelz zu den russischen Brüdern geeilt, um mit ihnen gemeinsam zu kämpfen.

Ende August wird Hoelz aus dem Gefängnis entlassen, nachdem die anderen Gefangenen schon vorher auf freien Fuß gesetzt wurden. Die Arbeiter von Jičin verabschieden ihn auf dem Bahnhof mit Blumen und roten Schleifen. Selbst der Bürgermeister nimmt an der Kundgebung teil. Hoelz soll sich nun in einem Sanatorium von den Strapazen der Haft erholen. Doch auch hier, in einem Prager Vorort, lebt er wie ein Gefangener, darf er im Garten nur unter Aufsicht von Kriminalpolizisten spazierengehen und das Sanatorium nicht verlassen. Und bald legt man ihm nahe, aus der Tschechoslowakei zu fliehen. Insgeheim unterstützt die Prager Regierung seine Flucht nach Österreich, wo er Anfang Oktober eintrifft.

Hier erfährt er von vogtländischen Genossen, daß in Dresden zahlreiche Prozesse gegen Rotarmisten laufen. Sie meinen, Hoelz könne etwas für die Verhafteten tun, wenn er nach Deutschland zurückkehre. So gibt er seinen ursprünglichen Plan auf, von Wien aus nach Sowjetrußland zu fahren, und bereitet seine Rückkehr nach Deutschland vor. Er beschafft sich einen Paß, der auf den Namen Alexander Matiasek lautet. Als Hoelz alias Matiasek bei Passau die Grenze passiert, hat er nur ein Ziel: die inhaftierten Genossen durch einen Handstreich zu befreien.

Kurz vor Weihnachten taucht er überraschend bei seinen Freunden im Vogtland auf. Äußerlich hat er sich verändert. Aus konspirativen Gründen durfte er in Österreich nicht in Arbeiterkreisen verkehren, sondern nur mit Leuten, bei denen man einen Hoelz nicht vermutet hätte. Er besuchte die Oper, Theater, Kabaretts und vornehme Restaurants. Er trägt nun eine goldumrandete Brille, sein Haar ist akkurat gescheitelt. Doch innerlich ist er der Heißsporn, der rote Husar geblieben.

Ende Dezember kommt er nach Berlin, um Helfer für seine geplante Befreiungsaktion zu gewinnen. Die Wut auf die Reichswehrschläger, die Rache, die er ihnen im Frühjahr geschworen hat, bestimmen nun sein Handeln. Doch Wut und Rachegefühle sind schlechte Ratgeber.

Die Parteiorganisationen der KPD werten in diesem Herbst die Beschlüsse des II. Weltkongresses der Kommunistischen Internationale aus, der sich im Sommer 1920 in Moskau mit der Gefahr des linken Sektierertums befaßt hat. Lenins berühmtes Werk „Der ‚linke' Radikalismus, die Kinderkrankheit des Kommunismus" ist gerade erschienen. Lenin wendet sich darin gegen revolutionäres Abenteurertum, das dem proletarischen Klassenkampf schadet, weil es nicht fähig ist, Ausdauer, Organisiertheit, Disziplin und Standhaftigkeit an den Tag zu legen, weil es die Linken von den Massen isoliert. Lenin fordert, „unbedingt dort zu arbeiten, wo die Massen sind".

Lenins Werk ist auch besonders an die Kommunistische

Partei Deutschlands gerichtet, die im Herbst 1920 vor der Aufgabe steht, einen geeigneten Weg zur Vereinigung mit den linken Kräften in der USPD zu finden. Im Dezember 1920 kommt schließlich die Vereinigung der USPD mit der von Karl Liebknecht, Rosa Luxemburg und Wilhelm Pieck gegründeten KPD zur Vereinigten Kommunistischen Partei Deutschlands (VKPD) zustande. Die werktätigen Arbeiter Deutschlands sind nun in einer proletarischen Massenpartei vereinigt.

Der V. Parteitag der KPD, der diese Vereinigung vorbereitet, befaßt sich Anfang November in Berlin auch mit der Wiederaufnahme von Max Hoelz in die Partei. Unter Vorsitz von Wilhelm Pieck beraten die Genossen über einen Antrag der Ortsgruppe Oelsnitz (Vogtland).

Heinrich Brandler begründet den Antrag damit, daß der Ausschluß von Hoelz niemals eine Verurteilung seines politischen Wirkens im Vogtland bedeutet hat, daß die Partei sich nicht denen zugesellen will, die sein Auftreten schamlos gegen die Kommunistische Partei ausgenutzt haben. „Hoelz war kein Politiker, aber er ist ein aktiver Revolutionär, den wir in Zeiten, in denen wir mitten im Kampf stehen oder neuen Kämpfen entgegengehen, sehr notwendig brauchen werden und brauchen können", sagt er.

Auch Georg Schumann spricht zu diesem Antrag. Er setzt sich für die Wiederaufnahme von Hoelz ein, „wenn er sich der Disziplin unterwirft". Der Parteitag stimmt schließlich gegen fünf Stimmen dem Antrag zur Wiederaufnahme von Max Hoelz in die Partei zu, unter der Bedingung, daß Hoelz „. . . sich ausdrücklich verpflichtet, sich unbedingt der Parteidisziplin zu fügen".

Hoelz ist zu diesem Zeitpunkt noch in Wien und findet auch nach seiner Rückkehr keinen Kontakt zur Partei. Er wird in ganz Deutschland steckbrieflich gesucht. Ohne andere zu gefährden, ist es ihm unmöglich, Verbindung zur Zentrale der KPD aufzunehmen. Statt dessen lernt er um den Jahreswechsel 1920/21 ultralinke Kräfte kennen, die sich in der Kommunistischen Arbeiterpartei Deutschlands (KAPD) zusammengeschlossen haben. Für sie ist Hoelz der Haudegen, den sie suchen. Hoelz seinerseits verfolgt noch immer den Plan, die seit dem Kapp-Putsch eingekerkerten Genossen durch einen Handstreich zu befreien. Dazu organisiert er in Berlin, Braunschweig und im Vogtland etwa fünfzig Genossen, die er bewaffnet und mit Fahrrädern ausstattet. Das Geld dafür stammt noch aus den Kontributionen der vogtländischen Unternehmer.

Schließlich macht Hoelz noch die Bekanntschaft eines Mannes namens Ferry, der gerade Vorbereitungen für die Sprengung der Siegessäule in Berlin trifft und dafür Geld benötigt. Hoelz aber braucht Bomben oder glaubt wenigstens, sie zu brauchen, um die in Dresden, Leipzig und Hof eingekerkerten Genossen zu befreien. Er selbst schreibt über diese

Pläne: „Aufsehenerregende, am gleichen Tag und zu gleicher Stunde an mehreren Orten ausgeführte Sprengungen in Gerichtsgebäuden sollten die Behörden beunruhigen und die Bürger erschrecken. Begünstigt durch die entstehende Verwirrung wollten wir die Befreiung der Genossen durchführen."

Mit diesen Aktionen und gleichzeitig verteilten Flugblättern will Hoelz darauf aufmerksam machen, daß die von der Polizei verfolgten Kommunisten die eingekerkerten Genossen nicht vergessen hatten und für ihre Befreiung kämpften".

In Dresden, Freiberg, Leipzig und anderen Orten, wo die Klassenjustiz besonders gewütet hat, detonieren die Bomben. Sie stiften kurzfristig Verwirrung, das ist aber auch alles. Hoelz empfindet weder Freude noch Befriedigung. Im Gegenteil. Er gewinnt immer mehr die Überzeugung, daß dies kein Weg ist, um für die kommunistische Bewegung und ihre Ziele zu kämpfen. Gewiß gehört persönlicher Mut dazu. Solche Terrorakte, schreibt er später, „ersetzen aber niemals die notwendigen Massenaktionen, lösen sie nicht einmal aus. Die Einzelaktionen und Husarenstreiche in den zwei Jahren meiner Verfolgung und Illegalität waren im Grunde nichts anderes als die Wirkungen, die sich aus meiner Isolierung von den politischen und gewerkschaftlichen Organisationen ergeben mußten. Bitter empfand ich, daß ich mit ungenügender politischer und gewerkschaftlicher Erfahrung in jahrelange Illegalität geraten war. Es war ein schwerer politischer Fehler von mir, daß ich es gutgeheißen und manchmal mich sogar daran beteiligt hatte, wenn Expropriationsgruppen Überfälle auf Bankgebäude, Postkassen usw. ausführten."

Tatsächlich nahm Hoelz nur an einem solchen Unternehmen teil, das dann durch einen unvorhergesehenen Zwischenfall noch verhindert wurde. Seinen Plan, die gefangenen Genossen zu befreien, konnte er nicht mehr ausführen, weil sich neue revolutionäre Kämpfe in Mitteldeutschland ankündigten.

# Aktion „Kohlensache“

Am Montag, dem 21. März, erfährt Max Hoelz aus einem Berliner Abendblatt vom Generalstreik in Mitteldeutschland. Bis an die Zähne bewaffnete Hundertschaften der Sicherheitspolizei haben Mansfeld überfallen und Städte und Dörfer wie Feindesland besetzt. Max Hoelz zögert nicht, den kämpfenden Arbeitern zu Hilfe zu eilen. Trotz der auf seinen Kopf ausgesetzten Prämie von fünfundfünfzigtausend Mark besteigt er zwei Stunden später mit fünf Genossen den D-Zug, der ihn ins Streikgebiet bringen soll. Erst im Augenblick der Abfahrt des Zuges betritt er den Bahnsteig und verschwindet sofort im Abteil.

Wieso überfallen die Truppen des sozialdemokratischen Oberpräsidenten Hörsing mitten im Frieden das Mansfelder Land? Wie reagieren die Arbeiter auf diese Provokation? Was ist geschehen, das den Angriff auf die Arbeiterklasse Mitteldeutschlands rechtfertigen könnte?

Mit der Vereinigung der USPD mit der KPD zur Vereinigten Kommunistischen Partei Deutschlands (VKPD) erhält das deutsche Proletariat eine revolutionäre Massenpartei. Sie ist die erste proletarische Massenpartei in einem imperialistischen Land. Die Mitgliederzahl der Partei steigt durch die Vereinigung von hunderttausend auf dreihunderttausend. Viele bedeutende Revolutionäre wie Ernst Thälmann, Walter Stoecker, Franz Dahlem, Wilhelm Koenen und andere treten der von Karl Liebknecht und Rosa Luxemburg gegründeten Kommunistischen Partei bei.

Besonders in Mitteldeutschland wächst der Einfluß der

Kommunisten, und die reaktionären Kreise, einschließlich der rechten Sozialdemokraten, sehen im Anwachsen der VKPD eine Herausforderung, der sie begegnen wollen.

Mit Beginn des Jahres 1921 spitzen sich die Klassenkämpfe weiter zu. Der Versuch des Kapitals, die von den Siegermächten im Januar beschlossenen ungeheuren Reparationskosten auf die Werktätigen abzuwälzen, stößt auf den entschlossenen Widerstand der Arbeiterklasse. In einem offenen Brief an die Vorstände der SPD, der USPD, der KAPD und der Gewerkschaften ruft die Vereinigte Kommunistische Partei zu einheitlichen Lohnkämpfen und zur Verteidigung der Rechte der Arbeiter auf.

Dieser offene Brief ist ein wichtiger Schritt der Partei im Sinne der Leninschen Losung: „Heran an die Massen!“ Mit ihm leitet die VKPD eine Wende in ihrer Politik ein, die beispielhaft für die kommunistischen Parteien in kapitalistischen Ländern ist. Die Partei wurde flexibler in ihrer Strategie und Taktik. Die Haltung zum bürgerlichen Parlament war richtig, und die Leitsätze zur Gewerkschaftsarbeit verpflichteten die Kommunisten, aktiv in den bestehenden Gewerkschaften mitzuarbeiten, um diese zu revolutionieren.

In Mitteldeutschland, das sich immer mehr zu einem Zentrum der revolutionären Arbeiterklasse entwickelt, erkämpfen die Arbeiter in gemeinsamen Aktionen Lohnverbesserungen und zusätzliche Urlaubstage. Das Vertrauen der Arbeiter zu den Kommunisten wächst, und der Reaktion ist bald jedes Mittel recht, diese Entwicklung aufzuhalten. Sie entschließt sich zu einer Provokation.

So steht Anfang Februar plötzlich die reaktionäre Werkpolizei vor den Schächten und Hütten des Mansfelder Reviers, angeblich um Massendiebstähle wertvoller Rohmaterialien, Grubenholz, Kupfer und so weiter zu verhindern. Später gibt die Regierung zu, daß es keine Diebstähle gegeben hat.

Die Arbeiter aber nehmen die Beschuldigung nicht hin. Sie

treten am 3. Februar in den Streik, der andauert, bis die Direktion zusagt, diese „Oberwächter“ zurückzuziehen.

Aber die Reaktion holt nun zu einem noch größeren Schlag aus, um den Einfluß der VKPD zu stoppen und „durchzugreifen“. Der sozialdemokratische Oberpräsident in Magdeburg, Hörsing, und der ebenfalls sozialdemokratische preußische Innenminister Severing einigen sich auf eine Polizeiaktion „zur Herstellung der Staatsautorität in Eisleben“. Das rote Mansfeld ist der Reaktion ein Dorn im Auge.

Diese „Antipathie“ verstärkt sich noch durch den Erfolg der VKPD bei den Wahlen zum Preußischen Landtag im Februar. In den Kreisen Merseburg und Leuna, in Bitterfeld, im Mansfelder See- und Mansfelder Gebirgskreis gewinnt sie über vierzig Prozent der Stimmen.

Nach diesen Wahlen erkennt die Reaktion, daß mit Provokationen „kleineren Stils“, wie dem Einsatz der Werkpolizei, der Einfluß der VKPD nicht mehr zu brechen ist. Eile ist geboten. Am 28. Februar fällt in Magdeburg die Entscheidung, eine „Aktion gegen den kommunistischen Masseneinfluß“ in Mansfeld durchzuführen. Am 17. März erklärt Oberpräsident Hörsing in einem Aufruf, der in allen bürgerlichen Zeitungen veröffentlicht wird:

„Frauen, Männer, Bürger! Seit mehr als zwei Jahren ist das Industrierevier mehr oder weniger ein dauernder Herd von Unruhe ... Daher habe ich befohlen, daß in den nächsten Tagen starke Polizeikräfte nach vielen Orten des Industriereviers gelegt werden, die die Aufgabe, mit den jetzigen Zuständen ein Ende zu machen, haben.“

Für den 18. März um ein Uhr mittags wird für die gesamte Schutzpolizei der Provinz Sachsen Alarmbereitschaft verkündet. Das kriegsmäßige Unternehmen gegen die Mansfelder Arbeiter erhält den Decknamen „Kohlensache“.

Am Sonnabend, dem 19. März, als die Arbeiter zum großen Teil schon nicht mehr in den Betrieben sind, dringen fünf Hundertschaften Polizei, bis an die Zähne bewaffnet, ausgerüstet mit Last- und Personenkraftwagen, mit Funkstation, Fahrrädern und Verpflegung für acht Tage, ins Mansfelder Land ein. Drei Hundertschaften besetzen das Lehrerseminar und die Mädchenschule in Eisleben, und zwei quartieren sich in Hettstedt ein. Jede Hundertschaft ist mit einem Maschinengewehr und vier Maschinenpistolen bewaffnet, jeder einzelne Beamte mit Pistole und Karabiner. Der Kommandeur, Polizeimajor Folte, erhält besondere Vollmachten. Zur selben Zeit wird eine andere Polizeieinheit unter dem Decknamen „Frühlingsreise" gegen das Merseburger Revier in Marsch gesetzt.

Die soeben erst ins Leben getretene VKPD steht vor einer schweren Bewährungsprobe. Genosse Wilhelm Koenen schreibt dazu in seinen Erinnerungen an die ruhmreichen Kämpfe der Mansfelder Bergarbeiter 1917–1921: „In dieser Situation, die eine zielklare Führung, eine eiserne Disziplin und Geschlossenheit des Handelns sowie sachliche Überlegungen verlangte, wirkte sich die ideologische Unklarheit der jungen Kommunistischen Partei schädlich aus . . . Eine theoretisch fundierte einheitliche Strategie und eine ausgearbeitete Taktik gab es für die revolutionären Massenkämpfe noch nicht."

Viele Genossen auch in der Führung der VKPD neigen in der Beurteilung der politischen Lage zu der Auffassung, daß sich die monarchistische Reaktion nicht mit ihrer Niederlage im Kapp-Putsch abfinden werde, sondern bereits mit allen Kräften an der Vorbereitung eines neuen Vorstoßes arbeitet. Die Arbeiterschaft sei um ihrer selbst willen gezwungen, nicht nur einen solchen Angriff abzuwehren, sondern selber die Offensive zu ergreifen. Diese Theorie, die in der Partei den Namen „Offensivtheorie" erhält, findet in den Kreisen der aufgebrachten Arbeiter einen starken Widerhall.

Auch in der Zentrale (engere Leitung der VKPD) wird die eigene Stärke sowie die Krise der herrschenden Klasse überschätzt. Am 17. März ruft der Zentralausschuß (erweiterte

Führung der Partei) die Arbeiter im Fall eines Polizeieinmarsches in Mansfeld zum aktiven Kampf auf. Er beschränkt sich nicht darauf, entsprechend der Lage, die Verteidigung der mitteldeutschen Arbeiter vorzubereiten.

Die Märzaktion ist dennoch kein irgendwie „von Moskau kommandierter Putsch", sondern ein harter Abwehrkampf der Arbeiter gegen eine von langer Hand geplante Provokation. Sie ist schon gar kein Hoelz-Putsch, denn Max Hoelz weiß zu diesem Zeitpunkt noch nichts von den Vorgängen in Mansfeld. Die Partei ist aber auch nicht in der Lage, wie Wilhelm Koenen feststellt, „die in höchste Erregung geratenen Arbeitermassen des Industriereviers organisatorisch in die richtigen Bahnen eines Abwehrkampfes zu lenken. Die Bergarbeiter, an Leib und Leben bedroht, waren nicht zu halten."

Als in Berlin und Halle keine präzisen Beschlüsse zur Abwehr des Polizeiüberfalls gefaßt werden, tagt in der Nacht vom Sonntag zum Montag, vom 20. zum 21. März, in der Nähe von Eisleben eine illegale Konferenz von Parteifunktionären der VKPD mit Vertretern der KAPD und des Gewerkschaftskartells. Einstimmig beschließen sie den Generalstreik. Als Leitung wird ein Aktionsausschuß gewählt, an dessen Spitze der Redakteur der „Mansfelder Volkszeitung", Genosse Joseph Schneider, tritt.

In der selben Nacht noch werden die Arbeiter in den Dörfern um Eisleben durch Trompetensignale geweckt. Genossen des Aktionsausschusses teilen ihnen mit, daß am Montag der Generalstreik gegen die Polizeibesetzung beginnt. Die Arbeiter der wichtigsten Schächte fahren an diesem Morgen schon nicht mehr ein. Am Abend meldet Polizeimajor Folte über Funk nach Magdeburg: „Generalstreik im Mansfeldischen bis auf geringe Ausnahmen bereits eingetreten ... Ruhestörung bisher nicht vorgekommen."

Die Ober-Berg- und Hütten-Direktion droht den Arbeitern in einem von Direktor Heinold unterschriebenen Aufruf, jeden zu entlassen, der sich an drei aufeinanderfolgenden Tagen am Streik beteiligt. Die Erregung der Arbeiter wird dadurch nur vergrößert.

Als Max Hoelz in der Nacht vom Montag zum Dienstag auf dem kleinen Bahnhof von Klostermansfeld ankommt, hat sich die Lage aufs äußerste zugespitzt. Einmal täglich hält hier in der Nacht der Zug aus Berlin, damit die Lok vor der Weiterfahrt in Richtung Sangerhausen frisches Wasser tanken kann. Hoelz, der das nicht weiß, hält den Halt für einen Vorwand, um nach ihm zu fahnden. Er springt aus dem Zug und läuft mit seinen Begleitern den Weg vom etwas außerhalb gelegenen Bahnhof in den Ort zurück, der zu dieser nächtlichen Stunde noch immer nicht schläft.

Klostermansfeld ist zu dieser Zeit eine Hochburg der Ultralinken, die in der KAPD organisiert sind. Hoelz kennt den Ort, er hat hier im Sommer 1919 im Auftrag der Zentrale der KPD unter dem Pseudonym Sturm Versammlungen abgehalten. Diesmal kommt er ohne Auftrag. Die Genossen in Klostermansfeld kennen Hoelz nicht unter seinem richtigen Namen. Auch jetzt gibt er sich den Arbeitern, die er zu später Stunde noch im Streiklokal antrifft, nicht zu erkennen. Er will sich zunächst ein Bild von der Situation, von Zweck und Ziel der durch den Generalstreik ausgelösten Bewegung machen.

Hoelz taucht am Dienstag auf mehreren Schachtanlagen auf, spricht mit den Arbeitern, besucht Versammlungen in Hettstedt und Mansfeld. Von den Vorbereitungen zu einer bewaffneten Aktion ist noch nichts zu spüren. Aber alle sind sich einig, daß sie die Provokation nicht hinnehmen werden.

Für den späten Dienstagnachmittag ist im Volkshaus Eisleben, dem heutigen „Haus der Jugend und des Sports“, eine vom Aktionsausschuß organisierte Versammlung angesetzt, an der auch Arbeiter der umliegenden Schächte und Hütten teilnehmen sollen. In der Stadt breitet sich das Gerücht aus, daß Max Hoelz in der Versammlung erscheinen wird. Der Vorsitzende des Aktionsausschusses, Joseph Schneider, schreibt später: „Der Zustrom zum Volkshaus war aus diesem

Grunde ganz besonders groß. Der große Saal konnte die Menge nicht fassen, und so begaben sich die Teilnehmer in den anliegenden geräumigen Garten, der bis auf den letzten Platz gefüllt war, so daß ein großer Teil der Arbeiter keinen Einlaß finden konnte."

Hoelz ist zu dieser Zeit noch mit dem Fahrrad auf dem Weg nach Eisleben. Plötzlich kommt ihm eine dreißig Mann starke Patrouille von Polizisten, ebenfalls auf Fahrrädern, entgegen. Sollte er kurz vor der entscheidenden Versammlung verhaftet werden? Umkehren wäre sinnlos und würde ihn nur verdächtig machen, Zum Überlegen bleibt keine Zeit. Er muß handeln. So fährt er direkt auf den Leutnant an der Spitze der Kolonne zu und ruft: „Es ist höchste Zeit, daß Sie kommen, da vorn sieht es böse aus!" Der Leutnant lächelt und radelt tapfer weiter. So erreicht Hoelz mit seinem Begleiter die Stadt, wird überall gemustert, aber nirgends angehalten. Ein paar Jungen zeigen ihm den Weg zum Volkshaus, wo er von Tausenden Arbeitern stürmisch begrüßt wird.

Der Dichter Erich Mühsam schreibt später in einer von der „Roten Hilfe" herausgegebenen Broschüre über diesen Nachmittag: „Max Hoelz fand also . . . schon eine höchst kritische Lage vor. Die Arbeiter, durch Beleidigungen, Verleumdungen, Bedrohungen, Provokationen und Gewalttaten in äußerste Aufregung versetzt, bewaffneten sich so schnell und so gut sie konnten . . . Die Stimmung bei den Massen war gemischt aus Wut, Angst, Zweifel und resignierter Entschlossenheit. Die Resignation wich aber der Begeisterung, als die Botschaft sich ausbreitete, Max Hoelz sei mit einem Dutzend seiner Gefährten im Mansfelder Land eingetroffen. Sein Erscheinen und Eingreifen . . . schuf Vertrauen und Mut."

Hoelz ergreift sofort das Wort. Er ruft die Arbeiter auf, sich zu bewaffnen. In seiner drastischen Art soll er unter tosendem Beifall gesagt haben, mit fünfzig beherzten Männern würde er die Polizei in Unterhosen davonjagen. Er selbst schreibt in seinen Erinnerungen nichts Derartiges.

Joseph Schneider

Dann fordert er, Freiwillige sollen sich in Gruppen zusammenschließen und nach Wimmelburg begeben.

Niemand in der Versammlung widerspricht ihm, als er zum bewaffneten Kampf aufruft. Auch die anwesenden Funktionäre der VKPD nicht. Es wäre auch schwer, wenn nicht unmöglich gewesen, in dieser Situation gegen Hoelz aufzutreten, ohne sich von den kampfentschlossenen und bis zum Äußersten gereizten Arbeitern zu isolieren. Hoelz' Aufruf löst eine ungeheure Begeisterung unter den Massen aus. Dennoch ist sein Erscheinen in Mansfeld auch eine schwere Belastung für die Partei, denn die Reaktion wird sein Auftreten zum Anlaß nehmen, um ihre Provokation auszudehnen.

Man denke: Hoelz, der Bürgerschreck, der steckbrieflich Gesuchte, ist wieder aufgetaucht. Alle die erlogenen Verbrechen, die er begangen haben soll, werden wieder aufgetischt. Sie werden dadurch nicht wahrer, aber sie erfüllen ihren Zweck, den Kommunisten Hoelz und mit ihm die Kommunistische Partei zu diskreditieren. Insofern erschwert es Hoelz der Partei, potentielle Verbündete in den Reihen der Bauern und Kleinbürger zum Kampf gegen die Reaktion zu gewinnen. Auch manche Arbeiter stoßen sich an dem Namen und dem Auftreten von Hoelz, der die Einheitsbestrebungen der Partei nicht gerade begünstigt. Die meisten aber sind von ihm begeistert.

Als die Arbeiter die Versammlung verlassen, sehen sie sich Polizeikommandos gegenüber, die die Straße abgeriegelt haben und die Versammlungsteilnehmer verhaften wollen. Die Arbeiter setzen sich zur Wehr, drängen die Polizisten in die Unterkünfte zurück, entwaffnen einige von ihnen und nehmen sie gefangen.

Nach der Versammlung berät der Aktionsausschuß die Lage. Einige Genossen begrüßen das Auftreten von Hoelz, andere, darunter der Redakteur der „Mansfelder Volkszeitung", Joseph Schneider, äußern ihre Bedenken, daß er „auch im Mansfelder Land versuchen werde, Sabotageakte ... zu verüben“. Es wird beschlossen, Hoelz zu begleiten, um dies unter allen Umständen zu verhindern. Genosse Schneider soll nicht von seiner Seite weichen.

Der Aktionsausschuß hat zu diesem Zeitpunkt gar keine andere Wahl, als Max Hoelz in die Kämpfe einzubeziehen. Hoelz ist schließlich unter den Arbeitern in Deutschland kein Unbekannter mehr. Auch nicht in Mansfeld. Er ist schon, wie ihn Genosse Erich Honecker später nennt, eine „legendäre Gestalt“. Er ist einer, der kämpfen will. Und die Arbeiter sind bereit, mit ihm zu kämpfen. Sie sehen keinen anderen Weg, als sich zur Wehr zu setzen und mit allen Mitteln zurückzuschlagen. Sie haben ihre eigenen Erfahrungen mit der Reichswehr. Zwölf Jahre zuvor, beim großen Bergarbeiterstreik 1909, haben sie sechs Wochen lang gegen die kaiserlichen Soldaten gekämpft.

Wenn man heute in Eisleben mit Veteranen über die Märzkämpfe spricht, so erscheint manche impulsive Reaktion von damals durch Erfahrungen und Wissen in einem neuen Licht. Mit dem Abstand von sechzig Jahren ist man klüger, selbstverständlich. Alles zu verstehen heißt nicht, alles zu billigen. Und doch blitzt in den Augen manches alten Genossen ein Leuchten auf, wenn er von Max Hoelz spricht. Sie haben mit ihm gekämpft, sie haben gelitten, sie haben ihn nicht vergessen.

Joseph Schneider konnte Hoelz nicht führen, nicht einmal bändigen. Aber wer hätte das zu dieser Zeit gekonnt? Hoelz und Schneider werden bald gute Freunde und Kampfgefährten. In seinen Erinnerungen lobt Hoelz seinen Begleiter als tüchtigen Organisator und mutigen Mann. Er schreibt: „In dieser Versammlung (vom 22. März in Eisleben Anm. M. G.) traf ich zum ersten Male Joseph Schneider, der in den nächsten Tagen mit mir zusammenblieb. Schneider war Redakteur an der Parteizeitung in Eisleben und leitete dort die Bewegung. Es war zum Schreien komisch, wenn dieser auffallend kleine, überfette Mensch in einem kleinen Wandererauto, das er irgendwo requiriert hatte, durch die von streikenden Arbeitern angefüllten Straßen fuhr . . . Trotz seinem ungeheuren Körperumfang war Schneider von einer erstaunlichen Beweglichkeit. Bei den in den folgenden Tagen stattfindenden Kämpfen zeigte es sich, daß er organisatorisch begabt war. Ich übertrug ihm die Verpflegung der Truppe sowie die Verwaltung der beschlagnahmten Gelder. Beide Aufgaben erledigte er mit Geschick. Daneben leistete er noch den Pressedienst. Er verfaßte über die täglichen Kämpfe Berichte, die er an uns nahestehende Organisationen und Zeitungen sandte."

Schneider war wohl übrigens der einzige Mansfelder Kämpfer, der sich nach der Niederlage nach Sowjetrußland durchschlagen konnte. Er hat dort, unter dem unmittelbaren Eindruck der Kämpfe, eine Broschüre geschrieben, „Die blutige Osterwoche im Mansfelder Land", die 1922 im Verlag der Arbeiter-Buchhandlung in Wien erschien. Darin bestätigt Schneider, daß er vom Aktionsausschuß beauftragt war, „Hoelz bei seinen Exkursionen zu begleiten".

# Die blutige Osterwoche

Am 23. März flammten an vielen Orten des Mansfelder Landes bewaffnete Kämpfe auf, vor allem in Hettstedt, Sangerhausen, Schraplau, Wimmelburg und Wolferode. Am selben Tag traten auch die Arbeiter der Leunawerke in den Generalstreik. Auch hier bildeten revolutionäre Arbeiter Kampfabteilungen und gingen unter Leitung des Aktionsausschusses dazu über, das Werk in eine Festung zu verwandeln. Sie richteten einen Panzerzug ein, der den Kampf gegen Polizeieinheiten aufnahm.

Nachdem die Kämpfe einmal begonnen haben, entwickeln sie sich nach ihren eigenen Gesetzen. Joseph Schneider hat recht, wenn er feststellt, daß die Bewegung zu diesem Zeitpunkt nicht mehr aufzuhalten war. In Mansfeld findet in der Osterwoche des Jahres 1921 eine Auseinandersetzung mit militärischen Mitteln statt. Das bestätigt auch einer der in diesen Auseinandersetzungen eingesetzten Polizeioffiziere, Major Drobnik, in seinem Buch über die Märzkämpfe. Er spricht von einer „militärischen Gesamtlage", von „einnehmen" und „entsetzen". Alle Handlungen von Hoelz sind deshalb auch unter den Bedingungen eines kriegführenden Kommandeurs zu bewerten und daran zu messen, ob und wieweit sie der Gesamtoperation dienten und dem Ziel nutzten, für das die Mansfelder Arbeiter in den Generalstreik getreten waren: dem Abzug der unter Bruch gültiger Verträge, gegen Recht und Gesetz ins Mansfelder Land eingefallenen Polizeitruppen.

In den Augen der bürgerlichen Justizbeamten ist das natürlich Hochverrat und Widerstand gegen die Staatsgewalt. Hoelz hat nie bestritten, in diesem Sinn Hochverrat verübt zu haben. Er setzt in der Tat, soweit das in seinen Kräften steht, die Weimarer Verfassung in Mansfeld außer Kraft. Er handelt nach dem Grundsatz, daß jeder wahre Revolutionär in jedem Augenblick zum Kampf bereit sein muß, „wenn er von den alten Gewalten zum Kampf gezwungen wird". Für ihn handelt es sich im März 1921 um eine Notwehraktion des Proletariats, an der er mit Billigung des Aktionsausschusses teilnimmt.

Noch in der Nacht zum Mittwoch beginnen sich die Arbeiter zu bewaffnen. Am Morgen entsendet Hoelz Kuriere nach Berlin, Hannover, Braunschweig und ins Vogtland, um, wie er schreibt, den notwendigen Kontakt mit den Parteiinstanzen herzustellen. Denn die Telefonleitungen sind gestört, die kämpfenden Mansfelder Arbeiter sind weitgehend auf sich selbst gestellt. Max Hoelz formiert aus den sich zahlreich meldenden Freiwilligen eine Sturmkompanie, die den Kern der Arbeiterkampftruppe bilden soll. In den Städten und Bergarbeiterdörfern sammeln die Aktionsausschüsse die kampfbereiten Arbeiter, bewaffnen sie und schicken sie nach Hettstedt oder Eisleben. Am ersten Tag der Kampfhandlungen erlangen die Arbeiter ein zeitweiliges Übergewicht über die Polizeitruppen.

Hoelz befindet sich am Morgen noch in Klostermansfeld, wo alle Nachrichten aus dem Kampfgebiet zusammenlaufen. Er hat sein Hauptquartier in diesen Ort gelegt, weil er auf halbem Weg zwischen Eisleben und Hettstedt, den beiden Stützpunkten der Polizeitruppen, liegt. Vielleicht auch, weil hier die KAPD, der Hoelz zu dieser Zeit nahestand und an die er sogar größere Summen des beschlagnahmten Geldes überwies, eine Hochburg hatte. In seinem Buch berichtet er selbst von solchen Überweisungen. Manche seiner eigenmächtigen Entscheidungen mögen auch von seiner Verbindung zu dieser linksradikalen Partei herrühren. Gleichwohl gibt es keinen

Beweis dafür, daß er der KAPD als Mitglied angehörte, wie von einigen ihrer Führer behauptet wurde. Aber er stand ihr zeitweise näher als der VKPD. Das änderte sich aber nach seiner Verhaftung. Hier in Klostermansfeld plant er seine erste Operation. Der Auftrag des Tages lautet, Eisleben, das Zentrum des Mansfelder Landes, von den Polizeitruppen zu säubern. Am Nachmittag stößt Hoelz mit seiner Kampftruppe, die über fünfzig Gewehre und vier Maschinengewehre verfügt, auf die Stadt vor. In Wimmelburg, einen Kilometer vor Eisleben gelegen, trifft er auf eine Gruppe von Arbeitern, die gerade ein Gefecht mit der Polizei bestanden haben und drei Gefangene mitführen. Von ihnen erfährt Hoelz, daß die Polizeitruppen in Eisleben auf zwei Gebäude verteilt sind, das Lehrerseminar, die heutige Erweiterte Oberschule „Martin Luther", und die Mädchenschule, heute John-Scheer-Oberschule, die Hoelz für ein Krankenhaus hält und die im Krieg tatsächlich als Hilfslazarett genutzt wurde.

Während die Arbeitersoldaten die Polizei im Seminar mit einem Maschinengewehr in Unruhe versetzen, leitet Hoelz mit etwa neunzig Gewehren den Angriff auf die Mädchenschule. Für den kommandierenden Polizeioffizier stellt sich die Lage so dar: „. . . und Unruhestifter beabsichtigten, durch einen Scheinangriff vom Bahnhof Eisleben her die Schutzpolizei aus ihrer Unterkunft herauszulocken und dann sich in den Besitz des Lehrerseminars und der dort befindlichen FT (Funkstation) zu setzen."

Hoelz wollte die Polizisten tatsächlich aus ihren Schlupfwinkeln locken, allerdings, um sie aus Eisleben zu vertreiben. Major Drobnik schreibt über diese Aktion: „Die Aufständischen belegten nun die Unterkünfte planmäßig mit MG-Feuer und schlossen die darin befindliche Polizei ein. Sie verfügten über mindestens 12 Maschinengewehre, die auf den Halden so vorzüglich eingebaut waren, daß sie mit den vorhandenen Waffen nicht zu fassen waren."

Diese Ausführungen des Polizeimajors sind, wenngleich

die zwölf Maschinengewehre bedauerlicherweise nicht vorhanden waren, eine offensichtliche Anerkennung der militärischen Fähigkeiten von Hoelz. Vielleicht sind sie auch eine Entschuldigung für die Polizei. Hoelz berichtet über das Gefecht: „Wir kamen bis auf fünfzig Meter an den Gegner heran, und es wäre möglich gewesen, durch einen raschen Vorstoß die Ordnungshüter aus dem Gebäude zu werfen. Nach meiner Schätzung hätte dieser Angriff auf unserer Seite mindestens zwanzig bis dreißig Mann Verluste gefordert."

Um Menschenleben zu schonen, entschließt sich Hoelz zu einer Kriegslist, denn das Kräfteverhältnis ist sehr ungleich. Der Gegner verfügt über vierhundert gutbewaffnete Soldaten, die Arbeiter nur über etwa neunzig Gewehre. Der Trick, den Hoelz nun anwendet, wird ihm von bürgerlicher Seite und selbst von Freunden später böse angekreidet. Er sendet zweimal Parlamentäre zu dem Polizeimajor, der die Schutzpolizei kommandiert, mit der Aufforderung, sie sollten sofort aus Eisleben abziehen, sonst würde er die Stadt in Brand stecken. Natürlich glaubt Hoelz nicht, daß die Polizei daraufhin abzieht. Aber er darf wohl hoffen, daß die Polizisten ihren Bau verlassen, um die angedrohte Brandstiftung zu verhindern. Um seiner Drohung Nachdruck zu verleihen, legt er pünktlich nach Ablauf der Frist eigenhändig an ein Gebäude Feuer, das heißt, er zündet in der Wohnung des Stadtsekretärs Nehls am Breiten Weg Gardinen an, läßt Decken und Betten heranschleppen, um die Rauchentwicklung zu fördern. Danach zertrümmert er in der Stadt eine Anzahl großer Fensterscheiben, damit der Bürgermeister energisch Schutz verlange und Hoelz die Polizisten im offenen Gefecht angreifen kann.

Doch Hoelz' Rechnung geht diesmal nicht auf, denn er hat die Feigheit der Polizisten unterschätzt. Sie kommen auch dann nicht aus ihrer Unterkunft, als der Bürgermeister sie um den Schutz der bedrohten Stadt anfleht. Lieber soll der Ort, den zu schützen sie vorgeben, in Schutt und Asche versinken, ehe sie sich zum Kampf stellen. Und was macht Hoelz? Er läßt das Feuer durch Arbeitersoldaten wieder löschen. Außer ein paar Gardinen und einer Bettdecke ist nichts verbrannt. In der Sprache der polizeilichen Lagebeurteilung von Herrn Major Drobnik liest sich das so: „Daß die Polizei auch bei weiteren Aufstandshandlungen nicht aus ihrer Zurückhaltung heraustrat, vergrößerte die Anhängerschaft der Aufständischen immer mehr, drückte andererseits aber auch die Stimmung der Polizeibeamten herab. So kam es, daß die Polizei in Eisleben im Laufe der Woche in eine ständig schwieriger werdende Lage geriet, bis sie sich schließlich aus eigenen Kräften nicht mehr aus ihr befreien konnte."

Selbst dem militärischen Laien wird hier klar, daß die „Brandstiftung" im Hause Nehls und die Zertrümmerung von dreizehn Fensterscheiben (laut Polizeibericht) auf dem Markt und am Breiten Weg eine militärische Maßnahme war, die Hoelz mit berechtigter Aussicht auf Erfolg im Verlauf militärischer Operationen anordnete.

Nach Einbruch der Dunkelheit schieben sich bewaffnete Arbeiter mit ihren Maschinengewehren auf den Dächern teilweise bis auf sechzig Meter an die Polizeiunterkunft in der Mädchenschule heran. Wenn die Polizeitruppen auch nicht aus Eisleben vertrieben werden können, so sitzen sie doch zunächst in ihrem Bau fest und können in der Stadt kein Unheil anrichten.

Der Weg vom Marktplatz hinauf zur Schule führt über steile Treppen. Von oben aber hat man einen herrlichen Blick über die Stadt mit ihren vielen Kirchtürmen bis hinüber zu den Höhen am Süßen See. Von Nordwesten durch das Glumetal kam damals die Hoelz-Truppe. Viele der Häuser am Stadtrand standen noch nicht. Von der Halde des ehemaligen Clothilde-Schachtes hatten sie freies Schußfeld bis zur Schule, auf deren Turm die Polizisten ein Maschinengewehr postiert hatten.

An diesem Märztag 1921 wird im ganzen Mansfelder

Land gekämpft. Hoelz zieht am Abend nach dem Gefecht den größten Teil der Arbeitertruppen in Helbra zusammen, wo er in der Villa des Warenhausbesitzers Christian Römmert, eines forschen Bourgeois, sein Hauptquartier aufschlägt. Hier erhält er eine Nachricht, die ihn sofort zu neuen Aktionen treibt: In Hettstedt, wo ebenfalls Polizeitruppen konzentriert sind, haben sie den Aktionsausschuß und das Restaurant „Bergschlößchen“, den Sitz der revolutionären Kampfleitung, überfallen. Zwei Arbeiter, ein sechzehnjähriger und ein fünfzigjähriger, sind auf der Straße wie Hunde abgeknallt worden. Als der Junge schon auf dem Boden liegt, tritt ihm ein Offizier noch mit dem Stiefelabsatz ins Gesicht.

Die Arbeitertruppe ist durch Verstärkung, die aus den umliegenden Ortschaften eintrifft, zahlenmäßig angewachsen, so daß Hoelz vier Sturmkompanien zu je hundert Mann und sechs Maschinengewehrabteilungen bilden kann. Die Bewaffnung der Truppen ist allerdings noch immer mangelhaft, und Hoelz muß jede Gelegenheit nutzen, um Waffen und Munition zu erbeuten.

So schickt er noch in derselben Nacht eine Gruppe mit einem Lastauto nach Leimbach, einem Ort zwischen Mansfeld und Hettstedt, und läßt in der Dynamitfabrik zwanzig Zentner Sprengstoff beschlagnahmen. Daraus sollen Wurfbomben angefertigt werden, um die fehlenden Minenwerfer zu ersetzen. Der Gegner verfügt zu dieser Zeit über gute und ausreichende Verbindungen, Telefon, Funkstation sowie Lichtsignale. Die Arbeitertruppen haben nichts dergleichen aufzuweisen.

Hoelz muß sich deshalb mit einfachen Mitteln behelfen, denn die Verständigung und Verbindung zwischen den einzelnen Kompanien, Zügen, Gruppen und Maschinengewehrabteilungen ist im Gefecht – zumal bei einem von verschiedenen Seiten vorgetragenen Angriff – außerordentlich wichtig. Die zwanzig Mann starke Radfahrerabteilung, die Hoelz zur

Verfügung steht, erweist sich als vorzügliches Verbindungsmittel während der Truppenbewegung auf der Landstraße von Ort zu Ort. Im offenen Gelände aber zwischen den Schachtanlagen ist sie völlig ungeeignet. So werden den einzelnen Abteilungen unbewaffnete Arbeiter als Meldeläufer zugeteilt.

Hoelz schreibt über die Mansfelder Arbeitersoldaten von 1921: „Aus dem bunten Haufen Hunderter von den umliegenden Schachtanlagen und Industriewerken herbeigeeilter Arbeiter war eine festgefügte, gut disziplinierte proletarische Sturmtruppe entstanden, nicht im Sinne des alten wilhelminischen Kadavergehorsams, sondern im besten Sinne der freiwilligen proletarischen Selbstdisziplin. Ich habe bei allen Gefechten und Kämpfen nicht einen einzigen Fall von Zögern oder Feigheit feststellen können."

Hoelz' Lob gilt sicher nicht nur denen, die unmittelbar unter seinem Befehl kämpften, denn das war zu jener Zeit nur ein kleiner, wenn auch sehr aktiver Teil der im Kampf gegen die Polizeibesatzung stehenden Arbeiter.

Niemals erteilt Hoelz einen Auftrag, den er nicht selbst zuvor in ähnlich schwieriger Situation ausgeführt hat. Alle besonders gefährlichen und komplizierten Aufgaben erledigt er, wenn möglich, persönlich. Dadurch sichert er sich das unbedingte Vertrauen seiner Mitkämpfer. Hoelz ist sich zu diesem Zeitpunkt schon darüber im klaren, daß die zahlenmäßige Stärke seiner Kampftruppen nicht ausreicht, um politisch und militärisch weitreichende Erfolge zu erzielen. Er spricht von einer Truppenstärke von mindestens zehntausend Mann, die er in den nächsten Tagen benötigt. Kuriere und Radfahrer, die er zu den Aktionsausschüssen der Mansfelder Kreise entsendet, sollen diese dazu bewegen, alle kampffähigen Männer nach Helbra und Klostermansfeld zu schicken. Die meisten Aktionsausschüsse weigern sich, die Arbeiter Hoelz zu unterstellen. Bei vielen gibt es Vorbehalte gegenüber seiner Kampfführung und auch gegenüber seiner Person. Er selbst schreibt, daß er, wie auch schon früher, bei vielen Genossen auf Widerstand stößt.

Seine Kampfweise entspricht der Taktik des Partisanenkampfes, und nicht zufällig wird Hoelz in späteren Veröffentlichungen als „deutscher Partisan" bezeichnet. Er selbst schreibt dazu:

„1. durfte der Gegner aus meinen Handlungen und Maßnahmen niemals Schlüsse auf meine weiteren Absichten ziehen können,

2. durfte ich, solange mir keine größere Truppenmacht und vor allem keine Reserven zur Verfügung standen, unter keinen Umständen länger als höchstens vierundzwanzig Stunden an einem Ort verweilen."

Gerade das aber haben ihm die Arbeiter mitunter übelgenommen, daß er plötzlich auftaucht und ebenso schnell wieder verschwunden ist. Sie fühlen sich im Stich gelassen, wenn sie zurückbleiben und dem überlegenen Feind allein gegenüberstehen und der Rache der Reaktion ausgeliefert sind.

Die militärische Seite dieser Kämpfe bedarf gewiß einer besonderen Erforschung. Für einen „ungelernten Truppenkommandeur" aber beherrscht Hoelz erstaunliche taktische Varianten. Fähigkeiten auf diesem Gebiet werden ihm auch von seinen Feinden nicht abgesprochen. So sagt der Polizeimajor Folte später im Prozeß gegen Hoelz aus: „Es war schwer, an Hoelz heranzukommen ... Wir hatten schon vorher gehört, daß Hoelz ein gewiefter Kerl sei."

Während Hoelz in Helbra den Schlag gegen Hettstedt vorbereitet, während er versucht, seine Truppe zu vergrößern und ihre Kampfkraft zu erhöhen, während er bemüht ist, die Kämpfer zu verpflegen, wofür er Lebensmittel requirieren läßt, die mit dem Satz „Max Hoelz bezahlt's" aus den Läden geholt werden, ist ohne sein Wissen über Nacht eine neue Situation entstanden. Hoelz bemüht sich noch, Kontakt mit Parteistellen in Berlin und Halle herzustellen, doch er erhält keine Informationen von außerhalb. Nur einmal bekommt er nach seinem Bericht einen schriftlichen Befehl aus Halle, der von führenden Berliner Genossen der KPD und der KAPD unterzeichnet ist und die lapidare Feststellung enthält, sie seien damit einverstanden, daß er die militärische Oberleitung über die kämpfenden Truppen habe und unter allen Umständen bis zu einem bestimmten Termin durchhalten müsse. Wer diesen Befehl unterschrieben hat, ist nicht bekannt. Aber er bestärkt Hoelz, an seiner Kampfführung festzuhalten.

In der Nacht zum 24. März verhängt der deutsche Reichspräsident, der Sozialdemokrat Friedrich Ebert, den Ausnahmezustand über die gesamte Provinz Sachsen. Mansfeld-Direktor Heinold fordert weitere Truppen an, und in der selben Nacht rücken sieben weitere Hundertschaften gegen die Mansfelder Arbeiter vor. Sie ziehen von Teutschenthal und dem Städtchen Schraplau aus gegen Eisleben, werden von den Arbeitern angegriffen und können ihr Ziel erst nach stundenlangen Kämpfen erreichen. Die Arbeiter besetzen die Halden rings um die Stadt, so daß die Polizeieinheiten auch jetzt noch nicht wagen, Eisleben zu verlassen.

In den Mittagsstunden dieses Donnerstags greift Hoelz die Polizeitruppen in Hettstedt an, die hier ein grausames Regiment führen. Die Zugänge zur Stadt sind versperrt. Es kommt zu einem Gefecht, das bis in die Abendstunden dauert und bei dem die Arbeiter den Gegner ins Zentrum der Stadt zurückdrängen können. Von diesem Ereignis erzählt Hoelz selbst: „Durch den Feldstecher sah ich, wie auf dem Bahnhof Hettstedt eine Lokomotive unter Dampf gesetzt wurde, obwohl der ganze Betrieb lahmgelegt war. Meine Vermutung, daß die Polizei unter dem Schutz einer Lokomotive einen Vorstoß gegen uns machen wolle, erwies sich als richtig.

Mit zwei Mann meiner Begleitung legte ich ein paar fertige Bomben unter die Eisenbahnschienen, um im Augenblick des Heranrollens der Lokomotive die Bomben zur Entzündung zu bringen. Infolge meiner geringen Übung und mangelhaften Erfahrung mit Sprengungen hatte ich die Zündschnur für diesen Zweck viel zu kurz gewählt. Ich war kaum dreißig Meter von dem Bahndamm entfernt, als eine furchtbare Detonation erfolgte und neben großen Steinen und Holzsplittern ein über zwei Meter langes Gleisstück in die Höhe schwirrte und knapp einen Meter von mir sich senkrecht in den weichen Akkerboden spießte. Der Zweck der Sprengung war erreicht. Die Grünen mußten sich unter dem heftig einsetzenden Maschinengewehrfeuer der revolutionären Arbeiter zurückziehen."

Hoelz zieht nun die um die Stadt in Stellung liegenden Kompanien zurück, um alle verfügbaren Kräfte für einen Nachtangriff auf Hettstedt zu sammeln. Er will die Polizei überrumpeln und sie zwingen, die Waffen zu strecken. Dabei geht es ihm wie immer darum, sein Ziel bei äußerster Schonung der kämpfenden Arbeiter zu erreichen. Wenn sich durch eine List Gewaltanwendung vermeiden läßt, ist Hoelz für die List, wenn die Sprengung eines Hauses hilft, das Leben eines Arbeiters zu schonen, dann sprengt er eben. So auch bei diesem Angriff auf Hettstedt. Die Arbeiter sind infolge ihrer mangelhaften Ausrüstung gegenüber den mit Großkampfmitteln operierenden Polizeitruppen im Nachteil. Um das auszugleichen, entschließt sich Hoelz, einen Teil des Bahnhofgebäudes sowie zwei Villen und schließlich auch eine in unmittelbarer Nähe der Polizeiunterkunft gelegene Druckerei zu sprengen. Unterstützt von zwei Genossen, führt er die Sprengung selbst aus. Die sich entwickelnden Rauchwolken bieten den vorrückenden Arbeitersoldaten während des Straßenkampfes Schutz. Die Sprengungen bewahren die Arbeitertruppen vor Verlusten, und das rechtfertigt sie. Die Polizeitruppen haben sich indessen in der Schule verbarrikadiert. Alle Posten und Patrouillen sind von den Straßen verschwunden. Von gefangengenommenen Polizisten erfährt Hoelz, daß Artillerie zur Verstärkung der Polizeitruppen anrückt. Es ist bereits vier Uhr morgens. Die Genossen sind abgekämpft und benötigen dringend ein paar Stunden Ruhe. Hoelz zieht sich mit seinen Truppen nach Helbra zurück.

## Rathaussturm am Karfreitag

Die Meldung von der anrückenden Artillerie bestätigt sich am kommenden Tag, dem Karfreitag. Der Reichspräsident und der Minister fordern von den Behörden in der Provinz Sachsen ein rücksichtsloses und rasches Vorgehen gegen die bewaffneten Arbeiter. So werden neue Verbände ins Kampfgebiet verlegt. Aus Düsseldorf kommen vier Hundertschaften, ein Nachrichtenzug, eine Reichswehrbatterie mit 10,5-Zentimeter-Geschützen und drei leichte Minenwerfer unter dem Befehl des Obersts Karl Poninski. Damit verändert sich das Kräfteverhältnis zuungunsten der Arbeiter. In dieser für die kämpfenden Arbeiter schwierigen Situation bietet eine Abordnung der VKPD aus Eisleben mit dem stellvertretenden Redakteur der „Mansfelder Volkszeitung", Genossen Bechstedt an der Spitze, der Schutzpolizei einen Waffenstillstand an. Damit sollen die Kämpfer vor den Polizeitruppen in Sicherheit gebracht werden. Major Folte geht zunächst unter der Bedingung, daß die Arbeiter den Kampf einstellen und ihre Waffen abliefern, auf das Angebot ein, zieht seine Zusicherung aber dann auf Befehl aus Berlin zurück. Dabei beruft er sich auf die Kampfhandlungen der Gruppe Hoelz, die von den Verhandlungen allerdings nicht informiert war.

Die Schlagkraft der Hoelz-Truppe hat sich in den letzten Tagen verstärkt. Auch Polizeimajor Drobnik, der in seiner Gefechtskritik die kämpfenden Arbeiter natürlich als „Banden" bezeichnet, muß am 25. März zugeben, daß sich die Polizeitruppen in Hettstedt „zu schwach fühlten, um des an Zahl und Bewaffnung weit überlegenen Gegners Herr zu werden". Und über die Lage in Eisleben: „Inzwischen hatten sich die Führer der Aufständischen im Eisleber Bezirk H. und S. (Hoelz und Schneider – Anm. M. G.) im Laufe des Tages auf Lastkraftwagen Verstärkungen aus der näheren und weiteren Umgebung teilweise bis aus Querfurt und Nebra herangezogen. Diese Banden – 300 bis 500 Mann mit MGs – stießen gegen 21 Uhr, auf Lkws überraschend herankommend, durch den Westteil der Stadt unter Hurrarufen und Trompetensignalen in das Innere vor, überrannten die Posten der Schutzpolizei, besetzten das Rathaus."

Entsprechend seiner Taktik, die Polizeitruppen, wenn er sie schon nicht vernichtend schlagen konnte, so doch durch unerwartete Überraschungsangriffe unter ständigem Druck zu halten, hat Hoelz für den Karfreitag einen Überfall auf Eisleben geplant. Bei Einbruch der Dunkelheit versammeln sich die Truppen in dem Hüttenwerk westlich der Stadt, der heutigen Karl-Liebknecht-Hütte.

Im Bachbett der Bösen Sieben, das in Eisleben ziemlich tief und ausgemauert ist, aber nur wenig Wasser führt, gelangt Hoelz bei einbrechender Dunkelheit mit seinen Soldaten durch die Grabenstraße ins Stadtinnere. An diesem Abend wird in der Kasseler Straße die Villa des Kopfes der Konterrevolution, des kaiserlichen Generaloberarztes Ebers, gesprengt. Allerdings erst, nachdem den Bewohnern zehn Minuten Zeit gegeben worden war, das Haus zu verlassen. Vermerkt werden sollte auch, daß die Arbeiter selbst dafür sorgen, daß die Flammen nicht auf umliegende Häuser übergreifen können.

Die Villa ist ein einziges Waffenarsenal. Die Detonation soll die Bevölkerung warnen, ihr Zeit lassen, sich in ihre Häuser zurückzuziehen. Außerdem soll sie ein größeres Truppenkontingent vortäuschen, um die Straßenpatrouillen zu verscheuchen. Dieses Ziel wird auch erreicht. Die Patrouillen ziehen sich in ihre Standorte zurück, die Arbeitertruppen stürmen den Marktplatz und besetzen das Rathaus. Drei

Stunden später muß die Aktion abgebrochen werden, als die Polizei das Rathaus mit Minenwerfern beschießt. Die roten Truppen, die nicht zur Sturmkompanie gehören, beziehen am Stadtrand Bürgerquartiere und werden von der Bevölkerung freundlich bewirtet.

Der später als Zeuge vernommene Dr. Ebers berichtet über das militärische Auftreten von Hoelz, daß der mit einem Doppelglas vor der Brust spätabends in das von Ebers geleitete Krankenhaus kam, sich an die Betten seiner dort eingelieferten verwundeten Soldaten führen und sich von diesen über ihre Verwundungen berichten ließ. Danach konnte man Hoelz im Zimmer vor einer großen Karte sitzen sehen, Meldungen von Patrouillen und Radfahrern empfangend und Befehle erteilend. Hoelz macht in dieser Nacht nur kurz Rast in Wimmelburg und zieht dann weiter. Unmittelbar bevor die Polizeieinheiten einen konzentrischen Angriff gegen den Ort einleiten, kann er sich mit seiner Truppe aus dem Kessel retten.

Noch in Wimmelburg erfährt er durch die aus Halle und aus anderen Orten eintreffenden revolutionären Arbeiter zum erstenmal Näheres über die Lage und die Vorgänge im Merseburger Gebiet. Daraufhin versucht er, aus dem sich immer enger schließenden Ring der Sicherheitspolizei und der Reichswehr zu entkommen, um seine Truppen mit den bewaffneten Arbeitern von Leuna zu vereinigen. Mit zehn Lastautos, zum Teil mit Anhängern, sowie auf Pferdewagen oder zu Fuß trifft die Truppe am Ostersamstag in Sangerhausen ein. Hoelz will den Ort nur als Durchgangsstation auf dem Marsch nach Halle benutzen und die Soldaten nach Tagen zum erstenmal richtig verpflegen. Jeder Gasthof muß für hundert bis hundertfünfzig Soldaten kochen. Für den plötzlichen Einmarsch der Hoelz-Truppe in Sangerhausen gibt es keinen Auftrag des Aktionsausschusses, aber Joseph Schneider kann Hoelz' Handlungen nicht verhindern. Auch Schneider schildert dessen Taktik so, daß es diesem darum ging, schnelle und aufeinanderfolgende Angriffe auf die Quartiere der feindlichen Truppen zu unternehmen und unerwartet an entferntesten Orten aufzutauchen. Dazu ist er jetzt in der Lage, da die Arbeitertruppen durch die Beschlagnahme einer großen Zahl Lastautos beweglicher geworden ist. Doch kaum ist Hoelz in Sangerhausen angekommen, da werden seine Truppen von einem mit würtembergischen Zeitfreiwilligen besetzten Panzerzug erneut zum Gefecht gefordert. Ohne zu zögern, nimmt Hoelz den Kampf auf. In einem Restaurant, oben auf einem Berg, von dem aus man die Stadt überblicken kann, ist der Sitz der Kampfleitung. Schneider schreibt: „Mit bewundernswürdiger Energie und mit großem strategischem Talent leitete Hoelz die Vorstöße. Von Zeit zu Zeit übergab er das Kommando einem seiner Adjutanten, während er sich selbst zu den vordersten Kampftruppen begab und die Truppen anfeuerte."

Es gelingt Hoelz, die Besatzung des Panzerszuges zurückzuschlagen, die Stadt von der Polizei zu säubern und die Eisenbahnschienen vor und hinter dem Zug zu demolieren, damit dieser bewegungsunfähig wird. Den Panzerzug selbst kann er nicht angreifen. Gegen ein Uhr nachts, als aus Kassel Verstärkung für die Besatzung des Panzerzuges gemeldet wird, muß Hoelz den Kampf abbrechen und sich aus Sangerhausen zurückziehen. Vier Mann bleiben zurück, die von Zeit zu Zeit blinde Schüsse abgeben, um den Eindruck zu erwekken, Hoelz sei noch in der Stadt. Am Morgen aber kommen die schwäbischen Helden aus ihrem Panzerzug und rächen sich an den Sangerhäuser Arbeitern. Hunderte, zum Teil völlig Unbeteiligte, werden sofort verhaftet und grausam mißhandelt.

Bei seinem Abzug in den Nachtstunden nimmt Hoelz den reaktionären Bürgermeister, den Polizeiinspektor, den Führer der Deutschnationalen Partei und einige Direktoren als Gefangene mit. Bürgermeister Brüninghaus berichtet darüber später vor dem Berliner Sondergericht:

„Am 26. März wurde ich in meiner Wohnung festgenommen, nach dem Schützenplatz gebracht und hier dem Hoelz vorgeführt. Bald kam er zu uns und fragte einen nach dem anderen: ‚Was ist mit dir, warum bist du hier?‘ Zwei ließ er auf meine Veranlassung frei, dann sagte er zu den anderen: ‚Schaffen Sie eine Million innerhalb weniger Stunden herbei.‘ Wir wurden in ein Auto verladen und die ganze Nacht bei Sturm und Regen herumgefahren.“

Hoelz gibt Befehl, den Wagen mit den Gefangenen aus der Kampflinie zu nehmen, um ihr Leben zu schützen. In später Nachtstunde rückt er mit seinen Truppen aus Sangerhausen ab.

Am Morgen des Ostersonntags erreichen sie das kleine von Kalkwerken umgebene Städtchen Schraplau, südöstlich von Eisleben. Hier endlich sollen die Arbeitersoldaten einen Ruhetag einlegen. Von den klassenbewußten Arbeitern wird die Truppe begrüßt. Bald hat sich in den kleinen Häusern, in den schmalen Straßen die Ankunft von Hoelz herumgesprochen. Auf dem Marktplatz, vor dem Rathaus, in dem heute eine Gedenktafel für die in diesen Kämpfen gefallenen Arbeiter angebracht ist, wird Hoelz von der Bevölkerung empfangen. Wie immer ergreift er sofort das Wort und spricht zu den Leuten. Genosse Herbert Thieme, den wir in seinem Siedlungshaus nach den Ostertagen von 1921 befragen, erinnert sich: „Ich war damals erst siebzehn Jahre. Aber solche Zeit vergißt man nicht.“ Herbert Thieme hat den Auftrag, das Auto, das den Sold für die Soldaten bringt, zu bewachen. So steht er mit seinen Genossen auf Posten vor dem Gasthaus „Bürgerpark“, hoch droben über der kleinen Stadt, wo das Streikkomitee tagt. Die Arbeiter der Riebeckschen Montanwerke, die heute nach dem revolutionären Bergarbeiterführer Gustav Sobottka benannt sind, traten als erste den Polizeitruppen entgegen, als diese nach Eisleben vorrückten, und wiesen sie, wie Herbert Thieme sagt, „auf schrappelsche Art“ zurück. Sie holten sich die Gewehre von den Gütern der umliegenden Dörfer, wo Reichswehr und Stahlhelm sie versteckt hatten, und nahmen den Kampf auf.

An diesem Ostersonntag erhalten die Soldaten zum erstenmal ihren Sold. Die Finanz- und Verpflegungskommission zahlt jedem Kämpfer fünfzig Mark aus. Hoelz kümmert sich nicht um die finanziellen Dinge, er befaßt sich mit der militärischen Leitung. Die Kasse untersteht dem Genossen Joseph Schneider. Hier in Schraplau versucht Hoelz noch einmal, mit der Bezirksleitung in Halle Kontakt aufzunehmen. Er trifft mit den Genossen Lemcke und Bowitzki von der Bezirksleitung der VKPD zusammen. Auch sie, die im Gegensatz zu besonnenen Genossen wie Georg Schumann und Alfred Oelsner auf militärische Lösungen setzen, sind durch die Kampfwirren ohne Direktiven von der Parteileitung. Sie beschließen, gemeinsam mit Max Hoelz, in der Nacht zum Montag alle erreichbaren Kämpfer zusammenzuziehen und sie mit den Arbeitern in den Leunawerken zu vereinigen. Dann wollen sie über Ammendorf nach Halle vorstoßen, um die dort lagernden Artilleriewaffen zu erbeuten.

Da rufen die Genossen in Eisleben und der Aktionsausschuß Hoelz mit seinen Soldaten nach Mansfeld zurück. Hoelz folgt dem Aufruf nicht, weil er glaubt, daß die Arbeitersoldaten ohne schwere Waffen, die nur in Halle zu holen sind, nichts mehr gegen den überlegenen Feind ausrichten können. Er stützt sich dabei auch auf die beiden Sekretäre der Bezirksleitung der VKPD, Lemcke und Bowitzki, die seine Disziplinlosigkeit fördern, und er glaubt, das Beste für die Sache zu tun.

Jetzt beginnen sich die Ereignisse zu überstürzen. Über die Stärke der nun in der Nacht vom Sonntag aus Schraplau in Richtung Ammendorf abziehenden Truppen gibt es unterschiedliche Angaben. Hoelz will zweitausend Kämpfer befehligt haben, andere nennen die Zahl von etwa achthundert bewaffneten Arbeitern, die aus Teutschenthal abrückten und durch bewaffnete Kräfte aus Ammendorf, Merseburg, Halle und anderen Orten verstärkt wurden.

Am Ostermontag findet das verhängnisvolle Gefecht bei Ammendorf statt. Im Morgengrauen erreichen die revolutionären Arbeiter den dicht bei Halle liegenden Ort. Es entbrennt ein stundenlanger erbitterter Kampf, in dessen Verlauf die Polizeitruppen immer neue Verstärkungen heranführen, während die von Hoelz erbetene und dringend erwartete Hilfe aus den Leunawerken ausbleibt. Hoelz, der den Kampf der Arbeiter mit Umsicht leitet, hat dem Druck der Feinde bald nichts mehr entgegenzusetzen. Gegen Abend rücken neue Polizeitruppen, unterstützt von großen Maschinengewehrabteilungen, von Artillerie, Gas- und Flammenwerfern, gegen Ammendorf vor. An einen erfolgreichen Widerstand ist nicht mehr zu denken. Viele kämpfende Arbeiter sind bereits aus Ammendorf abgedrängt worden.

Trotzdem reitet Hoelz mit dem Pferd eines Meldereiters zu den zurückflutenden Arbeitersoldaten und weist sie an, den Ort unter allen Umständen zu halten, bis die erwartete Verstärkung aus Leuna eintrifft. Stunden vergehen, doch die erhoffte Verstärkung bleibt aus. So gibt Hoelz den Befehl zur Auflösung der Truppe. Um ein Haar fällt er dabei selbst in die Hände der Sicherheitspolizei. Bergarbeiter, die Notstandsarbeiten in den Gruben ausführen, erkennen und retten ihn. Sie haben, schreibt er später, „die große Gefahr bemerkt, in der ich mich befand, und brachten mich in das Innere der Kohlengrube. Die Arbeiter, die sich als gute Parteigenossen legitimierten, verschafften mir Nachrichten über die Vorgänge in der Oberwelt."

# Das letzte Gefecht

Am nächsten Tag, dem 29. März, beginnt Max Hoelz, sich zu den kämpfenden Arbeitern durchzuschlagen. Auf schlüpfrigen Leitern, die ihm endlos erscheinen, klettert er aus dem Schacht. Ein älterer Genosse, der zum Betriebsrat der Grube gehört, bringt ihn zu den revolutionären Soldaten in Gröbers, einem kleinen Ort an der Bahnlinie und an der Hauptstraße Halle–Leipzig, der aus mehreren Ortsteilen besteht. Schon in den Kämpfen gegen den Kapp-Putsch spielte Gröbers eine Rolle. Hier wohnen trotz des ländlichen Charakters vorwiegend Arbeiter aus den großen Chemiebetrieben und den halleschen Fabriken.

Am zweiten Ostertag, am 28. März, kommen bereits zwei Mann aus Hoelz' Truppe in den Ort. Sie gehen in die Gastwirtschaft „Möslein" im Ortsteil Osmünde und fordern die hier versammelten Arbeiter auf, sich am nächsten Tag auf dem Schachtplatz in Gröbers zu versammeln. Die gesamte Belegschaft der Grube tritt daraufhin in den Streik, die jungen Arbeiter folgen dem Kampfaufruf als erste. Einer von ihnen, Willi Günter, der später im Zuchthaus ums Leben kommt, besetzt mit einem Maschinengewehr den Schachtturm, und als die Sicherheitspolizei anrückt, wird sie von den Arbeitern zurückgeschlagen. Dabei fallen ein Polizeioffizier, zwölf Beamte und ein unbekannt gebliebener Arbeiter.

Die Kämpfe finden zwischen Gröbers und Osmünde auf freiem Feld statt, einem Gelände, das von allen Seiten einzusehen ist.

Als Max Hoelz eintrifft, ist das Gefecht schon zu Ende. Er

spricht auf dem Schachtplatz zu den Arbeitern und bemüht sich, die hier aufgestellte Arbeitertruppe aus Bitterfeld und Umgebung mit den versprengten Kräften aus Ammendorf zu einer neuen Einheit zu formieren.

Obwohl das Gefecht bei Gröbers für die Arbeiter siegreich ausgeht, signalisiert es dennoch das Ende der bewaffneten Kämpfe. Aus Leuna kommt die Nachricht, daß das Werk von reaktionären Truppen gestürmt und die Mehrzahl der Arbeiter festgenommen wurde. In den Morgenstunden des 29. März hatte die Polizei die Leunawerke unter Artilleriefeuer genommen, danach stürmte sie es mit Handgranaten und geballten Ladungen von allen Seiten, wobei die Arbeiter, die schon am Tag zuvor die kampflose Übergabe des Werkes angeboten hatten, kaum Widerstand leisteten.

Die Polizisten verüben nun wie schon so oft ein grausames Massaker unter den Arbeitern. Man nimmt an, daß etwa fünfzig Menschen der Reaktion zum Opfer fielen – die genaue Zahl der Ermordeten wurde niemals ermittelt. Für die gefangenen Leunaarbeiter, etwa tausendsiebenhundert, beginnen nun Folter und Mißhandlungen. Mit unvorstellbarer Brutalität gehen die Hüter der Ordnung gegen die wehrlosen Gefangenen vor. Unter den Opfern sind auch zwei junge Arbeiter aus Gröbers, die Brüder Otto und Willi Goldstein. Sie waren Kutscher auf einer Domäne gewesen, auf der die Arbeitersoldaten Wagen für den Transport der Mannschaften requiriert hatten. Die Brüder Goldstein standen unter einem doppelten Zwang. Sie fühlten sich dem Gutsherrn gegenüber verpflichtet, die Pferde unversehrt zurückzubringen, zum anderen aber mußten sie die revolutionären Kämpfer befördern, denn diese hatten die reale Macht. Als sie der Polizei in die Hände fallen, stürzen sich Sicherheitspolizeimannschaften auf sie und zwingen sie unter schwersten Mißhandlungen zuzugeben, daß sie verwundeten Polizisten die Augen ausgestochen hätten. Unnötig zu sagen, daß solche Grausamkeiten von Arbeitertruppen niemals begangen wurden. Der eine der beiden

Brüder wird zu Tode gefoltert, aber auch der andere kehrt nicht mehr lebend heim.

Max Hoelz, der Gröbers am Mittwoch verläßt, ist es gelungen, erneut eine stärkere bewaffnete Arbeiterformation aufzustellen, die beim Marsch durch die Dörfer nach verläßlichen Berichten schnell wieder auf fünfhundert Mann anwächst. Hoelz ist sich darüber im klaren, daß es nur noch einen geregelten Rückzug geben kann. Nachdem die Zentren der Kämpfe, Mansfeld und Leuna, besiegt sind, kann er sich nicht mehr mit Aussicht auf Erfolg in Gefechte einlassen. Dennoch glaubt er, seiner Verantwortung als Kommandeur nicht gerecht zu werden, wenn er die Truppe einfach auseinanderlaufen läßt. Eine Kapitulation vor den Terroristen in Polizeiuniform zieht er nicht in Betracht. So versucht Hoelz, die Truppe auf Umwegen und im Zickzackkurs nach Mansfeld zurückzuführen, um die Waffen in den Schächten zu verbergen und die Kämpfer in kleinen Gruppen in Sicherheit zu bringen. Der Weg, den die Abteilung vom 29. März bis zum 1. April zurücklegt, zeigt deutlich, daß Hoelz versucht, einem bewaffneten Zusammenstoß mit dem Feind auszuweichen.

Am Mittwoch, dem 30. März, marschiert Hoelz mit seiner Kampftruppe gegen vier Uhr nachmittags in Gröbers ab. Da die meisten Soldaten nicht nur schlecht bewaffnet, sondern auch schlecht gekleidet sind und in den kalten Märznächten frieren, schlägt Hoelz vor, dem Haupttrupp einen Wagen mit einigen Genossen voranzuschicken, um auf den Gütern Mäntel für die Kämpfer zu besorgen. Schließlich haben sie keine Kleiderkammer, in der die Soldaten ordnungsgemäß eingekleidet werden könnten. Bald haben sie ein paar Dutzend Mäntel beschlagnahmt, ohne in größere Konflikte mit den Gutsbesitzern zu geraten. Es muß schon fast Abend gewesen sein, als sie das Städtchen Landsberg erreichen, das im Osten von Halle, kurz vor der heutigen Autobahnabfahrt nach Berlin, liegt. Am Stadtrand existierte damals das Dörfchen Roitschgen, das inzwischen zu Landsberg gehört. Als die Truppe den Ort erreicht, wird Hoelz gemeldet, daß es auf dem Hof des Gutsbesitzers Heß zu einem Streit mit dem Gutsherrn gekommen sei. Dieser wollte keine Mäntel herausgeben, er habe den Soldaten sogar den Zutritt zum Hof verwehrt und die Arbeiter wüst beschimpft.

Ein alter Schäfer, Jahrgang 1907, der heute auf dem ehemaligen Gut wohnt, hilft mir, die Ereignisse dieses Märztages 1921 zu rekonstruieren. Das um die Mitte des 19. Jahrhunderts erbaute Gutshaus, seine Stallungen und Scheunen stehen in einem offenen Rechteck zueinander. Vor dem Gehöft ein paar hohe Akazien, ein kleiner Teich für die Gänse und Enten und auf dem Hof ein paar gackernde Hühner. Sonst ist es still. Hier also hat sich der Zwischenfall abgespielt, der schließlich als Vorwand zur Verurteilung von Max Hoelz diente.

Hoelz, von seinen Genossen alarmiert, betritt das Haus. Hier umringen fünfzehn bis zwanzig Leute den Gutsbesitzer und reden auf ihn ein. Hoelz gelingt es nicht, sich in dem Wirrwarr, in dem alle durcheinander reden und schreien, Gehör zu verschaffen. Die meisten Soldaten kennen ihn nicht, sie sind erst am Morgen in Gröbers zu Hoelz' Truppe gestoßen. Zudem ruft jemand, kaum daß Hoelz das Gebäude betreten hat, im Hausflur laut seinen Namen – ein Kurier bringt eine Meldung. Während er mit dem Melder auf den Hof tritt, vernimmt er plötzlich den scharfen Knall eines Schusses. Mit seiner Stentorstimme schreit er: „Nicht schießen!" und flucht über die unnötige Knallerei. Im selben Augenblick fallen noch mehrere Schüsse, die Leute stürzen aus dem Haus auf die Straße. Seit Hoelz' Eintreffen auf dem Hof sind höchstens zwei Minuten vergangen. Jetzt erst erfährt Hoelz, was geschehen ist: Der Gutsbesitzer Heß bedrohte die Soldaten mit einem Revolver und wurde von ihnen erschossen.

Hoelz befragt in den folgenden Stunden mehrere Arbeiter nach dem Vorfall, aber es ergibt sich kein klares Bild. Hat Heß zuerst geschossen, hat er nur gedroht, ist er von den Soldaten oder von einem seiner eigenen Leute auf dem Gut erschossen worden? Auf jeden Fall nicht von Hoelz, der sich zum Zeitpunkt der Tat nicht im Haus aufhielt. Dieser Vorfall wird später noch eine wichtige Rolle spielen. Die Truppe marschiert weiter.

In Wettin kommt es noch zu einem kleinen Gefecht mit der Einwohnerwehr. Einen verwundeten Landjäger verbinden die Arbeitersanitäter und bringen ihn ins Krankenhaus. Noch einmal erhalten die Truppen vor dem Abmarsch Löhnung – fünfzig Mark je Kämpfer, die Joseph Schneider austeilt. Außerdem werden noch dreißigtausend Mark an Wettiner Geschäftsleute gezahlt für Schuhe, Wäsche, Brot und Fleisch.

In der Nacht vom 31. März zum 1. April erreicht Hoelz mit seiner Truppe den Ort Beesenstedt. Nun sind es nur noch wenige Kilometer bis zu den Schächten des Mansfelder Gebietes, die er um jeden Preis erreichen will, trotz der immer enger werdenden Umkreisung durch Polizeitruppen.

In Beesenstedt, einem sehr schönen Dorf unweit der Saale, wollen sie Rast machen und das während des Marsches in der Feldküche gekochte Essen verteilen. Die Arbeiter werden in drei Höfen eingemietet. Die größte Domäne gehört dem Rittmeister Nette, der mit seiner Frau und seinem Sohn ein ganzes Schloß bewohnt. Als die Soldaten die Vorratsgewölbe durchsuchen, fühlen sie sich in das Schlachthaus einer Großstadt versetzt. Reihenweise hängen hier geräucherte Schinken, Speckseiten und Würste. Und das in einer Zeit, da im ganzen Land bittere Not herrscht. Hoelz will diese Reichtümer nicht dem Gutsbesitzer allein überlassen. Acht Mann tragen von Mitternacht bis vier Uhr morgens an langen Stöcken Schinken, Speckseiten, Würste, auch Butter, Schmalz und vieles andere in den Tanzsaal, die heutige „Hopfenschenke", wo die Arbeiter Quartier bezogen haben. Einen Teil der Waren läßt Hoelz an die Dorfbevölkerung verteilen.

Häufig wird Hoelz von seinen Gegnern Brandstiftung vorgeworfen. Wir wissen bereits, daß die meisten Sprengungen, die er anordnete, aus militärischen Erwägungen im Kampf geschahen, um Menschenleben zu schonen. Daß Hoelz ansonsten bestrebt war, Gebäude zu erhalten, zeigt auch ein Gespräch mit dem Schloßverwalter von Beesenstedt, der ihn fragt, ob das Schloß nun gesprengt werden würde. Hoelz fragt erstaunt zurück: „Warum?" Später schreibt er dazu: „Eine Zerstörung oder Beschädigung dieses Luxusschlosses ohne militärische Notwendigkeit hätte ich für ein Verbrechen angesehen. Nicht an dem ... übersatten Rittmeister Nette. Auch nicht an der herrschenden Gesellschaft, sondern als ein Verbrechen an Hunderten und Tausenden von Proletarierkindern, die nach dem Sieg der Arbeiterklasse in diesem Prachtbau ein Heim finden sollten ... Mich beherrschte der Gedanke, in diesen großen, hellen, luftigen Räumen müssen einmal Kinder sich tummeln und freuen, verwaiste oder verkrüppelte Kinder, die in die jetzt toten, leeren und nutzlosen Räume wirkliches Leben bringen werden."

Das Schloß blieb erhalten. Noch heute, nach sechzig Jahren, ist viel von der einstigen Pracht erhalten, spürt man den Reichtum seines früheren Besitzers. Nach 1945 wurde es eine Gewerkschaftsschule. Außerdem nutzt es die Gemeinde für Konzerte und andere Veranstaltungen.

Am Morgen des 1. April wollen die Soldaten ihren Marsch fortsetzen. Hoelz hat das Aussichtslose ihrer Situation klar vor Augen. Die militärische Lage verschlechtert sich von Tag zu Tag. Er will die Truppe auflösen, aber die Gegend ist dazu ungeeignet. Als Versteck für die Waffen, Minenwerfer und anderen Ausrüstungen kommen nur die Schächte in Mansfeld in Frage. Und sie sind nun zum Greifen nah.

Doch bei Beesenstedt wird der Hoelz-Formation ein Kampf aufgezwungen; Hoelz selbst nennt ihn ein mörderisches und tragisches Gefecht. Zum Kampf kommt es, als die roten Truppen gegen Mittag des 1. April den Ort verlassen und einen letzten Versuch wagen, den immer enger werdenden Ring der Sicherheitspolizei und der Reichswehr zu durchbrechen. Nach einem Marsch von einer Stunde beobachtet Hoelz mit dem Feldstecher in etwa dreitausend Meter Entfernung in Schützenlinie anrückende Polizei. Er läßt die Maschinengewehre in Stellung bringen und die Arbeiter hinter einem Bahndamm in Deckung gehen. Doch schon detonieren die ersten Granaten und Schrapnelle in den Reihen der Arbeitersoldaten, die sich mit Todesverachtung und beispiellosem Mut gegen den mit schwerer Artillerie angreifenden Feind verteidigen. Achtzehn Genossen opfern ihr Leben. Ein längerer Kampf ist aussichtslos. So gibt Hoelz den Befehl, daß jeder auf eigene Faust sein Heil in der Flucht suchen soll. Einige Kämpfer retten sich schwimmend oder in Kähnen über die Saale, andere fallen gleich oder in den nächsten Tagen den rachgierigen Feinden in die Hände.

Der offizielle Regierungsbericht meldet über dieses Gefecht: „Die von zwei Seiten bei Beesenstedt gestellten Banden, die sich inzwischen auf etwa 500 Kämpfer verstärkt hatten, verloren im Gefecht, das sich nunmehr entwickelte, ihre gesamte Gefechtsbagage (31 Fahrzeuge) sowie fast restlos ihre Waffen (5 Maschinengewehre, 6 Maschinengewehrpistolen, 150 Gewehre, einen Panzerkraftwagen, einen Lastkraftwagen und zwei leichte Minenwerfer). Der Gegner verlor hierbei 18 Tote und 19 Gefangene, die teilweise verwundet waren. Auch hier hatte Hoelz persönlich geführt, unterstützt von Schneider."

Mit der Zerschlagung der Kampfgruppen bei Beesenstedt ist der bewaffnete Kampf im Bezirk Halle-Merseburg zu Ende. Hoelz schreibt dazu abschließend: „Die aufgeriebenen Arbeiterkampftruppen bestanden ausnahmslos aus begeisterten Genossen, die mit beispielloser Tapferkeit und selbstloser Hingabe sich dem übermächtigen Gegner entgegenwarfen und nur durch dessen Artilleriekampfmittel geschlagen wurden."

Trotz allen Mutes und aller Tapferkeit müssen die mitteldeutschen Arbeiter im Frühjahr 1921 eine bittere Niederlage hinnehmen. Sie unterliegen der Übermacht zahlreicher Schutzpolizeihundertschaften und deren schweren Waffen. Sie konnten nicht siegen, weil die objektiven Voraussetzungen für eine erfolgreiche bewaffnete Erhebung des Proletariats fehlten.

Die Abwehrkämpfe blieben im wesentlichen auf Mitteldeutschland beschränkt, und auch hier gab es keine einheitliche Zielstellung. Die VKPD besaß noch nicht genügend Erfahrung, um diese komplizierte Lage zu meistern. Sie befand sich zudem selbst noch in heftigen Auseinandersetzungen um die Entwicklung einer revolutionären Massenpolitik, als sie in Mansfeld zum Handeln gezwungen wurde. Doch der Plan des sozialdemokratischen Innenministers Severing und des Oberpräsidenten Hörsing, die Kommunistische Partei in Mitteldeutschland zu zerschlagen, ist gescheitert. Die VKPD bleibt die stärkste Partei im Regierungsbezirk Halle-Merseburg.

Die Märzkämpfe 1921 und besonders das Auftreten von Max Hoelz sind unmittelbar nach der Aktion und auch später immer wieder Gegenstand vieler Untersuchungen und kritischer Wertungen gewesen, denn die Analyse dieser Kämpfe berührt nahezu alle Fragen der Strategie und Taktik des Proletariats im bewaffneten Kampf. Auch das Verhalten von Max Hoelz wurde von verschiedenen Seiten eingeschätzt. Am ehesten möchte ich mich der Einschätzung von Professor Rudolf Lindau anschließen, der schreibt: „Das, was an Hoelz fehlerhaft war, ist wesentlich auf die Unfähigkeit der Partei in jenen Jahren zurückzuführen. Einen solchen Tatmenschen wie Hoelz zu disziplinieren, vermochte die Partei damals noch nicht. Aus seiner ideologischen Schwäche erwuchsen seine gegen die Partei gerichteten Eigenmächtigkeiten. Aber als Vorbild revolutionärer Entschlossenheit, die sich selbst nicht schont, wird er immer weiterleben."

Oft wird gesagt, daß es unnötig war, in den letzten Tagen der Kämpfe noch die Gutsbesitzer zu schröpfen. Sicher war deren entschädigungslose Enteignung ohnehin historisch längst überfällig und erfolgte so 1945 als eine der ersten demokratischen Maßnahmen der neuen Ordnung. Aber Proviant und Ausrüstung für seine kämpfende Truppe mußte Hoelz dort nehmen, wo er es bekommen konnte: das Fleisch von den Gütern, das Brot von den Bäckern, das Geld von den Sparkassen. In diesem Zusammenhang erinnern wir uns daran, daß auch Lenin die „Kontributionen von der Bourgeoisie" während der ersten Etappen der proletarischen Revolution anerkannte. Max Hoelz – und nicht nur er – sah in diesen Kämpfen die erste Etappe einer solchen Revolution.

Schließlich wirft man Hoelz immer wieder die Geiselnahmen vor, die natürlich heute angesichts der Wahnsinnsaktionen internationaler Terroristen in einem ganz anderen Licht erscheinen als damals. Die Arbeitertruppen machten Gefangene im Kampf ebenso wie die Gegenseite, die zum Beispiel in Eisleben die Frau und die Kinder von Joseph Schneider als Geiseln nahm und ihnen mit Erschießung drohte. Dagegen hat Hoelz Frauen und Kinder nie als Geiseln genommen, wohl aber einige der Hintermänner der jungen, zum Teil selbst aus Arbeiterkreisen kommenden Polizisten wie Polizeiinspektoren, illegale Anführer rechtsreaktionärer Banden, Generaldirektoren und andere, die wir heute als Schreibtischtäter bezeichnen würden.

Militärisch sind Hoelz' Taten noch wenig erforscht. Möglich, daß es besser gewesen wäre, vor dem verheerenden Gefecht von Beesenstedt die Truppen bei Halle aufzulösen, da die einzelnen Kämpfer sicher in der Großstadt leichter hätten untertauchen können als auf dem flachen Land, wo jeder Fremde sofort auffällt. Aber Hoelz hatte nicht die Zeit zu einer umfassenden Analyse. Bei richtiger Einschätzung der Lage, die ergeben hätte, daß die revolutionäre Situation in Deutschland 1921 ihren Höhepunkt bereits überschritten hatte, der bewaffnete Kampf nach Engels aber nur in der aufsteigenden revolutionären Situation erfolgreich sein kann, hätte Hoelz vielleicht befohlen, die Waffen in die Saale zu werfen. Aber eine solche klare Einschätzung wird meist erst später getroffen, zu dieser Zeit gab es sie nicht. Und Hoelz war, was er auch im Vogtland gewesen war, ein *militärischer* Führer mit begrenzten Einsichten, jedoch mit unbestrittenem Mut und großer Tapferkeit.

Hoelz' engster Kampfgefährte, Joseph Schneider, schreibt über seinen Kommandeur: „Seine Taten während des Märzaufstandes in Mitteldeutschland haben uns davon überzeugt, daß Hoelz ein mutiger Revolutionär gewesen ist, daß die ganzen Taten von Hoelz aus Liebe zum Proletariat und für dessen Befreiung diktiert waren." Der Dichter Erich Mühsam nannte Hoelz „die markanteste Gestalt aus den revolutionären Kämpfen der deutschen Nachkriegsperiode, wenn ich von den ermordeten Führern der Bewegung, Karl Liebknecht, Rosa Luxemburg, Gustav Landauer, Eugen Leviné, Leo Jogiches . . . absehe".

# Reinhold König gibt zu Protokoll

Am Abend nach dem letzten Gefecht in Beesenstedt gerät Hoelz in die Hände seiner Feinde. Das Aufstandsgebiet gleicht einem riesigen Heerlager: überall Reichswehr und Polizei. Die versprengten Kämpfer versuchen, sich in kleinen und kleinsten Gruppen durchzuschlagen. Als sie die Saale im Rücken haben, trennen sie sich, um zu zweit oder höchstens zu dritt den Marsch ins Unbekannte fortzusetzen. Überall tauchen Radfahrerpatrouillen und Lastautos der Schutzpolizei auf. Abends, gegen neunzehn Uhr, nachdem sie fünf Stunden lang über weichen Ackerboden marschiert sind, gelangt Hoelz mit zwei Genossen in die Nähe von Könnern an der Saale.

Plötzlich sehen sie in kaum vierhundert Meter Entfernung ausgeschwärmte Polizei. Sie werfen sich in den Straßengraben und kriechen auf allen vieren weiter. Die Waffen verbergen sie in einer Schleuse, um als harmlose Bürger zu erscheinen. So laufen sie einer Einheit von süddeutschen Zeitfreiwilligen direkt in die Arme. Auf die Frage, wie er heißt, antwortet Hoelz: „Reinhold König." Auf diesen Namen trägt er einen Ausweis bei sich. Unter Kolbenschlägen und Fußtritten werden die Gefangenen zum Bahnhof getrieben, wo sich bereits etwa zwanzig Arbeiter befinden.

Im Mansfeldischen unternehmen die Polizeitruppen in diesen Tagen auf Lkws Streifzüge durch die umliegenden Ortschaften und verhaften wahllos zahlreiche Bürger. Die „Eisleber Zeitung" und das „Eisleber Tageblatt" bringen ausführliche Berichte über die Razzien. Eine Denunziation genügt, damit jemand festgenommen und brutal zusammengeschlagen wird. Daher fordert das „Tageblatt" die Bürger auf, nicht mehr nur anonym zu denunzieren. „Beim Schutzkommando laufen fortgesetzt anonyme Meldungen über Personen ein, die der Teilnahme am Aufruhr bezichtigt werden", heißt es da. „Aus diesem Grund müssen vielfach Verhaftungen vorgenommen werden, um durch Untersuchungen die Richtigkeit der Angaben zu prüfen."

Wie das aussieht, hat uns Hoelz übermittelt. „Alle Gefangenen wurden mit Gummiknüppeln und Kolbenstößen traktiert", schreibt er. „Dabei fragten die Zeitfreiwilligen zu Hunderten von Malen: ‚Na, wo habt ihr denn euren Hölsch?' (Hoelz)."

Jeder Spitzel hätte in dem Verhafteten Hoelz erkennen können. Als sie nach schweren Mißhandlungen mit Totschlägern und Seitengewehren mitten in der Nacht in Sangerhausen ankommen, wo sich Hoelz eine Woche zuvor mit seinen Kämpfern aufhielt, muß er damit rechnen, jeden Augenblick erkannt zu werden. Nun glaubt er nicht mehr, daß er lebend hier herauskommen würde. Er hat sich mit seiner, wie er sagt, baldigen Abreise ins Nichts abgefunden.

Hoelz hat nun reichlich Gelegenheit, Vergleiche zwischen seiner eigenen Kampfführung und der Rohheit und Grausamkeit der Reichswehrleute anzustellen, die mit Stahlhelm, Karabiner, Seitengewehr, Revolver und Gummiknüppel auf Menschenjagd gehen. „Während der Nacht", schreibt er, „kamen ununterbrochen Sipo und Zeitfreiwillige in den Keller und übten ihren Heldenmut an wehrlosen Gefangenen. Den zusammengebrochenen Arbeitern, die teils bewußtlos, teils erschöpft am Boden lagen, traten die Ordnungshüter in viehischer Weise mit den Stiefelabsätzen ins Gesicht, damit sie aufstehen sollten. Viele wurden einzeln aus dem Kerker herausgeholt, einige kehrten wieder zurück, andere nicht." Ein Bürschchen aus Sangerhausen, das Hoelz vor einer Woche als Spitzel verhaftet und ein paar Tage festgehalten hatte, kommt mit ein paar Polizisten in den Keller. Er leuchtet jedem Gefangenen ins Gesicht und erklärt selbstsicher: „Ich kenne den Hoelz ganz genau, er hat mir ein paar Ohrfeigen gegeben."

Am Sonntag, dem 3. April, nachmittag gegen drei Uhr, wird nach Reinhold König gerufen. Hoelz hat seine Vernehmung selbst gefordert. Es ist ein gewagtes Spiel, aber er hat nichts mehr zu verlieren.

Die Vernehmung findet in einem Bahnwagen statt. An einem langen Tisch sitzen mehrere Offiziere und Oberwachtmeister, und in der Ecke steht der Spitzel, der Hoelz „genau kennt". Hoelz erzählt eine Legende und spielt den Unbeteiligten. Ein Beamter protokolliert alles, und Hoelz wird schließlich als harmlos entlassen. In einem Bach löscht er seinen Durst und betrachtet dabei zum erstenmal seit Tagen im Wasserspiegel sein Gesicht. Jetzt begreift er, warum der Spitzel ihn nicht erkannt hat. Sein Gesicht ist nicht mehr das eines Mannes, sondern das eines müden Greises. So furchtbar waren die Strapazen der letzten Wochen und die Haft. Trauer, fast Mutlosigkeit erfaßt ihn bei dem Gedanken an die Genossen, die im Keller zurückgeblieben sind.

Etwa sechstausend revolutionäre Kämpfer, Männer, Frauen und Jugendliche, werden in diesen Wochen verhaftet und unter grausamen Mißhandlungen in die Gefängnisse und Zuchthäuser gesperrt. Die wenigen Fotos, die es davon gibt und auf denen Polizisten mit Waffengewalt gefangene Rotgardisten zusammentreiben oder, wie in Helbra, Gefangene an Polizeipferde gefesselt über das Pflaster schleifen, geben nur ein unvollkommenes Bild der Greueltaten, mit denen die Reaktion nun das Mansfelder Land überzieht. Auch Statistiken vermögen nur wenig wiederzugeben; so beispielsweise, welcher Schrecken sich hinter dem Fakt verbirgt, daß viertausendfünfhundert Arbeiter aus Mitteldeutschland vor außerordentliche Gerichte gestellt und in „abgekürzten" Verfahren abgeurteilt wurden. Noch schlimmer jedoch waren die zahlreichen grausamen Morde an wehrlosen gefangenen Arbeitern. Ähnliches hat es bei Hoelz nicht gegeben.

Max Hoelz, das bestätigen alle, die ihn kannten, hatte etwas übrig für starke Worte und Drohungen. Manche sprechen von seiner „großen Schnauze". Doch Hoelz kannte die Feigheit seiner Feinde und wußte, daß Drohungen sie von unüberlegten Handlungen abhalten konnten. Er drohte, um *nicht* strafen zu müssen. Hoelz' „blutigen" Reden ist niemals auch nur eine blutige Tat gefolgt. So gibt es einen Erlaß über die Ablieferung von Waffen, dem er durch die Androhung von Erschießungen Nachdruck verleihen wollte. Erstens hat diese Drohung teilweise ihre Wirkung erreicht. Verängstigte Kleinbürger lieferten die versteckten Pistolen und Gewehre ab, was sie auf liebenswürdiges Bitten hin wohl kaum getan hätten. Zweitens aber wurde diese Drohung nie in die Tat umgesetzt, obwohl Leute erwischt wurden, die mit Waffen gegen die Hoelz-Truppe kämpften oder zu kämpfen bereit waren. Da war der Zigarrenhändler Beyer aus Helbra. Er bekundete später vor Gericht, zwei Bewaffnete seien in den späten Abendstunden zu ihm gekommen, um Zigarren für die Hoelz-Truppe zu holen. Er habe den beiden aus dem Fenster zugerufen, sie sollten am nächsten Tag wiederkommen. Im selben Augenblick sei ein Schuß gefallen. Beyer gab zu, daraufhin auf die Arbeiter geschossen zu haben. Hoelz nahm ihm den Revolver ab und bestrafte ihn mit ein paar kräftigen Ohrfeigen. Beyer war natürlich der Noske-Erlaß aus dem Jahr 1919 noch gut in Erinnerung, der die Nichtablieferung von Waffen mit dem Tod bestrafte ... Und er hatte sogar geschossen.

Wie unter Hoelz die Gefangenen behandelt wurden, darüber liegen uns Aussagen von Männern vor, die selbst seine Gefangenen waren, für sie gewiß keine angenehme Erinnerung. Einer war Pfarrer Schmidt aus Helbra. Er gab eine schriftliche Erklärung ab, in der er Hoelz menschlich gerecht zu werden versuchte. Pfarrer Schmidt schreibt, nachdem er versichert hat, daß er „die verbrecherischen Taten" von Hoelz unbedingt verwerfe, daß Hoelz seiner Meinung nach „persönlicher Hang zur Grausamkeit fernlag und er unnötiges Blutvergießen vermeiden wollte. Je mehr ich über die Sache nachdachte“, schreibt der Pfarrer, „hatte ich das Gefühl, daß gerade seine blutrünstigen Plakate, seine Drohungen und anderes dem Zweck dienten, die Gegner einzuschüchtern und so sein Ziel ohne viel Kampf zu erreichen.“ Der Pfarrer bestätigt dann, er sei in den Tagen seiner Haft „im übrigen ohne Rohheit behandelt worden“. Das bescheinigen auch die anderen Geiseln.

Von dieser Milde und Menschlichkeit ist bei Hoelz' Feinden nichts zu spüren. So wie vor einem Jahr im Vogtland regieren nun wieder Mord und Totschlag, die, glaubt man seinen Gegnern, unter Hoelz geherrscht hatten. Der ehemalige Bürgermeister von Hergisdorf, Lorenz Patz, erinnert sich später: „Nach blutiger Niederschlagung des Hoelz-Aufstandes 1921 wurde ich verhaftet und nach vielen Mißhandlungen nach Kassel in die Zitadelle eingeliefert.“

Der Arbeiter Karl Vernau aus Eisleben gibt zu Protokoll: „Während des mitteldeutschen Aufstandes wurde ich verhaftet und sollte die Namen unserer Mitglieder verraten, was ich trotz unmenschlicher Behandlung immer wieder ablehnte. Besonders als ich in der Mädchenschule in Eisleben verhört wurde, bekam ich für diese Verweigerung den Gummiknüppel mit einer Unmenschlichkeit zu spüren, die ich mein ganzes Leben niemals vergessen werde ... Nun wurde ich nach Torgau transportiert und dort abgeurteilt ...“ Bruno Wackermann aus Klostermansfeld berichtet: „Meine größte Leidenszeit begann jedoch, als ich nach dem Hoelz-Aufstand verhaftet wurde. Ich hatte mich als klassenbewußter Arbeiter dem Aktionsausschuß zur Verfügung gestellt und wurde als Kurier eingesetzt. Als ich nach der Niederkämpfung des Aufstandes gerade von unserem von der Polizei meuchlings ermordeten Gemeindevorsteher, der mein Nachbar war, Abschied nahm, fiel ich den Häschern in die Hände. Man wollte mir nicht gestatten, meine Schuhe anzuziehen. Ich kam auf die Sammelstelle, wo wir unmenschlich gequält und dann nach Eisleben in den Keller des Seminars gebracht wurden. Meinen Genossen wurden durch grausamste Behandlung Geständnisse abgepreßt." Die entmenschten Polizeibehörden begnügen sich nicht mit der Ermordung zahlreicher Kämpfer, sie ersinnen die unmenschlichsten Martern und schlagen viele Arbeiter wie tolle Hunde tot.

Joseph Schneider gibt in seinem Bericht über die blutige Osterwoche einige Beispiele, die ihm im Gedächtnis haftengeblieben sind. Eines der ersten Opfer war der Genosse Wielsch aus Helbra, der bei den Kämpfen um Eisleben der Schutzpolizei in die Hände gefallen war. Nachdem die Mörder den fünfzig Jahre alten Mann halb totgeschlagen hatten, erteilten sie ihm den Befehl, über ein Feld zu laufen. Dabei wurde er erschossen.

In Klostermansfeld wurde der Gemeindevorsteher Paul Müller aus seiner Wohnung verschleppt und, nach einem Bericht des Berliner „Tageblattes", auf der Chaussee nach Leimbach durch zwei Säbelhiebe auf den Kopf und einen Schuß in die Magengegend getötet. In der Nähe von Hettstedt sahen Arbeiter einen Stiefel aus der Erde ragen – an dieser Stelle waren zwei Arbeiter lebendigen Leibes begraben worden. Man hatte beobachtet, wie die zwei von Sicherheitspolizisten gezwungen wurden, ihr eigenes Grab zu schaufeln ... Eine Arbeiterfrau aus Querfurt erhielt folgenden Brief der örtlichen Polizeiverwaltung: „An Frau verw. Pauline Peter, geborene Dubilzig. Hier. Bäckergasse 8. Ihr am 28. des Mts. hierselbst standtrechtlich erschossener Ehemann wird nachmittags vier Uhr beerdigt, wovon wir Ihnen hierdurch Mitteilung machen."

Aber kein Staatsanwalt, kein Richter findet sich, um diese Verbrechen zu sühnen. Genosse Georg Schumann stellt im Reichstag fest: „In Leuna sind bei der Einnahme selbst zwei Arbeiter gefallen. Am Tage nach der Einnahme hat ein Mitglied des Betriebsrates in Leuna schon neunundzwanzig Leichen besichtigt. Während er vor den Leichen stand, wurden drei neue abgeschlachtete Arbeiter in den Raum gebracht. Am anderen Morgen gab es fünfundvierzig Tote. Ein Arbeiter aus Eisleben wurde verhaftet, als unschuldig wieder entlassen, hinterher ein Schuß auf ihn abgesandt, daß er zusammenbrach. In Querfurt wurden dem Arbeiter Karl John auf dem Roßplatz vor aller Öffentlichkeit die Hosen heruntergezogen, und er wurde vor allen Menschen auf den nackten Körper mit Gummiknüppeln barbarisch geschlagen. Ein Genosse Peter, den sie mit der Waffe in der Hand antrafen, wurde gefangen und verprügelt. Sie traten ihm die Rippen ein und erschossen ihn dann auf dem Friedhof. Der Lagerhalter Straub in Querfurt wurde zu Hause verhaftet, vor Frau und Kindern mit Gummiknüppeln geschlagen, dann mit Stricken gefesselt, an ein Pferd gebunden und auf dem Transport wieder ‚auf der Flucht‘ erschossen.“

Das ist nur ein kleiner Teil der Verbrechen, die 1921 an mitteldeutschen Arbeitern verübt wurden. Nicht ein einziger Fall ist bekannt geworden, wo die Täter zur Verantwortung gezogen wurden. Die meisten Opfer aus den Märzkämpfen sind nicht im Kampf gefallen, sondern danach waffenlos ermordet worden. Unzählige wurden vor Gericht gezerrt. Der kommunistische Abgeordnete Hugo Eberlein stellte 1921 im Reichstag fest, daß 3642 Arbeiter nach der Märzaktion mit Zuchthaus und Gefängnis bestraft wurden. Schon allein der Verdacht, im Aufruhrgebiet gewesen zu sein, genügt, um drei, vier, fünf, sechs Jahre ins Zuchthaus geworfen zu werden.

In Schraplau führt uns der Genosse Herbert Thieme an ein Ehrenmal für die gefallenen Märzkämpfer, das mit Kränzen von der Jugend und von gesellschaftlichen Organisationen geschmückt ist. Hier, in den Kalkbrüchen an der Straße nach Stedten, wurden in den Märztagen 1921 sechs revolutionäre Kämpfer ermordet, darunter der Vorsitzende der VKPD aus Schraplau, Genosse Reinhard Poblenz, der sich beim Einmarsch von Hoelz in Schraplau noch gegen dessen bewaffnete Aktionen ausgesprochen hatte; außerdem das Mitglied des Aktionsausschusses Paul Trautmann, der Gastwirt des Arbeiterlokals „Bürgergarten“, Friedrich Müller, der Arbeiter Hermann Stahus und die Genossen Wilhelm Fichte und Karl Hörold aus Stedten. Bürgermeister Borchardt aus Schraplau bestätigt später vor dem Sondergericht in Berlin, daß sechs Arbeiter, nachdem die Sicherheitspolizei durch den Ort marschiert ist, tot aufgefunden wurden. Man hatte die Leichen in die Kalköfen geschleppt. Mit den Kämpfern verfolgt die Reaktion auch deren Familien. Viele werden von den Unternehmern aus den Werks- und Gutswohnungen gesetzt, so daß sie bei Freunden oder in Obstbuden auf freiem Feld Unterkunft suchen müssen. Meistens sind es die ärmsten und kinderreichen Familien, die es trifft. Georg Schumann schreibt in einer Broschüre dazu: „Wenn schon die Unternehmer so grausam gegen die meist kinderreichen Familien der Märzkämpfer vorgingen, so müßten die Gemeinden die Familien wenigstens vor der äußersten Not bewahren. Das haben aber nur die wenigsten Gemeinden getan, und wenn die ‚Rote Hilfe‘ nicht von allem Anfang an aufgrund der opferfreudigen Sammlungen der Arbeiterschaft aller Richtungen hätte eingreifen können, dann wären Hunderte von Kindern und Frauen zugrunde gegangen.“ Im Oktober 1921 unterstützt die Rote Hilfe allein in Mitteldeutschland noch eintausendzweihundert Familien.

In den nun folgenden Monaten zieht die Kommunistische Partei wichtige Lehren aus den Märzkämpfen. In zähem Ringen gegen rechtsopportunistische und linkssektiererische Auffassungen werden in langen Auseinandersetzungen Konsequenzen für den weiteren Kampf gezogen. Die Genossen erkennen die Fehler der Märztage. Aber sie verurteilen die Aktion nicht wegen der Fehler, sondern die Fehler der künftigen Aktionen wegen. Wladimir Iljitsch Lenin hat sich maßgeblich in die Diskussion um die Lehren der Märzkämpfe eingeschaltet. In seiner Rede auf dem III. Weltkongreß der Kommunistischen Internationale, der drei Monate nach den bewaffneten Kämpfen in Moskau tagt, analysiert er die Vorgänge im März 1921: „Die Märzaktion ist trotzdem ein großer Schritt vorwärts, ungeachtet der fehlerhaften Führung. Aber das macht nichts. Hunderttausende Arbeiter haben heldenhaft gekämpft. So heldenmütig die KAPD auch gegen die Bourgeoisie gekämpft haben mag, müssen wir doch sagen, was Genosse Radek in einem russischen Artikel über Hoelz gesagt hat. Wenn irgend jemand, sei er auch Anarchist, heldenmütig gegen die Bourgeoisie kämpft, so ist das natürlich eine große Sache, wenn aber Hunderttausende gegen die niederträchtige Provokation der Sozialverräter und gegen die Bourgeoisie kämpfen, dann ist das ein wirklicher Schritt vorwärts."

Im August 1921 treffen sich die Genossen zu ihrem Jenaer Parteitag. In seinem „Brief an die deutschen Kommunisten", geht Lenin noch einmal auf die Märzkämpfe ein und schreibt Sätze, die auch auf Max Hoelz gemünzt sein könnten: „In jedem ehrlichen klassenbewußten Arbeiter, der das Basler Manifest von 1912 für bare Münze nahm und nicht für ‚Ausflüchte' der Schurken ‚zweiter' und ‚zweieinhalbter' Sorte hielt, erwachte in unglaublicher Schärfe der Haß gegen den Opportunismus der alten deutschen Sozialdemokratie, und dieser Haß – das edelste, erhabenste Gefühl der Besten aus der unterdrückten und ausgebeuteten Masse – machte die Menschen blind, nahm ihnen die Möglichkeit, kaltblütig zu überlegen und eine eigene richtige Strategie auszuarbeiten als Antwort auf die glänzende Strategie der bewaffneten, organisierten, durch die ‚russische Erfahrung' gewitzigten, von der Entente, von Frankreich, England und Amerika, unterstützten Kapitalisten. Dieser Haß trieb sie zu vorzeitigen Aufständen."

Und er fordert, was man auch Max Hoelz ins Stammbuch schreiben könnte: „Kaltes Blut und Standhaftigkeit bewahren; systematisch die Fehler der Vergangenheit korrigieren;

unaufhörlich darauf bedacht sein, die Mehrheit der Arbeitermassen ... zu erobern; geduldig eine starke und kluge kommunistische Partei aufbauen, die fähig ist, bei allen und jeglichen Wendungen der Ereignisse die Massen wirklich zu führen; sich eine Strategie auszuarbeiten, die der besten internationalen Strategie der (durch die jahrhundertelangen Erfahrungen im allgemeinen und durch die ‚russische Erfahrung' im besonderen) ‚am meisten aufgeklärten' fortgeschrittenen Bourgeoisie gewachsen ist – das ist es, was man tun muß und was das deutsche Proletariat tun wird, was ihm den Sieg garantiert." Der III. Weltkongreß der Kommunistischen Internationale zeigt mit seiner Losung „Heran an die Massen!" dazu den Weg.

## Verrat am Rankeplatz

Drei Tage nach dem letzten Gefecht in Beesenstedt kommt Max Hoelz am Montagmorgen mit dem Frühzug aus Nordhausen nach Berlin. Es ist der 4. April 1921. Die Morgenzeitungen berichten in großen Lettern: „Hoelz als Siegessäulenattentäter entlarvt." Eine Zeitung berichtet, Hoelz sei in Berlin angekommen. Sie wußten alles früher als er selbst.

Überall in Deutschland beginnt nun ein beispielloses Kesseltreiben gegen Max Hoelz. Der Preis auf seinen Kopf ist inzwischen auf 185 000 Mark angewachsen. Sein Name ist in aller Munde. Eine reaktionäre Zeitung in Magdeburg schreibt: „Max Hoelz hat berechtigten Anspruch darauf, als der unüberwindliche Held in die Schundliteratur überzugehen und sämtliche Waldläufer, Buffalo Bills und Winnetous konkurrenzlos zu verdrängen ... Es soll hier nicht der Anfang der Hoelz-Literatur gemacht werden. Besser wäre es, wenn sein Name nur noch in Berichten über den Prozeß auftauchen würde, den man früher oder später dem Banditen machen muß – wenn man ihn erst hat."

Die gesamte republikanische Polizei ist auf den Beinen, mit dem einen Ziel: Max Hoelz zu fangen.

Unter diesen Bedingungen ist das Berliner Pflaster für ihn sehr heiß. Niemand von seinen alten Freunden wagt es, ihm Quartier zu geben. In ein Hotel kann er nicht gehen, denn es ist anzunehmen, daß die Polizei in Sangerhausen inzwischen nach dem richtigen Reinhold König geforscht hat, mit dessen Ausweis Hoelz entkommen konnte. So irrt er obdachlos durch die Straßen, jederzeit sich der Gefahr aussetzend, ent-

Max Hoelz illegal in Berlin, 1921

deckt zu werden, trotz der Veränderung seines Äußeren. Er hat sich aus konspirativen Gründen den Bart abnehmen lassen und den Kopf kahl rasiert, so daß sein Gesicht breiter wirkt. Zudem trägt er jetzt eine Nickelbrille.

In den letzten Wochen hat er nächtelang kaum geschlafen und ist todmüde. In einem Nachtlokal am Bahnhof Charlottenburg nimmt ihn ein Straßenmädchen mit, und er kann sich endlich ein paar Stunden ausruhen. Schließlich findet er ein kleines Zimmer in einer Fremdenpension. Doch für länger kann er in der Stadt nicht bleiben. Er will sich lediglich um Unterstützung für die Angehörigen der gefallenen Märzkämpfer kümmern und Rechtsschutz für die Verhafteten organisieren, dann wird er Berlin sofort verlassen.

Am 15. April, elf Tage nach seiner Ankunft in Berlin, beteiligt er sich an einer Zusammenkunft in einem Café am Rankeplatz, fünf Minuten vom Kurfürstendamm entfernt. Einer der Teilnehmer, ein gewisser Henke aus Leipzig, erweist sich als Verräter. Als Henke morgens in Berlin eintrifft, informiert er die Polizei über seinen Treff mit Hoelz. Nun ist es für die Ordnungshüter ein Kinderspiel, den Gesuchten festzunehmen. Als Hoelz gegen zweiundzwanzig Uhr abends das Lokal verläßt, kommt er kaum fünf Schritte weit. Er ist von Kriminalbeamten umringt, die von allen Seiten schreien: „Hände hoch!“

Hoelz hat bei seiner Verhaftung in Könnern und in Sangerhausen die Hände nicht hochgenommen, und er tut es auch jetzt nicht. Wenn sie schießen wollen, denkt er, dann tun sie es so oder so. Die Verhaftung kommt für ihn kaum überraschend. Täglich hat er damit gerechnet. Und ihm ist klar, daß er so schnell nicht wieder freikommen wird. Nachdem er den Arbeitermördern in Uniform in Sangerhausen noch einmal hatte entkommen können – nicht um sich zu schonen, sondern um den Kampf für die Befreiung der verhafteten Arbeiter fortzusetzen –, ist er nun endgültig in der Gewalt seiner Feinde.

Nun geht alles blitzschnell. Hoelz kommt zunächst ins Polizeipräsidium am Alexanderplatz, dann ins Untersuchungsgefängnis nach Moabit. Man legt ihn in die sogenannte Mörderzelle, in die nur die Gefangenen kommen, die vor der Hinrichtung stehen. Hoelz wird gefesselt, bis ihm die Hände bluten, Tag und Nacht brennt das Licht in seiner Zelle. Drei Rechtsanwälte, unter ihnen ein Genosse der VKPD, übernehmen seine Verteidigung. Sie verschaffen ihm kleine Erleichterungen und bringen Bücher: Dostojewski, Tagore, Lew Tolstoi. Nach drei Wochen setzen sie endlich durch, daß man Hoelz die Handschellen abnimmt.

Inzwischen ist etwas in der deutschen Justizgeschichte Einmaliges geschehen: Der sozialdemokratische Berliner Polizeipräsident Richter hat an allen Litfaßsäulen der Stadt und im ganzen Reich folgende Bekanntmachung anbringen lassen:

> MAX HOELZ festgenommen.
> 50000 Mark Belohnung.
>
> Der Bandenführer Max Hoelz ist festgenommen. Zahlreich sind die Straftaten, die auf seinem Schuldkonto stehen. Unzweifelhaft war er die treibende Kraft bei den Märzunruhen. Durch Wort und Schrift hat er zu bewaffneter Gewalt, zu Dynamitanschlägen und anderen hochverräterischen Unternehmen aufgefordert.
> Es gilt jetzt, ein lückenloses Bild von dem gemeingefährlichen volksverderbenden Treiben des Hoelz zu erhalten, damit alle Straftaten, deren Hoelz sich schuldig gemacht hat, die gebührende Sühne vor dem Strafrichter finden.
> Für aufklärende Mitteilungen, die zu einer Verurteilung des Hoelz führen, setze ich die obige Belohnung aus. Jeder Mann, der Sachdienliches mitzuteilen oder Beweisstücke zu bezeichnen vermag, wende sich an das Polizeipräsidium Berlin, Zimmer 343, oder durch Fernsprecher an die Hausanrufe 300 und 313.
>
> Berlin, den 16. April 1921, der Polizeipräsident.

Dieser Polizeipräsident will keine Tatbestände aufklären. Er sucht lediglich Leute, deren Aussagen „zur Verurteilung des Hoelz" führen. Dafür das „Preisausschreiben" von fünfzigtausend Mark, was 1921 eine ganz schöne Summe war. Normalerweise wird jemand verhaftet, wenn ein hinlänglicher Verdacht besteht, der die Verurteilung wahrscheinlich macht;

wenn man Konkretes gegen den Verdächtigen in der Hand hat. Hier aber wird der Mann erst verhaftet, und dann werden ausschließlich Belastungszeugen gesucht. Wer etwas weiß, was den Gefangenen entlasten könnte, kann sich den Weg zum Polizeipräsidium sparen. Das Geld ist ausschließlich für solche Zeugen gedacht, die etwas zur *Verurteilung* des Hoelz beitragen können.

Nun ist es nicht so, daß gegen Hoelz nichts vorläge und daß man erst nachträglich Gründe suchen müßte, die seine Verhaftung rechtfertigen. Das, was bekannt ist und was Hoelz nie bestritten hat, reicht vollauf zu einer Verurteilung aus. Da sind Sprengstoffdelikte, Brandstiftungen, Transportgefährdung, Hoch- und Landesverrat, Rädelsführerschaft und anderes. Das alles gibt der Verhaftete in geradezu leichtfertiger Weise zu Protokoll. Wenn dennoch ausschließlich Belastungszeugen aufgerufen sind, so deshalb, weil der Staatsanwalt nach einem *Kapitalverbrechen* sucht, das ein Todesurteil rechtfertigt. Denn die Reaktion fordert nicht mehr und nicht weniger als Hoelz' Kopf. Weil aber kein Blut an seinen Händen klebt, weil kein unbestochener Zeuge ihm einen Mord vorwerfen kann, brüllt die Justiz: Verhelft mir zu Hoelz' Kopf!

In der Voruntersuchung macht Hoelz in Absprache mit seinen Rechtsanwälten keinerlei Aussagen. Oft wäre es ein leichtes für ihn, die geradezu absurden Anschuldigungen zu widerlegen. Mehr als hundert Belastungszeugen marschieren drei Wochen lang mit den zum Teil unsinnigsten Behauptungen auf. Es ist eine schwere Nervenprobe für ihn, täglich zwölf bis sechzehn Stunden den fanatischen Anfeindungen zu folgen, ohne selbst ein Wort zu sagen. Der erste und fast einzige Mensch, der ihn in diesen Wochen besucht, ist seine Mutter, die, obwohl sie seine politischen Ansichten nicht billigt, die weite Reise unternimmt und ihm nicht einmal Vorwürfe macht.

Am 7. Mai, drei Wochen nach seiner Verhaftung, wird morgens, für ihn unerwartet, eine Frau in Trauerkleidung ins Vernehmungszimmer geführt. Sie schlägt den Schleier zurück, wirft die Arme hoch und schreit schluchzend: „Das ist der Mörder meines Mannes!"

Hoelz weiß nicht, worum es geht. Wer ist die Frau, was will sie von ihm? Er hat sie nie zuvor gesehen. Der Staatsanwalt beruhigt die Frau, bietet ihr einen Stuhl an, so daß sie Hoelz' Gesicht sehen kann, und fordert sie auf, sich genau zu erinnern.

Hoelz muß im Zimmer auf und ab gehen, damit die Frau seinen Gang beobachten kann und einen Eindruck von seiner Größe erhält. Er muß sprechen, damit sie seine Stimme hört. Nach einer halben Stunde hat sie sich schließlich beruhigt. Endlich fragt der Staatsanwalt: „Nun, Frau Heß, sagen Sie, ist Hoelz der, der Ihren Mann getötet hat?" Die Zeugin denkt nach und antwortet: „Ich kann nicht sagen, daß es Hoelz gewesen ist, der auf meinen Mann geschossen hat."

Der Staatsanwalt ist entsetzt. Er redet der Frau zu, doch noch einmal nachzudenken und gegebenenfalls ihre Aussage zu revidieren. Drei Tage später ist es soweit. Bei der Kriminalpolizei in Halle behauptet sie, Max Hoelz habe auf ihren Mann, den Gutsbesitzer Heß aus Roitschgen, geschossen.

Wir müssen noch einmal auf die Ereignisse am 30. März auf dem Gut Roitschgen zurückkommen. Der Gutsbesitzer Heß wurde an diesem Tag gegen Abend von mehreren Schüssen getötet, als Hoelz' Soldaten auf dem Hof Mäntel beschaffen wollten. Einige Soldaten sagten später aus, Heß habe zuerst geschossen, andere meinten, er habe den Revolver auf die Leute gerichtet, und die hätten in Notwehr gehandelt. Fest stand eigentlich nur, daß Heß nicht von Max Hoelz erschossen worden war, nicht hatte erschossen werden können, weil dieser zu dem Zeitpunkt unbewaffnet war und weil er im Augenblick der Schießerei mit einem Kurier auf dem Hof stand. Genau das Gegenteil aber versuchen die Richter nun zu beweisen, sie haben keine andere Wahl: Es gibt kein anderes Opfer, dessen Tod man Hoelz anlasten könnte. Also muß mit Hilfe von Indizien, von Belastungszeugen, die mit hohen Prämien angelockt werden, eine Anklage konstruiert werden.

Der Fall Heß wird uns im weiteren Verlauf dieses Berichtes noch mehrfach beschäftigen. Er wird zum Hauptpunkt der Anklage, die zur Verurteilung von Hoelz führt und später zum Ausgangspunkt des Wiederaufnahmeverfahrens, das sich über Jahre hinschleppt.

Die Bedeutung, die das Gericht diesem Fall beimißt, und die Intensität, mit der es immer wieder darauf zurückkommt, weist schon jetzt darauf hin, daß gegen Max Hoelz ein Prozeß vorbereitet wird, der ihn unter allen Umständen zum Mörder stempeln und seinen Kopf fordern soll. Und so kommt es auch. Mit verdächtiger Eile wird für Mitte Juni die Hauptverhandlung angesetzt.

## Zensur: Eins

Am Montag, dem 13. Juni, neun Uhr, beginnt der Prozeß gegen Max Hoelz. Es herrscht Pogromstimmung. Ein ungeheures Aufgebot von Sicherheitspolizisten unter dem Kommando von Offizieren beschützt das Gericht schon von der Straße aus sowie auf den Treppen, Korridoren und im Saal selbst.

Der Prozeß gegen Hoelz ist der repräsentativste Fall der politischen Terrorjustiz im Frühjahr 1921, weil Hoelz beim Proletariat große Popularität genießt und weil die Verhandlung besonders kraß eine „Tendenz politischer Gehässigkeit“ erkennen läßt, wie es der Dichter Erich Mühsam nennt. Max Hoelz ist für Freund und Feind die Symbolfigur des Aufruhrs, ein Name, der in diesen Wochen bei vielen revolutionären deutschen Arbeitern emotionale Saiten zum Klingen bringt. Das Gericht aber will die Persönlichkeit von Max Hoelz und dessen Handlungen in jeder Hinsicht diffamieren. Der ganze Mensch soll als abschreckendes Beispiel wirken. Deshalb wird er auch äußerlich wie eine Vogelscheuche aufgeputzt.

Während jeder Untersuchungsgefangene in der Hauptverhandlung selbstverständlich Zivilkleidung trägt, wird Hoelz in einer viel zu großen Gefängnishose aus schmutzigem Drillich und in einer Gefängnisjacke ohne Knöpfe, mit viel zu langen Ärmeln vorgeführt. Anstelle von Schuhen trägt er Lederpantoffeln, von denen der eine zu klein und der andere zu groß ist. So erscheint er zum Gaudium der sensationshungrigen Spießer und der bürgerlichen Journaille, die seinen Eintritt mit hämischem Grinsen quittieren. Im Justizpalast in Berlin, der in diesen Tagen eher einer Kaserne gleicht, steht trotz allem vor den bürgerlichen Sonderrichtern ein Mann, der auch im Gerichtssaal bleibt, was er im Kampf war: ein proletarischer Kämpfer ohne Furcht.

Den Anfeindungen der bürgerlichen Presse hält Hoelz ebenso stand wie dem Grinsen sensationsgieriger Herrschaften aus dem feinen Berliner Westen, die im Zuschauerraum seinen Kopf fordern. Auch in Sträflingskleidung verliert er nichts von seiner Kämpferhaltung.

Die Kommunistische Partei hat mit der stenografischen Aufnahme des Prozesses den Genossen Felix Halle beauftragt, der sich später noch sehr um Hoelz' Freilassung verdient machen sollte und der durch seine Broschüre „Wie verhält sich ein Kommunist vor Gericht?" in der gesamten Partei bekannt wurde.

Vorsitzender des Gerichts ist der von anderen Prozessen her unrühmlich bekannte Landgerichtsrat Brauer. Die Anklage vertritt Staatsanwaltschaftsrat Jaeger. Als Verteidiger sind zur Stelle Justizrat Dr. Broh, Rechtsanwalt Hegewisch und Justizrat Victor Fraenkl, die auch schon in der Voruntersuchung dem Angeklagten zur Seite standen.

Vor Eintritt in die Verhandlung gibt Hoelz in knappen Worten eine Erklärung ab, mit der er seine politische und persönliche Haltung zur Klassenjustiz umreißt.

„Ich fühle mich nicht als Angeklagter, sondern als Kläger gegen die bürgerliche Gesellschaft, deren Vertreter Sie, die Richter, sind. Und wenn Sie mich hierher zitieren konnten, so nur, weil Sie die Macht und deshalb das Recht haben."

Auf die routinemäßigen Fragen nach seinen Eltern und seiner Frau lehnt Hoelz die Antwort ab, da nur er allein hier zur Debatte stehe. Er bekennt sich freimütig und klar zu seinen „Verbrechen" (ausgenommen den Mord an dem Gutsbesitzer Heß), vor allem zu den aus militärischen Gründen und zur Einschüchterung des Gegners von ihm für notwendig erachteten Sprengungen und Brandlegungen sowie zu den „räuberischen“ Requisitionen.

Bei der Vernehmung zur Person stellt sich zur allgemeinen Verwunderung der bürgerlichen Berichterstatter heraus, daß Hoelz bisher nicht vorbestraft ist. Hoelz kämpft, das wird schon am ersten Verhandlungstag klar, nicht um seinen Kopf, sondern „um die Bewertung seiner Taten als Äußerung einer revolutionären Erkenntnis“, wie Erich Mühsam schreibt. Er will nicht den Richtern seine Unschuld beweisen, sondern den Arbeitern im Land, die gewissermaßen durchs Fenster in den Gerichtssaal schauen, seine Überzeugungen mitteilen. So hat er sich von der ersten bis zur letzten Minute des Prozesses als Agitator und Propagandist seiner Ideen betätigt. Und wo er die Vorwürfe der Richter zu entkräften sucht, da tut er dies nicht, um mildernde Umstände zu erhalten, sondern um die Partei nicht zu belasten. Er will verhindern, daß die Lügen als Propagandamaterial gegen die Arbeiterklasse verwendet werden.

Am zweiten Verhandlungstag geht es noch einmal um die Sprengungen in Hettstedt. Hoelz erklärt, daß diese Sprengungen als taktisches Mittel benutzt worden seien, um Blutvergießen zu verhüten, einen Druck auf die Bourgeoisie und die Sicherheitspolizei auszuüben. „Lieber sprenge ich zehn Gebäude, als daß ein Menschenleben zu Schaden kommt“, erklärt er.

Staatsanwaltschaftsrat Dr. Jaeger: „Haben Sie sich nicht gesagt, daß die Behörde mit um so schärferen Mitteln gegen Sie vorgehen würde, wenn Sie Häuser friedlicher Einwohner einfach ohne Grund in Trümmer legen?“

Hoelz: „Nein. Ich glaubte bestimmt, daß die Sipo abziehen würde, um solche Zerstörungen zu verhüten, schon im Interesse der Bevölkerung, die ja doch gerade angeblich Nutzen von der Sipo haben sollte.

Solange ich die Herrschaft hatte, herrschte überall Ruhe und Ordnung; und erst als Hörsing mit seiner Sipo kam, begann die Unruhe und das Blutvergießen." (Lachen in den Reihen der Zeugen und Zuhörer.)

Hoelz: „Jawohl, so ist es, wenn Hörsing nicht ..."

Rechtsanwalt Hegewisch: „Ich konstatiere, daß der gesamte Zuhörerraum gegen Hoelz Stellung nimmt, das ist der Beweis, daß man hier nur Angehörige der besitzenden Klassen hineinläßt. Wenn dort Arbeiter säßen, so würden die Ausführungen des Hoelz lebhaften Beifall gefunden haben."

Vorsitzender: „Rechnen Sie als Verteidiger mit dem Beifall des Zuhörerraums?"

Hoelz: „Sie wagen es ja nur, hier zu sitzen unter dem Schutze der bewaffneten Macht."

Vorsitzender: „Wir fürchten uns nicht vor Ihnen."

Hoelz: „Nein, Sie fürchten sich aber vor der revolutionären Arbeiterschaft."

Als Beobachter des Prozesses schreibt Max Herrmann-Neiße in der Zeitschrift „Die Aktion": „Seit Liebknecht hat in Deutschland keiner so im Innersten sieghaft dem Klassengericht gegenübergestanden wie Max Hoelz. Von Anfang an es durch kein Zugeständnis, auch in der winzigsten Formalität nicht, bestätigend! Von Anfang an in der Angriffsstellung, den Spieß umdrehend, aus dem Beklagten zum schärfsten Ankläger geworden. Den Prozeß nicht als die Erledigung des einen, seines eigenen, privaten Falles nehmend, sondern die Sache aller, die Abrechnung mit dem gesamten Unrechtbau führend. Wie einst Liebknecht vor Gericht, nutzte auch Hoelz jede Gelegenheit der gerichtlichen Verhandlung dazu aus, öffentlich den Standpunkt der Unterdrückten zu vertreten, die sonst mundtot gemachte Wahrheit auszusprechen und den revolutionären Geist zu schüren. Geschickt erfaßte er jede Möglichkeit, einen Streich, der trifft, gegen die bürgerliche Autorität und ihre Verbrechen zu führen, und ließ den ganzen Prozeß zu einer einheitlichen Fortsetzung des Klassenkrieges auf einem anderen Schauplatz werden. Seit Liebknecht hat keiner so gründlich auf für alle sichtbarem Platze das verruchte Herrschaftssystem in seinen sämtlichen Schmachpositionen aufgedeckt, bloßgestellt und mit dem richtigen Urteil belegt."

Die Eislebener Ereignisse kommen am dritten Verhandlungstag zur Sprache.

Vorsitzender: „Geben Sie zu, die Villa des Generaloberarztes Dr. Ebers gesprengt zu haben?"

Hoelz: „Jawohl, die Villa ist auf meinen Befehl gesprengt worden. Die Sprengung sollte das Signal zum allgemeinen Angriff sein, da die Sipo sich auf zwei oder drei Gebäude verteilt hatte. Mir war mitgeteilt worden, daß Dr. Ebers Führer der Orgesch (Organisation Escherich, eine von Forstrat Escherich organisierte konterrevolutionäre Terrorgruppe, die gegen die revolutionäre Arbeiterbewegung eingesetzt wurde – Anm. M. G.) sei und in seiner Villa ein Waffen- und Munitionslager verberge. Aufgrund dieser Angaben habe ich nicht gezaudert, den Befehl zur Sprengung zu geben."

Vorsitzender: „Sie haben auch wiederholt Personen als Geiseln festgenommen und verschleppt."

Hoelz: „Jawohl, ich habe wiederholt den Befehl gegeben, alle erreichbaren Personen als Geiseln festzunehmen, hauptsächlich natürlich Angehörige der besitzenden Klassen, da von denen auch gleichzeitig Geld zu erlangen war."

Vorsitzender: „Was haben Sie mit den Geiseln gemacht?"

Hoelz: „Sie sind sofort, nachdem ich sie verhört hatte, nach einem Lastauto gebracht worden."

Vorsitzender: „Sie sollen ihnen aber auch gedroht haben, sie erschießen zu lassen, wenn sie nicht in einer bestimmten Zeit eine bestimmte Summe Geld zur Stelle schaffen würden."

Hoelz: „Jawohl, das habe ich gesagt."

Vorsitzender: „Sie haben auf diese Weise von dem Postdirektor Wendel allein 117 000 Mark erpreßt?"

Hoelz: „Jawohl."

Vorsitzender: „Was geschah mit dem Geld?"

Hoelz: „Ich brauchte es zur Löhnung."

Vorsitzender: „Wieviel hatten Sie denn für sich selbst ausgesetzt?"

Hoelz: „Für uns Führer haben wir nichts zurückbehalten."

Justizrat Dr. Broh erklärt, daß bei den Hoelzschen Truppen eine besondere Kommission eingesetzt war, die die Kassenverwaltung bildete.

Vorsitzender: „Wurden auch Bücher geführt?"

Hoelz: „Jawohl. Ich habe mich um die eigentlichen Kassensachen nicht gekümmert . . .

Man hatte übrigens behauptet, daß einer dieser Kassenverwalter, Joseph Schneider, mit dem Restbetrag des Geldes flüchtig geworden sei. Dies ist nicht richtig. Ich habe die Überzeugung, daß der Betreffende das Geld nicht für sich, sondern für andere revolutionäre Zwecke verwendet hat."

Justizrat Dr. Broh: „Ich will bemerken, daß Hoelz in den ersten zwei Wochen hier im Gefängnis die bekanntlich sehr fettarme Gefängniskost essen mußte, da er kein Geld hatte. Erst später wurde eine Hilfsaktion für Hoelz eingeleitet, die ihn sowohl wie seine Frau unterstützte."

Hoelz: „Ich war seinerzeit in Not und war zu stolz, mich an meine Partei wegen einer Unterstützung zu wenden. Ich habe deshalb damals meinen photographischen Apparat für 1500 Mark verkauft."

Einige Tage später stellt der Verteidiger den Antrag, Hoelz nunmehr zu gestatten, seine eigene Kleidung anlegen zu dürfen. Hoelz erwidert darauf: „Mir persönlich ist es egal. Ich betrachte die Gefängniskleidung als ein Ehrenkleid für einen revolutionären Proletarier. Ich schäme mich nicht; wenn sich jemand schämen muß, so ist es das Gericht. Ich habe nun aber noch folgenden Wunsch: Es wird hier nur die bürgerliche Presse und ihre Zuhälter zugelassen, ich bitte, dafür zu sorgen, daß auch die Proletarier zur Hälfte hereinkommen, denn es handelt sich hier um einen proletarischen Prozeß und nicht um einen bürgerlichen Prozeß."

Maxim Gorki hat einmal gesagt: „Ich war schon oft bei Verhandlungen, aber ich hab's noch nie erlebt, daß die Hungrigen über die Satten zu Gericht gesessen hätten." Auch hier ist von vornherein deutlich, daß die herrschende Klasse die Unbotmäßigkeit Aufbegehrender bestrafen will.

„Persönlich", schrieb Hoelz später, „ließ es mich grundsätzlich kalt, ob ich vom Gericht oder der bürgerlichen Meinung zum Mörder gestempelt wurde. Im revolutionären Kampf mußte ich stets damit rechnen, selbst getötet zu werden oder den Kampf- und Klassengegner töten zu müssen. Meine Überzeugung ist, daß jedes gewaltsame Vernichten von Menschenleben zu verhindern Pflicht aller Menschen ist."

Für die Richter aber gilt eine andere Logik. Sie gehen davon aus, daß Noske in Berlin, Hörsing in Halle oder Polizeimajor Folte in Eisleben, als sie die Macht hatten, getötet haben – also muß auch Hoelz getötet haben. Der Humanismus eines Revolutionärs, der für eine bessere Welt kämpft, ist ihnen fremd, sie können sich in seine Denkart nicht versetzen.

Die Bemühungen des Gerichts, Hoelz als Verbrecher abzustempeln, ihn als Räuber und Banditen hinzustellen, scheitern schon daran, daß niemand ihm persönliche Bereicherung vorwerfen kann, auch sein ärgster Feind nicht. Weder das Gericht noch der Staatsanwalt, der den Kopf des Angeklagten fordert, sind in der Lage, Max Hoelz eigennützige Motive zu unterstellen. Alle anderen Delikte, die ihm zur Last gelegt werden, sind ausschließlich politische Taten, zu denen Hoelz sich freimütig, stolz und aufrichtig bekennt. Also muß ein Kapitalverbrechen konstruiert werden, das ihn in den Augen der Öffentlichkeit und auch bei seinen Klassengenossen diskreditiert. Und das ist Mord. Alle Bestrebungen der Staatsanwaltschaft laufen darauf hinaus, Hoelz mit einem Mord zu belasten.

Hoelz glaubt zuerst nicht, daß ihm etwas Ernstliches geschehen könne, da er kein solches Verbrechen begangen hat. Er ahnt noch nicht, was für die Gegenseite auf dem Spiel steht und was sie, um ihre Interessen zu wahren, zu tun fähig ist. Karl Marx schrieb einmal: „Die Zivilisation und Gerechtigkeit der Bourgeoisieordnung tritt hervor in ihrem wahren gewitterschwangeren Licht, sobald die Sklaven in dieser Ordnung sich gegen ihre Herren empören. Dann stellt sich die Zivilisation und Gerechtigkeit dar als unverhüllte Wildheit und gesetzlose Rache." Die von Hoelz herausgeforderte Bourgeoisie will Rache.

Da es ihr nicht gelungen ist, ihn „auf der Flucht" zu erschießen, braucht sie nun ein Todesurteil. Und für einen Mordfall bietet sich lediglich der Tod des Gutsbesitzers Heß aus Roitschgen an. Er ist der einzige Mensch, der außerhalb kriegsmäßiger Handlungen ums Leben kam.

Wir zitieren wieder aus dem Gerichtsprotokoll:

Vorsitzender: „Wir kommen nun zu dem Hauptteil der Anklage, die Ermordung des Gutsbesitzers Heß in Roitschgen."

Hoelz: „Mir kann es persönlich ganz gleich sein, ob es dem Gericht gelingt, mir einen Mord nachzuweisen. Ich weiß ganz genau, daß, wenn es dem Gericht nicht gelingen sollte, die bürgerliche Gesellschaft, diese Parasiten, dieses Pack von Ausbeutern und Meuchelmördern, Mittel und Wege finden wird, mich durch Meuchelmord zu beseitigen."

Vorsitzender: „Reden Sie doch nicht solchen Unsinn."

Hoelz: „Das ist kein Unsinn, das ist wahr."

Justizrat Dr. Broh (schlägt auf den Tisch): „Das ist ja unerhört, das ist kein ‚Unsinn'. Denken Sie doch an Liebknecht und die anderen!"

Hoelz (zum Vorsitzenden): „Wollen Sie nicht zugeben, daß es Ihnen höchst angenehm wäre, wenn man mich ermorden würde?"

Vorsitzender: „Das ist ja wieder Unsinn. Ich verbiete Ihnen, so dummes Zeug zu reden."

Hoelz: „Sie haben doch den Auftrag, mich wegen Mordes zu verurteilen. Leugnen Sie doch nicht. Warum lassen Sie denn nur Ihre bürgerliche Parasitenbande, die Ausbeuter und Aussauger, hier in den Saal herein? Weil Sie Angst haben vor dem revolutionären Proletariat. Warum lassen Sie denn nicht die Arbeiter, das Proletariat, in den Saal hinein, sondern umgeben sich mit der bewaffneten Macht? Weil Sie die Absicht haben, einen Mord zu konstruieren und mich zu erledigen."

Hoelz erklärt, daß er den Tod des Gutsbesitzers bedaure und daß er selbst überhaupt nicht geschossen habe. Er schildert aus seiner Sicht noch einmal den Vorfall am Abend des 30. März.

Darauf der Vorsitzende: „Heß ist von elf Kugeln getroffen worden, als er sich schon sechzehn Schritte vom Hause entfernt hatte. Zeuge Uebe bekundet, daß Sie selbst den ersten Schuß abgegeben haben, dann den Hund des Heß erschossen und dann noch einmal auf Heß gefeuert haben. Sie sollen dann noch ‚Salve' kommandiert haben."

Hoelz: „Ich bestreite das alles."

Als erste Zeugin hierzu wird nun die Witwe des Ermordeten, Frau Alice Heß, vernommen. Sie sagt aus: „Als ich in meinem Zimmer war, fiel ein Schuß, und ich sah, wie mein Mann auf dem Hofe zusammenbrach. Ich bat weinend, doch nicht auf meinen Mann zu schießen, Hoelz gab jedoch das Kommando ‚Salve', worauf mehrere Schüsse auf meinen Mann abgegeben wurden."

Vorsitzender: „Ist das nun ganz sicher, daß Hoelz das Kommando gegeben hat, zu schießen?"

Zeugin Heß: „Das habe ich ganau gehört."

Vorsitzender: „Haben Sie auch keinen Zweifel daran, daß es Hoelz war? Es hängt nämlich von Ihrer Aussage sehr viel ab."

Zeugin Heß: „Nein, daran habe ich keinen Zweifel."

Staatsanwaltschaftsrat Dr. Jaeger: „Als ich Sie vernommen habe und Sie in die Zelle kommen ließ, hatten Sie erst gesagt: Das ist der Mörder meines Mannes! Später schränkten Sie Ihre Angabe ein, daß Sie nicht genau sagen könnten, daß dies

Hoelz sei. Ich frage deshalb, weil Sie heute viel belastender für Hoelz aussagen als damals, als ich Sie vernahm."

Zeugin Heß: „Ich war damals noch zu erregt."

Staatsanwaltschaftsrat Dr. Jaeger: „Sie wollen also wohl sagen, daß Sie heute viel ruhiger sind und bei ruhiger Überlegung mehr sagen können als damals in Ihrer Erregung?"

Zeugin Heß: „Jawohl."

An einem weiteren Verhandlungstag wird von Sachverständigen, dem Chirurgen Regimentsarzt a. D. Dr. Arthur Schlesinger und dem Hofbüchsenmacher Barella, übereinstimmend bestätigt, daß auf dem Hof in Roitschgen Hülsen von Gewehrmunition, nicht aber von Pistolenkugeln gefunden wurden. Hoelz aber besaß, das ist erwiesen, kein Gewehr.

Dennoch, und obwohl das Sondergericht zugeben muß, daß Heß von den Arbeitern nicht mit Vorbedacht getötet wurde, fordert der Staatsanwalt für Hoelz wegen ebendieses Vorfalls in Roitschgen die Todesstrafe. Und das, obwohl er selbst in seinem Plädoyer erklärt, daß der Fall der Erschießung des Gutsbesitzers Heß ein „dunkler und zweifelhafter" bliebe.

Hoelz schreibt dazu: „Mein Verteidiger und ich hatten mit aller Bestimmtheit damit gerechnet, daß das Todesurteil gegen mich ausgesprochen und auch vollstreckt werde. Ich hatte mich mit dem Gedanken meiner Erschießung vollständig vertraut gemacht und erblickte darin gar nichts Besonderes mehr. Mein ganzes Denken konzentrierte sich nur darauf, daß ich nach dieser zermürbenden wochenlangen Verhandlung noch genügend Kraft haben möge, dem Erschießungskommando mit derselben Unerschrockenheit entgegenzutreten, die während des Prozesses und in den revolutionären Kämpfen meine Stärke war. Mein Hoffen und Wünschen kreiste immer nur um ein und denselben Punkt. Ich wünschte, daß mein Tod der kommunistischen Sache auf jeden Fall von Nutzen sein sollte."

Der Prozeß dauert etwa vierzehn Tage. Hoelz hat in diesem

Kampf – den er als ein Stück Klassenkampf ansieht – keine seiner Taten geleugnet, ja, er hat mehr auf sich genommen, als er wirklich getan hatte. „Es war meine selbstverständliche Pflicht", schreibt er in seinen Erinnerungen, „alle in anderen Orten vor den Sondergerichten stehenden Mitkämpfer zu entlasten", auch diejenigen, die wie Schneider fliehen konnten und sich in Sicherheit befanden. Schneider bescheinigt ihm dann auch ein „einwandfreies Verhalten vor Gericht", wo er es verstanden habe, den Prozeß zu einer wuchtigen Anklage gegen die Bourgeoisie auszunutzen.

Rechtsanwalt Hegewisch verweist in seinem Plädoyer insbesondere auf die Tätigkeit von Hoelz im Vogtland während und nach dem Kapp-Putsch und legt dar, daß Hoelz für die Ideale der Proletarier sein Leben aufs Spiel gesetzt hat. Er halte daher Festungshaft für die angemessene Strafe. Hegewisch beschäftigt sich dann hauptsächlich mit der Widerlegung der staatsanwaltlichen Mordkonstruktion.

Der Verteidiger Victor Fraenkl erklärt: „Wenn Hoelz, der zu allen seinen Taten sich offen bekannt hat, erklärt, daß er den Gutsbesitzer Heß nicht erschossen und auch nicht das Kommando hierzu gegeben habe, so ist es wahr, weil es eben Hoelz sagt. Die Bourgeoisie verlangt freilich mit indianerhafter Wildheit seinen Kopf, das Gericht ist aber nicht dazu da, dem Racheschrei Genüge zu leisten."

Und der dritte Verteidiger sagt: „Formell sitzt Hoelz auf der Anklagebank, und doch handelt es sich hier am allerwenigsten um seine Person. Er ist ein Stück Geschichte. Auf der Anklagebank sitzt das gesamte revolutionäre Proletariat Deutschlands. Und auf den Richtersesseln die Bourgeoisie."

Die Tage des Prozesses kosten Max Hoelz ein Höchstmaß an physischer und psychischer Anspannung. Die Verteidiger können nicht immer alle anwesend sein, weil gleichzeitig viele andere Prozesse gegen Genossen und Arbeiter aus Mitteldeutschland laufen. Die Flut der Hetze gegen Hoelz aber steigt von Tag zu Tag, denn die bürgerliche Presse veröffentlicht die ihn belastenden Aussagen in großer Aufmachung und strotzend von Verleumdungen. Auf dem Weg von der Zelle zum Verhandlungsraum bilden Aufseher Spalier, die Hoelz beim Vorbeigehen mit Fußtritten traktieren. Eine Pogromatmospäre wird geschaffen, in der Hoelz' Tod als beschlossene Sache gilt.

Am Ende der Verhandlung erhält Hoelz noch einmal das Wort zu seiner Schlußrede:

„Hoher, hochverehrter und hochehrwürdiger Ausnahme-Sondergerichtshof!" beginnt er.

Der Vorsitzende: „Ich werde Ihnen das Wort entziehen!"

Hoelz: „Das können Sie machen, wie Sie wollen, Sie haben die Gewalt. Es ist Jacke wie Hose, ob Sie mir zu Anfang, in der Mitte oder am Ende das Wort entziehen. Ich rede, so lange ich will, und ich rede, was mir paßt, und nicht, was Ihnen paßt. Wenn ich rede, so tue ich es nicht, um mich zu verteidigen, denn um sich zu verteidigen, muß man sich erst schuldig fühlen. Ich fühle mich nicht schuldig vor einem bürgerlichen Gericht.

Zu der Anklage des Herrn Staatsanwalts will ich kein Wort verlieren. Sie ist eine Leichenrede für die bürgerliche Gesellschaft; von ihr mag er sich das Honorar dafür zahlen lassen. Das Bürgertum schreit: Man verhandelt gegen eine Bestie, und ebenso klingt auch die Anklagerede aus. Nun gut, ich als Angeklagter, wie Sie mich nennen, obwohl ich Ankläger gegen die bürgerliche Gesellschaft bin, werde Ihnen diese Bestie sezieren, daß Sie ein Bild von ihr bekommen."

Er schildert dem Gericht seinen Lebensweg vom Landarbeiterkind bis zum Märzkämpfer 1921. Noch einmal geht er auf den Fall Heß ein. „Nicht einen einzigen Mord hat das revolutionäre Proletariat in Deutschland begangen", erklärt er. „Wie viele politische Morde hat die bürgerliche Gesellschaft Deutschlands auf dem Gewissen?" Hoelz erinnert an die Morde an Karl Liebknecht, Rosa Luxemburg, Leo Jogiches und anderen und sagt: „Alle die Genannten sind nicht im offenen Kampf gefallen, sondern hinterlistig ermordet worden. Sie legen mir einen Mord an dem Rittergutsbesitzer Heß zur Last. Rein menschlich bedaure ich die Tötung des Heß. Aber Heß ist nicht gemeuchelt worden, sondern ist in Verbindung mit einer revolutionären Aktion gefallen. Aber wo Sie die Macht haben, wurden aus dem Hinterhalt Hunderte von Proletariern erschlagen. Überall kennzeichnen blutige Spuren den Vormarsch der Reichswehr und Schupo." Dann führt er aus: „Es ist zweifellos richtig, was mein Verteidiger hier gesagt hat: Wenn Max Hoelz nicht mehr ist, dann werden andere Hoelzer kommen, die von Eisen sind ... Wie ist es denn heute? Zehn Maschinengewehre halten Tausende von Proletariern in Schach ... In dem Moment, in dem diese Proletarier ihre Furcht überwinden, wo sie, gezwungen durch Hunger oder durch überquellende Erbitterung, sich zu Tausenden mit bloßen Händen auf die Mannschaft stürzen, die die zehn Maschinen bedient, da ist es mit dieser Gewalt vorbei, auf die Sie heute noch pochen, und dann holt das waffenlose Proletariat sich die Waffen dort, wo sie in Haufen sind, und wendet sich damit gegen die Bourgeoisie.

Was hier die Art des Prozesses anbelangt, so stieg mir, meine Herren Richter, bei Ihrem Anblick eine Kindheitserinnerung auf, die Erinnerung, da ich das einzige Mal als Kind in ein Theater kam. Es war dies ein Marionettentheater. Die Schauspieler waren aus Holz geschnitzt. Gerade so erschienen Sie, die Richter, mir.

Wenn Sie heute über mich das Urteil fällen, so betrachte ich das als ein Schulexamen. Verurteilen Sie mich zu zehn Jahren Zuchthaus, so habe ich Zensur Nr. 4; lebenslänglich Zuchthaus wäre Nr. 1; Todesstrafe 1a. Die bürgerliche Ehre, die Sie mir absprechen wollen, existiert für mich nicht. Ich würde mich schämen, wenn Sie sie mir zusprechen würden. Für mich gibt es nur eine proletarische Ehre. Das ist die Ehre der unbedingten Solidarität mit dem Proletariat, und diese Ehre können Sie mir nicht absprechen.

Sie sagen, Sie fürchten sich nicht vor mir und meinen Genossen. Ich kann nicht wissen, ob dies stimmt; aber beweisen Sie es doch dadurch, daß Sie gegen Ihre eigenen Klassengenossen solche Urteile zu sprechen wagen wie gegen die Proletarier!"

Der Vorsitzende unterbricht und entzieht ihm das Wort.

Hoelz: „Ihr könnt das Wort verbieten, aber nicht den Geist!"

Vorsitzender: „Der Angeklagte ist einstweilen abzuführen."

Hoelz: „Es lebe die Weltrevolution!"

Unter Mißhandlungen schleppen ihn Polizisten aus dem Saal.

Drei Tage später tritt das Gericht erneut zusammen, um das Urteil zu verkünden. Max Hoelz wird wegen Hochverrats in Tateinheit mit Totschlag und versuchtem Totschlag und wegen Verbrechen gegen das Sprengstoffgesetz sowie anderer Delikte zu lebenslänglichem Zuchthaus und dauerndem Ehrverlust verurteilt. Hoelz ruft aus: „Es kommt der Tag der Freiheit und der Rache – dann werden wir die Richter sein!"

# Im Steinsarg lebendig begraben

„Lebenslänglich Zuchthaus!" schreibt der Dichter Erich Mühsam in einer Broschüre der Roten Hilfe. „Wißt ihr, gute Bürger, was das bedeutet? Ahnt ihr, was es heißt, wenn ein Mensch, lebenshungrig wie ihr, strotzend an Kraft und Leidenschaft, durchglüht vom Verlangen zu schaffen, zu helfen, zu fördern, zu bauen, liebend und geliebt – wenn ein solcher Mensch wie ein erjagtes Raubtier eingegittert fern von der bewegten Welt in kahler Zelle, bei karger, abwechslungsloser, unbekömmlicher Kost, einsam und den Launen feindseliger Menschen preisgegeben, bewacht bei der Arbeit, bei den kurzen reglementierten Rundgängen in der gar nicht frischen Luft des Gefängnishofes, immer allein und nie ganz allein – dafür sorgt das Spähloch in der Zellentür –, unfroh und tatlos verkümmern muß?"

Was die Worte „lebenslänglich Zuchthaus" bedeuten, was alles sich hinter diesem Begriff verbirgt, kann auch Hoelz in den ersten Tagen nach dem Urteil noch nicht überblicken. Für ihn beginnt ein langer und schmerzlicher Leidensweg. „Wenn ich gewußt hätte", sagte er später, „daß ich fast acht Jahre im Zuchthaus werde bleiben müssen – ich hätte es wahrscheinlich nicht lebendig betreten." Doch für Hoelz ist das Zuchthaus in diesen langen Jahren nicht nur eine Stätte des Leidens, der Drangsal, der Roheit der Bewacher, es ist zugleich die Stätte des Kampfes für seine Befreiung, für die Befreiung aller politischen Gefangenen, gegen die Ungerechtigkeit und Unmenschlichkeit in jeder Form.

Hat er bisher mit Erfolg den Prozeß für seine politische

Arbeit genutzt und den Klassencharakter der Justiz für viele Arbeiter sichtbar gemacht, so führt er nun den Kampf als Gefangener weiter. Die demokratische Öffentlichkeit im ganzen Land ist empört über die Einseitigkeit der Rechtsprechung zuungunsten der Arbeiter und zugunsten der rechten Putschistengenerale und Offiziere. Bereits während der Verhandlung finden in Berlin Demonstrationen für Max Hoelz statt. Bei Theateraufführungen der „Weber" von Gerhart Hauptmann kommt es zu demonstrativen Sympathiekundgebungen, in denen die Freilassung von Hoelz gefordert wird.

Die Verurteilung zu lebenslänglichem Zuchthaus führt zur Solidarisierung weiter Kreise, besonders auch der Arbeiterklasse, mit Max Hoelz, der die höchste Strafe von allen Teilnehmern an den Märzkämpfen erhielt. Immer neue Legenden ranken sich um seine Person. Der zu lebenslänglicher Haft verurteilte Hoelz wird in den folgenden Jahren der Weimarer Republik zur Symbolfigur für den Kampf und die Freilassung der politischen Häftlinge. Hymnen werden auf ihn gedichtet. In einer Zeitschrift schreibt eine überschwengliche Anhängerin: „Hoelz, Du unser Bruder, unser Blut, ich küsse Dir die Hände, die Wunden, die man Dir schlägt für uns alle . . . Dir, Hoelz, Bruder, werden Dichter und Sänger erstehen, weil Du das Leben bist und die Zukunft!"
Ein solcher Dichter schreibt:

Dem ersten Soldaten, Max Hoelz, zugeeignet.

Du Leib an Leib, du Hand an Hand,
Du Welle, aus dem Licht geboren,
Du Glanz in unserm nächt'gen Land,
Du Atem, Lebenden verschworen.

Erhebe uns in einen Tag,
Der vor den finstern Wolken weilet.

Ruf, Stimme, alle Herzen wach,
Damit die lange Nacht sich eilet.

Wohlan, die Zukunft ist bestellt,
Die Welt wird wieder wie ein Garten.
Wer unsere warmen Hände hält,
Der soll nicht lange warten.

*Wilhelm Stolzenburg*

Am 14. Juli wird der so Besungene in Ketten von Berlin-Moabit nach Münster in Westfalen gebracht, weil „in Münster nur fromme Katholiken wohnen und keine Kommunisten", wie die Bewachung ihm zynisch erklärt. Auf der fünfzehnstündigen Fahrt, die wie nach einem Generalstabsplan abläuft, begleitet ihn sein Verteidiger, um zu verhindern, daß Max Hoelz wie viele andere Revolutionäre „auf der Flucht" erschossen wird.

Bei Einbruch der Dunkelheit kommt die Autokolonne, die für Hoelz' Transport aufgeboten wurde, in Münster an. Als sich die Tür hinter ihm schließt und er sich in der Zelle umsieht, verläßt ihn alle Hoffnung auf eine baldige Änderung seines Schicksals, und das unbeschreibliche Grauen des Wortes „lebenslänglich" schiebt sich vor sein Denken. Er schreibt: „Ich warf mich auf die eiserne Pritsche, ich war müde und konnte doch nicht einschlafen. Um die drei- und vierfachen Gitter nicht sehen zu müssen, deren Schatten durch das spärliche, vom Hof einfallende Licht auf die Decke der Zelle geworfen wurden, zwang ich mich, die Augen zu schließen. Vier Monate war ich in der Tschechoslowakei im Zuchthaus interniert gewesen, hatte vier Monate in einer sogenannten Mörderzelle in Moabit zugebracht und doch nie zuvor dieses Herz und Hirn zerfressende furchtbare Grauen empfunden wie in meiner ersten lebenslänglichen Zuchthausnacht."

Im Zuchthaus Münster soll nun Hoelz eines langsamen Todes sterben. Doch mit ihm zieht ein revolutionärer Geist in die Kerkermauern ein. Viele der Gefangenen, die dort, vom Leben abgeschnitten, ihre Strafe verbüßen, stehen an seiner Seite im Kampf gegen den Strafvollzug und die Schikanen des Zuchthausdirektors. Wenn es nach dem Willen seiner Richter geht, dann soll Max Hoelz für den Rest seines gerade zweiunddreißigjährigen Lebens im Schatten einer „Hausordnung" von 1903 dahinsiechen. Darin heißt es:

„Du bist ein gefangener Mann! Die eisernen Stäbe Deines Fensters, die geschlossene Tür, die Farbe Deiner Kleidung sagt Dir, daß Du Deine Freiheit verloren hast. Gott hat es nicht leiden wollen, daß Du länger Deine Freiheit zur Sünde und zum Unrecht mißbrauchst; darum rief er Dir zu: ‚Bis hierher und nicht weiter!'"

Paragraph 1: „Den Gefangenen ist alles verboten, was gegen die gute Sitte oder die Gesetze des Staates verstößt. Verlangt wird von ihnen vor allen Dingen Gehorsam, Wahrhaftigkeit, Fleiß, Ordnung, Reinlichkeit, Wohlanständigkeit."

Die anderen Paragraphen schreiben vor: „Den Gefangenen wird das Haar kurz geschoren und der Bart abgenommen ... Den Gefangenen steht ein rechtlicher Anspruch auf Gewährung einer Arbeitsbelohnung nicht zu; dieselbe ist vielmehr nur ein Geschenk ... Die Beköstigung des gesunden Gefangenen besteht aus:

morgens 1/2 Liter Kaffee,
mittags 1 Liter Mittagsgericht,
abends 3/4 Liter Suppe
und täglich 550 Gramm Brot."

Als Strafen sind unter anderem vorgesehen:

- Entziehung des Bettlagers für die Dauer einer Woche;
- Schmälerung der Kost ... durch Beschränkung auf Wasser und Brot einen um den anderen Tag;
- Fesselung für die Dauer von vier Wochen an den Händen durch einfache Handschellen sowie durch Handschellen an einer fünfzig Zentimeter langen Stange, an den Füßen

durch Fesselung an einem Fuß oder an beiden Füßen durch Beinschellen und Kette, an Händen und Füßen zugleich;
– körperliche Züchtigung bis zu dreißig Hieben.

Am zweiten Tag nach seiner Einlieferung wird Hoelz zum erstenmal zusammen mit vierzig anderen Gefangenen für eine halbe Stunde auf den Hof geführt, in die sogenannte Freistunde. Kein Strauch, kein Baum, kein Gras belebt das trostlose Bild. Im Abstand von fünf Schritten trotten die Männer wie Karussellpferde im Kreis herum. Alle fünfzehn bis zwanzig Meter ein Aufseher, der darauf achtet, daß keiner der Gefangenen ein Wort spricht. Durch Zeichensprache versuchen die Gefangenen sich zu verständigen. Trotzdem: Diese halbe Stunde im Hof ist die einzige Möglichkeit für Hoelz, andere Menschen zu sehen.

Schon in den ersten Wochen spürt er, daß die Zuchthausluft auf ihn zermürbend wirkt. Er leidet unter Kopfschmerzen, „als ob mein Schädel in einen Schraubstock gepreßt und mit Hammer und Meißel bearbeitet würde". Um sich von den Schmerzen abzulenken und eine menschliche Stimme zu hören, beginnt er laut Verse zu rezitieren: Herwegh, Freiligrath, Erich Mühsam ...

Die Aufseher sehen darin eine Verletzung der Anstaltsordnung; sie schleppen ihn, der nur mit einem kurzen Leinenhemd bekleidet und barfüßig ist, mit Gewalt auf den Gang. Zwei drehen ihm die Arme in den Gelenken um, die anderen schlagen ununterbrochen auf ihn ein; der eine bearbeitet mit dem schweren Schlüsselbund Hoelz' Kopf, der andere schlägt ihm mit dem Seitengewehr auf Rücken und Gesäß. Abwechselnd treten sie ihn mit den schweren Stiefeln in die Kniekehlen – bis er zusammenbricht. Dann schleifen sie ihn in den Keller. Sein Hemd hängt ihm als loser Fetzen am Leib; er blutet stark. So werfen sie ihn in die sogenannte Tobzelle, die bei den Gefangenen die Bezeichnung „Folterkammer" trägt. Hier gibt es nicht einmal eine Decke, und es ist noch enger als in den Gefängniszellen. Es ist kalt, ein mörderischer Gestank liegt in der Luft. Kein Zweifel: Hoelz soll „fertiggemacht“ werden, was in der Zuchthaussprache bedeutet, daß ein Gefangener durch schwere körperliche und seelische Mißhandlung zum Irrsinn getrieben wird.

Aus dieser ersten Zeit in Münster gibt es kaum Briefe oder andere Lebenszeichen von Hoelz. Wir sind weitgehend auf seine persönlichen Erinnerungen angewiesen, die er 1928 niederschrieb. Auch wenn sein Buch „Vom ‚Weißen Kreuz‘ zur roten Fahne“ als Anklage gegen die reaktionäre deutsche Justiz gedacht ist, können wir doch davon ausgehen, daß Hoelz weder übertrieben noch Vorfälle frei erfunden hat. Seine Erfahrungen decken sich mit denen von Tausenden anderen politischen und Zehntausenden kriminellen Gefangenen, die in den Zuchthäusern der Weimarer Republik Jahre ihres Lebens lebendig begraben waren. Gegen die politischen Gefangenen richtet sich die besondere Wut der zum großen Teil aus dem Kaiserreich übernommenen Beamten, und unter diesen wiederum nimmt Max Hoelz eine Sonderstellung ein. Er beschreibt an verschiedenen Stellen seines Buches, wie er gequält wird. Nie bleibt er ohne Bewacher, Tag und Nacht wird er beobachtet, selbst die kleinsten Vergünstigungen werden ihm entzogen, er erhält stets nur trockenes Brot, seine Post wird ihm oft über lange Zeit vorenthalten ... Selbst der Präsident des Strafvollzugs von Brandenburg muß zugeben, daß in ganz Deutschland kein zweiter Gefangener sei, der so isoliert gehalten wird wie Max Hoelz. Manches an dieser Behandlung ist auf die ungeheure Verhetzung der Beamten zurückzuführen, denen die schlimmsten Greuelmärchen über den Gefangenen erzählt werden. Als er in der schon erwähnten Tobzelle sitzt und schrecklich unter der Kälte leidet, bittet er die Beamten, ihm wenigstens eine Decke zu geben. Doch sie antworten: „Häng dich auf, du Lump, du hast in München sechzehn Beamten die Augen ausgestochen.“ Hoelz war in seinem Leben nie in München gewesen und hatte natürlich nie jemandem die Augen ausgestochen oder Beamte irgendwie mißhandelt.

Hoelz schreibt, daß diese erste Nacht in der Folterkammer, der noch viele folgen sollten, seelisch und körperlich die grauenhafteste Qual seines bisherigen Lebens war. Nicht die schweren Mißhandlungen durch die Aufseher waren das schlimmste, sondern daß er so nackt und hilflos in der dunklen Zelle allein war.

Die Folge dieser Strapazen sind bald ein schwerer Nervenzusammenbruch. Hoelz berichtet, daß ihm schon der geringste Anlaß Tränen in die Augen trieb. Er fürchtet, wahnsinnig zu werden, er versucht sogar, sich in seiner Zelle zu erhängen. Der Aufseher schneidet ihn ab, als er schon die Besinnung verloren hat.

Mitgefangene, die Zeugen seiner Mißhandlungen wurden, schildern die Torturen in Kassibern, die nach draußen gelangen und in linksstehenden Zeitungen abgedruckt werden. Die Partei schickt den Genossen Hegewisch, der Hoelz vor Gericht als Rechtsanwalt zur Seite gestanden hatte, in die Strafanstalt. Der Zuchthausdirektor streitet jede Mißhandlung ab – aber auf dem Rücken von Hoelz sind noch nach Wochen deutliche Spuren zu erkennen.

Hoelz tritt in den Hungerstreik, um seine Überführung in eine andere Haftanstalt zu erzwingen, denn es ist klar, daß der Direktor in Münster beabsichtigt, den Gefangenen langsam, aber sicher zugrunde zu richten. Da er nicht einmal Trinkwasser aufnimmt, bekommt er Fieber. Sein Körper brennt wie Feuer, die trockenen Lippen platzen auf, und er kann nicht mehr sprechen, nicht einmal flüstern.

Um diese Zeit besucht der Genosse Walter Stoecker, einer der leitenden Funktionäre der KPD, die Gefangenen in Münster, darunter auch Max Hoelz. Als ihm der Direktor eine Kostprobe von dem Gefängnisessen anbietet, über das Hoelz sich beschwert hat, sagt Stoecker: „Ich danke, Herr Direktor, ich kenne diese Proben vom Militär her.“ Genosse Stoecker informiert sich gründlich über die Verhältnisse in Münster und die Lage von Hoelz und berichtet dann der Partei darüber.

Eines Tages wird ein Gefangener in Hoelz' Zelle gelegt, um ihn zu bespitzeln. Der Mann ist ein übel beleumdeter Hochstapler, der Hoelz mit seinen Prahlereien bald auf die Nerven geht. Hoelz beantragt, den Gefangenen wieder herauszunehmen. Sein Antrag wird abgelehnt. Da nimmt Hoelz den Kampf gegen die Zuchthausordnung auf. Er nennt es die „Kampfmethode der Obstruktion“ und geht davon aus, daß eine Zuchthausverwaltung einen „normalen“ Strafvollzug nur durchführen kann, wenn Kirchhofsruhe in der Anstalt herrscht. Jede Störung im bis ins kleinste geregelten Tagesablauf und jede Unruhe hemmt das Räderwerk der Strafvollzugsmaschinerie.

Eine planmäßig betriebene und mit Ausdauer durchgeführte Störung mußte wie Sand im Getriebe des Motors wirken. Hoelz berichtet am 2. Juli 1922, daß er „schwersten körperlichen und seelischen Mißhandlungen ausgesetzt“ sei. Und er protestiert gegen die fortgesetzte körperliche und seelische Folterung, indem er laut durch das Zellenfenster die Verse von Herwegh, Schönlank, Freiligrath und anderen rezitiert. Mitten in der Nacht beginnt er. Mit der lauten Stimme, mit der er auf Kundgebungen gesprochen hat, als es noch keine Mikrofone gab, deklamiert er aus dem Zellenfenster in den Hof hinaus alle revolutionären Verse und Lieder, die er auswendig kennt. Es wirkt wie eine ansteckende Krankheit. Ein Teil der aufgeschreckten Gefangenen beginnt mitzubrüllen, andere beschweren sich über die Störung und trommeln mit Schemeln gegen die Zellentüren. Die wenigen Nachtaufseher rennen aufgeregt hin und her, hämmern gegen die Türen und gebieten Ruhe. Aber niemand kümmert sich darum.

Natürlich beantwortet die Direktion tags darauf seine Obstruktion mit schwerer Bestrafung, mit neuem Arrest, wiederum in der Tobzelle. Hoelz aber nimmt das in Kauf, geht es ihm doch nicht allein darum, den unangenehmen Zellengenossen loszuwerden.

Er will aber auch aus Münster weg, wo man ihn mißhandelt und von wo aus, durch die große Entfernung von Berlin, die Bemühungen um eine Wiederaufnahme des Prozesses erschwert werden, weil Zeitverlust und Reisekosten der Anwälte zu groß sind.

Der Schriftsteller Ernst Toller berichtet in der „Weltbühne" über einen Brief, den Max Hoelz am 24. Juli 1922 an seinen Verteidiger schrieb. Darin heißt es: „Das Grundgesetz meines Wollens und Handelns lautet: Jeder hat das Recht zum Leben und die Pflicht, andern zu helfen. Ich habe stets in meinem Leben den Hauptwert auf die Erfüllung und Verwirklichung der zweiten Hälfte meines Grundgesetzes gelegt: auf die Pflicht, andern zum Leben zu verhelfen. Was ich früher rein instinktiv, aus dem bloßen Gefühl heraus, für meinen Nächsten tat, das tue ich heute aus klarer Erkenntnis ... Ich begnüge mich nie mit der bloßen Erkenntnis einer Notwendigkeit, sondern ich suche das einmal Erkannte nach Kräften zu verwirklichen. Ich kämpfe den revolutionären Kampf nicht um des Kampfes willen. Nachdem ich habe erkennen lernen müssen, daß das Ziel der Menschenbefreiung nicht auf dem Wege des großen Nazareners erreicht werden kann, ziehe ich aus meiner Erkenntnis die notwendigen Konsequenzen und handle danach, auch wenn sich die Handlungen gegen mein Gefühl und Empfinden richten. Ich rechne mich zu den Menschen, die unbeschreiblich glücklich sein würden, wenn jeder Kampf des Menschen aufhörte. Ob dies jemals möglich wird, wage ich nicht zu entscheiden. Ich halte es aber für meine Pflicht, nach Kräften dahin zu wirken, daß die gröbsten und sichtbarsten Ursachen des Kampfes des Menschen gegen Menschen beseitigt werden. Diese gröbsten und sichtbarsten Ursachen erblicke ich vor allem in der Tatsache des Privateigentums an Grund und Boden, an den Produktionsmitteln ...

Was nützen der Menschheit die herrlichen Geistesschöpfungen und Ideale eines Sokrates, eines Rousseau, eines Kant, Fichte, Marx, wenn sie nur Ideen, nur Worte, nur tote Buchstaben bleiben. Wenn sie nicht zum lebendigen Leben, zur befreienden Tat verwirklicht werden."

„Niemand", schreibt Toller, „wird sich der Kraft dieser Worte entziehen können. Aus solchem Bekenntnis wird sichtbar, spürbar das Anlitz eines Menschen, dem es ernst ist um sein Tun, der aus letzter gläubiger Verpflichtung seinen Weg geht, um das Tragische jeder Revolution wissend und ihr dennoch glühend vertrauend."

Die Kommunistische Partei führt in dieser Zeit mit juristischen und parlamentarischen Mitteln einen langen und zähen Kampf für die Befreiung Max Hoelz' und aller politischen Gefangenen. Die im Kampf um die Amnestie für die politischen Gefangenen gebildete Rote Hilfe spielt dabei eine wichtige Rolle. Sie wurde als Antwort auf den Terror gegen die Märzkämpfer, zur Unterstützung der Verhafteten und ihrer Angehörigen ins Leben gerufen und gewinnt schnell an Bedeutung und an Mitgliedern.

Ende 1921 wendet sich Hoelz in einem Brief an die „Rote Fahne", in dem er sich von dem Abenteurertum der KAPD und anderer linker Sektierergruppen abwendet und sich zur Politik der Kommunistischen Partei Deutschlands bekennt. Dennoch hat es auch später nicht an Versuchen von ultralinken Kräften gefehlt, Max Hoelz für ihre Sache einzuspannen. Doch Hoelz' Bekenntnis ist eindeutig. Er werde nie, nie sich von der Partei trennen, sagt er später einem Reporter, der ihn im Zuchthaus besucht. Man schlägt ihm vor, einen Hoelz-Bund zu gründen. Er lehnt diesen und ähnliche Vorschläge strikt ab. In einem Brief an den sozialdemokratischen „Vorwärts" schreibt er, daß er „organisatorisch, ideologisch und seelisch unlösbar mit der KPD und der ‚Roten Hilfe' verbunden" sei.

Noch während des Hoelz-Prozesses beginnt in Moskau der

III. Weltkongreß der Kommunistischen Internationale, der sich auch ausführlich mit den Märzereignissen in Deutschland befaßt. Mitten in die Beratung hinein kommt die Nachricht von dem Schandurteil in Berlin, das Hoelz zu lebenslanger Haft verdammt. Genosse Wilhelm Koenen, der die Verhandlung an diesem Tag leitet, teilt den über sechshundert Delegierten aus fünfzig Ländern mit, daß das Kongreßbüro vorschlägt, eine Grußbotschaft für Max Hoelz zu beschließen. Genosse Radek sagt dazu: „Genossen! Der Name Max Hoelz, der gestern in Berlin zu lebenslänglichem Zuchthaus verurteilt worden ist, ist nur unseren deutschen Genossen geläufig. Nur den deutschen Genossen ist etwas Näheres über die Persönlichkeit Max Hoelz' bekannt ... Die Genossen aus den anderen Ländern wissen über Max Hoelz nur das, was die bürgerlichen Zeitungen über ihn berichtet haben. Wir halten es für unsere Pflicht, in dem Moment, wo die Bourgeoisie Deutschlands diesen tapferen und ehrlichen Revolutionär als einen gewöhnlichen Banditen und Räuber zu lebenslänglichem Zuchthaus verurteilt hat, für Max Hoelz als einen Revolutionär und Kommunisten einzutreten. (Lebhafter Beifall.)

Die Taktik von Hoelz war nicht unsere Taktik. Hoelz ist schon in den Märzkämpfen des Jahres 1920 seine eigenen Wege gegangen ... Hoelz hat auch jetzt während der Märzkämpfe vieles getan, was vom Standpunkt der kommunistischen Strategie nicht zweckentsprechend war und auch nicht vom Standpunkt der Taktik der Partei ... Aber wir stehen zur Lauterkeit des Wesens von Hoelz, und sein Haß gegen die Bourgeoisie ist unser Haß. Aus diesem Grund schlage ich im Namen des Engeren Bureaus vor, folgende Kundgebung an das deutsche Proletariat zu richten:

An das deutsche Proletariat! Zu den 2000 Jahren Zuchthaus und Gefängnisstrafen, die die deutsche Bourgeoisie über die Märzkämpfer verhängt hat, gesellt sie die Verurteilung Max Hoelz' zu lebenslänglichem Zuchthaus. Die Kommunistische Internationale ist Gegnerin des individuellen Terrors und der Sabotageakte, die nicht direkten Kampfeszwecken im Bürgerkrieg dienen. Sie ist Gegnerin eines von der politischen Leitung des revolutionären Proletariats unabhängig geführten Freischärlerkrieges. Aber die Kommunistische Internationale sieht in Max Hoelz einen mutigen Rebell gegen die kapitalistische Gesellschaft, deren Zucht sich in Zuchthäusern, deren Ordnung sich in dem Wüten der Ordnungsbestie ausdrückt. Seine Taten waren nicht zweckentsprechend. Der weiße Terror kann nur durch den Aufstand der Arbeitermasse gebrochen werden, der allein imstande ist, den Sieg des Proletariats zu verwirklichen. Aber seine Taten entspringen der Liebe zum Proletariat, dem Haß gegen die Bourgeoisie.

Darum sendet der Kongreß Max Hoelz brüderliche Grüße, empfiehlt ihn dem Schutze des deutschen Proletariats und spricht die Hoffnung aus, daß an dem Tage, wo die deutschen Proletarier die Tore zu seinem Gefängnis sprengen werden, er in Reih und Glied der Kommunistischen Partei Deutschlands für die Sache der Befreiung der deutschen Arbeiter kämpfen wird! (Lebhafter Beifall)

Genossen! Wird sind überzeugt, daß Hoelz die Strafe nicht abbüßen wird. Wir sind überzeugt, daß der Arm der deutschen Bourgeoisie, wenn sie nicht zum Revolver, zum Meuchelmord greift, erlahmen wird. Wenn Hoelz in dieser Zeit der Gärung seinen Platz nicht finden konnte in den Reihen der noch nicht vollkommen geeinigten proletarischen Massen, so sind wir der festen Überzeugung, daß der Tag kommen wird, wo wir ihn begrüßen werden als unseren Kämpfer, als einen Kämpfer in unseren Reihen, der sich dem allgemeinen Willen unterzuordnen und mit derselben Begeisterung in unseren Reihen kämpfen wird, mit der er bisher seine eigenen Wege ging. (Lebhafter Beifall.)“

Die Grußbotschaft wird nach Diskussion einstimmig angenommen.

Der Kampf um die Freilassung von Max Hoelz und aller politischen Gefangenen nimmt in der kommenden Zeit einen breiten Raum in der politischen Arbeit der KPD ein. Hoelz wird zum Sinnbild des gefangenen Revolutionärs schlechthin. Sein Name verkörpert den Kampf und die Leiden Tausender gefangener Revolutionäre.

Zuerst geht es der Partei darum, gegen die Kriminalisierung der politischen Gefangenen aus den Märzkämpfen anzutreten, indem deren politische Motivationen sichtbar gemacht werden. Dagegen versucht die Reaktion, unterstützt von rechten sozialdemokratischen Führern, Hoelz und die anderen Märzkämpfer als Verbrecher abzustempeln.

Dies wird auch deutlich in der 156. Sitzung des Preußischen Landtages am 26. Juni 1922, in der es um die politischen Gefangenen geht. Der Abgeordnete Heilmann von der SPD – später wird er unter grausamsten Folterungen von den Hitlerfaschisten im Konzentrationslager ermordet – ist der Hauptsprecher der Fronde gegen Max Hoelz. Es geht um eine Amnestie für politische Straftaten, die der Reichsjustizminister angekündigt hat und die auch für Preußen Gesetz werden soll. Ein Abgeordneter der KPD fordert spontan: „Gebt Hoelz frei!" Darauf beginnt eine erhitzte Debatte, von der wir hier nach dem Protokoll einen Ausschnitt wiedergeben wollen.

Heilmann: „Nein, gerade Max Hoelz geben wir nicht frei, wenn Sie es durchaus wissen wollen, gemeine Verbrecher freizulassen haben wir nicht im mindesten die Absicht." („Sehr richtig!" bei den Sozialdemokraten, Pfuirufe bei den Kommunisten.)

Abgeordneter Scholem, KPD: „Max Hoelz ist ein politischer Kämpfer gewesen!"

Abgeordneter Heilmann, SPD: „Wer den politischen Kampf dazu ausnutzt, um Banken und Postämter zu plündern . . ." (erneute lebhafte Zurufe bei den Kommunisten. Große Unruhe – Glocke des Präsidenten.)

Präsident Leinert, den Redner unterbrechend: „Meine Damen und Herren, ich bitte um Ruhe."

Heilmann, Berlin, fortfahrend: „Wer den politischen Kampf dazu ausnutzt, um Banken und Postämter auszuplündern, um das erbeutete Geld für sich einzustecken (was Hoelz nicht einmal vom politischen Sondergericht vorgeworfen wurde – Anm. M. G.), dem glauben wir seine idealistischen Redensarten nicht, daß er für die Befreiung des arbeitenden Volkes kämpft, den können wir für einen ehrlichen politischen Kämpfer nicht halten ... (Lachen und Zurufe bei den Kommunisten), lehnen wir die Begnadigung gemeiner Verbrecher ab." („Sehr richtig!" bei den Sozialdemokraten. Neue Zurufe bei den Kommunisten.)

Gegen diese Verleumdung von Hoelz und gegen die Kriminalisierung politischer Aktionen wendet sich am nächsten Tag die „Rote Fahne", das Zentralorgan der Kommunistischen Partei Deutschlands. In dem Beitrag heißt es: „Es kommt eben den Gegnern darauf an, revolutionäre Proletarier als gemeine Verbrecher abzustempeln und sie ins Zuchthaus zu bringen. Dieser Tendenz der heutigen Justiz gilt es entgegenzuarbeiten. Eine Justiz, welche Karl Liebknecht, Leviné, Hoelz und andere Kämpfer der Arbeiterbewegung als gemeine Verbrecher zu Zuchthaus und Todesstrafe verurteilt, während sie die Mörder aus dem Eden-Hotel (Zentrale der Mörder von Karl Liebknecht und Rosa Luxemburg – Anm. M. G.) und andere mit geringen Strafen davonkommen ließ, verdient das allerschärfste Mißtrauen des Proletariats, auch wenn sie gemeine Verbrecher zu verurteilen vorgibt. Vor allen Dingen aber hat der Proletarier die Pflicht, sich selbst von den Vorurteilen der bürgerlichen Ideologie frei zu machen. *Der revolutionäre Kämpfer muß stets der Solidarität des gesamten Proletariats gegenüber der Bourgeoisie gewiß sein, auch wenn der Weg, auf welchem er dahinschreitet, ein Irrweg ist.*"

# Von Münster nach Breslau

Anfang September 1922, als Max Hoelz in Münster noch immer unter schwersten Repressalien um seine Verlegung in ein anderes Zuchthaus kämpft, finden in verschiedenen Orten Kundgebungen der KPD für seine Befreiung statt. So am 1. September in Oelsnitz im Vogtland. Die Presse berichtet darüber: „Um acht Uhr abends beginnt im Schützenhaus die von der KPD einberufene öffentliche Volksversammlung. Es spricht der Genosse Siewert aus Chemnitz zu dem Thema: Was wird aus Max Hoelz?"

Vor den zahlreichen Veranstaltungsteilnehmern gibt Genosse Siewert bekannt, daß der kommunistische Reichstagsabgeordnete Remmele mehrfach bei der Zuchthausdirektion darum nachgesucht habe, mit Hoelz persönlich über dessen Behandlung im Zuchthaus sprechen zu dürfen. Von der Direktion wurde dem Reichstagsabgeordneten jedoch der Zutritt verweigert, und nun, so sagt der Redner, sei es an der Zeit, mit allen zur Verfügung stehenden Mitteln die Befreiung von Hoelz aus dem Zuchthaus zu erzwingen. In der Öffentlichkeit ist zur Genüge bekannt, welche unmenschliche Behandlung Hoelz im Zuchthaus ertragen muß.

Durch den Bericht des Gendarmerieoberwachtmeisters Hahn wissen wir Näheres über die Versammlung: So, daß sie von etwa tausendeinhundert Menschen besucht war und ruhig verlief. Während der Versammlung überreichte der Versammlungsleiter Dittmar (der mit Hoelz gemeinsam im Vogtland gekämpft hat) eine Resolution zur Weiterleitung an die Reichs- und an die Sowjetregierung, die in der Erinnerung des Polizeispitzels etwa folgendermaßen lautet: „Die Kommunistische Partei fordert eine bessere Behandlung des Genossen Hoelz, zweitens eine sofortige Versetzung des Zuchthausdirektors oder anderweitige Unterbringung des Genossen Hoelz. Im Hinblick auf die Mißhandlungen von Hoelz wird von der Versammlung beschlossen, am Sonntag gemeinsam zu demonstrieren." Das geschieht auch.

Am Sonntagvormittag, gegen zehn Uhr, beginnt die Demonstration, an der sich besonders viele Jugendliche beteiligen. Die Demonstranten führen rote Fahnen mit und versammeln sich anschließend auf dem Marktplatz, wo ein Stadtverordneter und ein Genosse aus Chemnitz sprechen.

Immer wieder bemüht sich die Führung der Kommunistischen Partei, mit dem Genossen Hoelz in Verbindung zu kommen. Über die meisten dieser Bemühungen erfahren wir nur aus den Polizeiakten, die jede Aktivität registrieren. Dort findet sich auch ein Brief der Zuchthausbehörde an den Abgeordneten des Deutschen Reichstages Hermann Remmele, in dem es heißt: „Ihrem mündlich vorgetragenen Wunsch, Vertretern der Kommunistischen Partei die Erlaubnis zu erteilen, den Strafgefangenen Hoelz in Abwesenheit von Strafanstaltsbeamten zu sprechen, vermag ich nicht stattzugeben."

Unter der Drucksache 5234 des Deutschen Reichstages, erste Wahlperiode 1920 bis 1922, finden wir den Antrag des Abgeordneten Wilhelm Koenen und seiner Genossen. In etwas umständlichem Parlamentsdeutsch heißt es da: „Der Reichstag wolle beschließen: Die Reichsregierung zu ersuchen, bei dem preußischen Staatsminister dafür zu wirken, daß angeordnet wird, daß der Strafvollzug gegen den politischen Gefangenen Max Hoelz wegen der schweren Nervenzerrüttung, die bei ihm infolge des Strafvollzugs, der Unterbringung in der Tobzelle und von anderen körperlichen und seelischen Mißhandlungen eingetreten ist und wegen der sich hieraus ergebenden Haftunfähigkeit sofort unterbrochen wird. Berlin, 16. November 1922. Koenen und Fraktion."

In seiner 187. Sitzung am 20. November 1922 berät auch der Preußische Landtag über einen Antrag der KPD auf Unterbrechung des Strafvollzugs, eingebracht von dem Abgeordneten Schumann. Die Sprecher der KPD-Fraktion begründen den Antrag und klagen die preußische Justizverwaltung an, die von dem Sondergericht verurteilten und besonders schlecht behandelten Märzkämpfer bei der Amnestie geprellt und getäuscht zu haben. In der gleichen Sitzung informieren die kommunistischen Abgeordneten über das Ansinnen des Gefängnisdirektors Scheidges in Münster, der Hoelz zu einer Erklärung zu bewegen suchte, die seine Verteidiger so wiedergeben: „Der Direktor verlangte von ihm, daß er zugeben soll, an die Spitze der Märzkämpfer 1921 hätten sich nur die Juden gestellt, und Hoelz hätte sich von diesen Juden gebrauchen lassen.“ Wenn er dies zugeben würde, dann würde ihm auch eine Besserung seiner Behandlung zuteil werden. Hoelz wies diesen Bestechungsversuch natürlich zurück.

Max Hoelz hat inzwischen wenigstens etwas erreicht: Ende September 1922 wird er von Münster in das Gefängnis Breslau übergeführt. Seine Behandlung in Münster hatte sich zu einem solchen Skandal ausgewachsen, daß man ihn dort nicht länger zu belassen wagte, wohl auch aus Furcht vor den Auswirkungen, die die Mißhandlungen des politischen Kämpfers auf das nahe gelegene Industriegebiet und seine revolutionäre Arbeiterschaft haben konnten. Mitten in der Nacht rollen mehrere Automobile in den Anstaltshof, in denen neben Offizieren, Kriminalbeamten und einer Eskorte von Schutzpolizisten auch Hoelz’ Anwalt, Genosse Hegewisch, und ein Arzt gekommen sind. Gegen drei Uhr morgens verläßt Hoelz die Haftanstalt, in der er genau vierzehn Monate lang hart und konsequent gegen einen grausamen Strafvollzug gekämpft hat. Hoelz atmet auf: Schlechter als im Zuchthaus Münster kann es ihm in einer anderen Strafanstalt kaum ergehen, meint er. Doch da befindet er sich im Irrtum. Vierundzwanzig Stunden nach seinem Eintreffen in Breslau erfährt Max Hoelz durch die zufällig fallengelassene Bemerkung eines Anstaltsbeamten, daß er in die Irrenabteilung gesperrt werden soll.

Wie ein Hohn klingt dagegen die Rede des Abgeordneten Dr. Humann, Ministerialrat und Vertreter des Justizministeriums im preußischen Landtag. Dieser feine Herr geniert sich nicht zu behaupten:

„Hoelz erfreut sich eines sehr guten Appetits, er nimmt restlos die Anstaltskost, über die er keine Klagen geäußert hat, und außerdem die ständig ihm zugesandte Beikost, Schokolade, Bier, Honig, Obst und die Nervenkraftnahrung Promonta zu sich mit dem Erfolg, daß sein Aussehen ein blühendes, von Gesundheit strotzendes ist. Ich selbst habe Hoelz vor etwa vier Wochen das letzte Mal gesprochen, und auch mir ist aufgefallen, daß er bedeutend besser aussah als vor einigen Monaten, als ich ihn zum letzten Mal in Münster sah. Er war bedeutend stärker geworden, seine Gemütsstimmung war eine erheblich ruhigere, als sie vordem gewesen war."

Indessen wird Max Hoelz mit brutaler Gewalt in eine eigens für ihn eingerichtete Isolierzelle der Irrenabteilung gebracht, die der Tobzelle in Münster ähnelt. Sie hat nur ein ganz kleines Fenster, das nicht zu öffnen ist, und schalldichte Doppeltüren, durch die kein Schreien, Stöhnen oder Wimmern nach außen dringt.

Hoelz, der nach Aussagen des Abgeordneten Humann schlemmt, tritt sofort wieder in den Hungerstreik. Er bekommt erneut einen Nervenzusammenbruch. Täglich fleht er den Arzt unter Tränen an, die Zelle etwas mehr lüften zu lassen. Um in dieser verzweifelten Lage nicht wahnsinnig zu werden, rafft er den Rest seiner früheren Energie zusammen, um sich abzulenken.

Nach seinem Nervenzusammenbruch in Münster hatte ihm ein Arzt geraten, täglich in der Zelle Gymnastik zu treiben. Die ersten Versuche fallen ihm schwer, da ihm bei jeder Beugung oder Drehung schwarz vor den Augen wird. Anfangs

Während Max Hoelz im Kerker sitzt, geht der Kampf weiter

hält er kaum fünf Minuten aus. Aber er läßt nicht nach. Ein Dreivierteljahr später bringt er es auf zwei Stunden täglich. Außerdem beginnt er, jeden Tag den ganzen Körper mit kaltem Wasser abzureiben. Das ist ein wichtiges Mittel, um sich während der langen Zuchthaushaft körperlich und damit auch geistig elastisch zu halten. Als nächstes müht sich Hoelz darum, einige wissenschaftliche Bücher in die Zelle zu bekommen, um sich durch geistige Arbeit von dem zermürbenden Einerlei der Einzelhaft abzulenken und seine Bildung zu erweitern. Das Lesen bewahrt den wissensdurstigen Gefangenen davor, in der Isolierung zusammenzubrechen.

Die Bücher, die ein Mensch liest, sagen oft mehr über ihn aus als die Dinge, die er besitzt. Nicht umsonst sehen Reporter, wenn sie über einen Menschen schreiben, nach seinem Bücherbord, um sich ein Bild von ihrem Gesprächspartner zu machen. Ebenso interessant ist für uns, was Max Hoelz 1923/1924 im Gefängnis in Breslau liest. Nach wochenlangem Ringen erreicht er, daß ihm „Das Kapital" von Karl Marx, Bebels drei Bände „Aus meinem Leben" und einige Bücher über Gewerkschaftsfragen ausgehändigt werden.

„Es war das erste Mal", schreibt er in seinen Erinnerungen, „daß ich die Bekanntschaft mit dem ‚Kapital' machte. Das Werk war für mich sehr schwer zu lesen, obwohl ich durch den Kursus von Rühle schon eine Einführung in den Marxismus erhalten hatte. Ich las die Bände durch, ohne ihren tiefen Gehalt überhaupt begriffen zu haben. Auch beim zweiten Lesen erfaßte ich noch nichts von der ungeheuren Bedeutung der Lebensarbeit jenes Mannes, der den Sozialismus aus einer gefühlsmäßigen Heilslehre zur Wissenschaft erhoben und damit der Arbeiterklasse geistige Waffen für ihren Befreiungskampf geliefert hat. Ich merkte, daß es mit dem einfachen Durchlesen nicht getan war, und versuchte nun, die einzelnen Abschnitte und Bände systematisch durchzuarbeiten. Ich machte mir Auszüge und stellte die Analyse, die Marx vom Kapital und der Arbeit gab, den praktischen Erfahrungen gegenüber, die ich vor meinem politischen Erwachen und während der Kämpfe seit 1918 gemacht hatte. Die ganze Nacht hindurch bis früh gegen 3 Uhr saß ich auf meiner Pritsche und las. Ohne Bücher hätte die grelle Nachtbeleuchtung zu meinem geistigen Ruin geführt. Ich fand die wissenschaftliche Begründung einer Idee, die mich befähigte, die mir zuteil werdende Behandlung von einem höheren, einem überpersönlichen Gesichtspunkt aus zu begreifen. Das, was mir angetan wurde, richtete sich nicht so sehr gegen meine Person, als vielmehr gegen die Klasse, der ich angehörte und die um ihre Befreiung kämpfte. Ich litt ja nicht als einziger oder einzelner, sondern mein Kampf und meine Leiden waren nur ein ganz kleiner Ausschnitt aus dem unerbittlichen Klassenkampf."

Über den Büchern vergißt Hoelz oft, wo er sich befindet. Raum und Zeit verschwinden, und nur das Klirren der Schlüssel, das die Wärter beim Schließen und Öffnen der Zellen verursachen, ruft ihn von Zeit zu Zeit in die Wirklichkeit zurück.

Was ihm Bücher bedeuten, schreibt er in einem Brief an Egon Erwin Kisch. Dieser Brief sagt so viel über die Gedanken und Gefühle von Max Hoelz in dieser Zeit aus, daß wir ihn hier wiedergeben:

„Lieber Egon Erwin Kisch,
die beiden freundlichst von Ihnen gesandten Bücher und die mir fehlenden Nummern des Tagebuchs habe ich nunmehr erhalten. Was Bücher mir in meiner Abgeschlossenheit bedeuten, das werden Sie sicher ermessen können. Sie und Arthur Holitscher sind ja nicht nur gute Schriftsteller, sondern Sie sind nicht minder gute Psychologen. Langjährige Gefangene, die nur auf die Bücherei der Anstalt angewiesen sind oder die keine innige Zuneigung zu Büchern gewinnen können, gehen unweigerlich geistig zugrunde. Sehr von Bedeutung ist natürlich, wenn ein Gefangener während seiner langen Haft nicht nur rezeptiv, sondern auch kreativ tätig sein kann. Rosa Luxemburg konnte das, auch Liebknecht, Toller, Mühsam, aber nicht alle sind dazu imstande. Die Bücher retten mich (unzweifelhaft) vor geistiger Zermürbung, sie bereiten mir oft auch sehr große Freude, und es gibt doch Stunden, wo ich über den Büchern ganz vergesse, daß ich doch nur ein lebendig Begrabener bin. Dann dauert es eine geraume Weile, bis ich mich wieder an meine enge Umwelt gewöhne. Um das Sprechen nicht zu verlernen, habe ich es mir zur Regel gemacht, die Bücher langsam und laut zu lesen. Dadurch präge ich mir das Gelesene auch besser ein und kann es zum Teil schon während des Lesens verarbeiten. Und auf diese Weise

hörte ich auch in den Jahren meiner absoluten Einsamkeit und vollständigen Abgeschlossenheit wenigstens eine menschliche Stimme. Ganz furchtbar und unsagbar traurig waren die langen, langen Monate, wo nicht eine Zeile Gedrucktes bei mir sein durfte und ich auch nicht eine Zeile schreiben konnte.

Trotzdem ich körperlich sehr viel und sehr schwer leide, fühle ich doch in mir eine klingende, fast jubelnde Freude, ich fühle das innige, beglückende Verbundensein mit Millionen Herzen, in denen gleiche Sehnsucht glüht und gleiches Wollen lebt. Aber es kommen auch Stunden, und die sind leider nicht selten, in denen mich ein unsagbares Weh erschüttert. Ein Weh, das ich nicht mit Worten ausdrücken kann. Es sind Stunden, in denen man tränenlos weint und die Brust sich in namenlosem Schmerz zusammenkrampft. Dann ist einem, als fließen Tränen und Blut, als fließe alles Leid der Menschheit und aller Lebewesen in einem einzigen, endlosen Strome zusammen. Man weiß nicht, woher und wohin und zu welchem Zweck dieser Strom fließt, alles Denken ist wie ausgelöscht. Dann ist es nicht möglich, ein Buch oder die Feder in die Hand zu nehmen, und es ringt sich kein Laut über die Lippen. Dann stehe ich in stummer, tränenloser Qual zwischen der Enge meines kalten Steinsarges, starre hinauf zu den eisernen Gittern vor der schmalen Öffnung, die ein Fenster sein soll, und sehe nichts anderes als nur leidende Menschen, die einander peinigen und quälen, die sich hassen und zerfleischen, die sich die paar kurzen Sonnentage ihres Daseins vergällen und verderben. Eine einzige, stumme Frage dringt in solchen Stunden an die Schwelle meines Bewußtseins: ‚Warum schaffen kluge und verständige Menschen sich so viel Leid?' . . .

Lieber Egon Erwin Kisch, ich habe Arthur Holitscher durch seine Bücher sehr liebgewonnen, und ich möchte brennend gern auch Sie zu den Freunden zählen, die vermöge ihrer geistigen Potenz und ihrer geistigen Produktivität die mir eigenen Kräfte des Tatwillens für die Sache der Menschheit nützlicher machen.

Ihre beiden Bücher, die ich hier habe, bergen eine Fülle fabelhaft interessanten Stoffes. Ich glaube, ich darf ohne Übertreibung sagen, in diesen 89 Artikeln, Feuilletons, Essays, Satiren usw. ist alles enthalten und vertreten, was zu den Problemen unserer Zeit zählt. Der Ernst und die Tragik des Lebens, der Humor des Tages, alles gießen Sie in Ausdrucksformen, die kurz, aber packend sind. Sie, lieber Egon Erwin Kisch, sind ein Reporter im besten Sinne des Wortes, ein Reporter, der nicht nur vom sicheren Port aus schildert, sondern der den Mut hat (und vielleicht die Liebe zu seinem Beruf), auch hinab-(und hinauf-)zusteigen in fremdes Schaffen und Erleben, und der dadurch fremdes und eigenes Erleben mit natürlicher Deutlichkeit und Wahrhaftigkeit schildert.

Durch die zwei Bände haben Sie mir nicht nur viel Wissenswertes vermittelt, sondern Sie haben auch mein Zwerchfell in seinen tiefsten Tiefen erschüttert. Es sind Stellen in den Büchern, über die ich ganz unbändig gelacht habe.

An Freund Arthur Holitscher habe ich heute auch geschrieben. Sie dürfen mir glauben, daß ich es als einen großen Gewinn betrachte – und als ein Glück empfinde –, daß ich Ihre und Arthur Holitschers Bekanntschaft gemacht habe. Hätte ich 1919, 1920 und 1921 (also vor meiner Verhaftung) eine geistige Potenz, wie Sie und Dr. Holitscher, zum Freunde gehabt, ich hätte sicher bis 95 % weniger taktische Fehler gemacht. Ins ‚Zuchthaus' wäre ich trotzdem gekommen, denn das bleibt wohl keinem Rebellen erspart. Für heute viele Grüße – und Dank – in Treue und Freundschaft von

Ihrem Max Hoelz"

Am 16. Dezember 1922 stellt Hoelz einen Antrag auf Wiederaufnahme seines Verfahrens. Die KPD und die Rote Hilfe tun alles, um die Anwälte dabei zu unterstützen. Dennoch wird der Antrag am 16. Februar 1923 abgelehnt – ohne jede Begründung.

Das ist nicht der einzige Rückschlag in dieser Zeit. Freunde und Genossen aus dem Vogtland und aus Berlin unternehmen einen Befreiungsversuch, der in letzter Minute scheitert, als sie schon bis in das Gefängnis eingedrungen sind. Danach wird seine Bewachung weiter verstärkt, seine Lage verschlimmert sich. Auch seine Ehe geht in dieser Zeit auseinander. Seine Frau Klara, die Tochter eines Falkensteiner Fuhrunternehmers, die er im ersten Weltkrieg heiratete, hat sich – überzeugt davon, daß Hoelz nie mehr in die Freiheit zurückkehren werde – einem anderen Mann angeschlossen. Im Oktober 1923 lassen sie sich scheiden. Hoelz berichtet darüber ohne Bitterkeit und ohne Vorwurf.

Von dem, was draußen geschieht, erfährt er wenig. Die Sowjetregierung zeichnet ihn 1923 als ersten Deutschen mit dem Rotbannerorden aus. In Leningrad wird schon 1922 eine Fabrik nach ihm benannt. Ein Reiterregiment nimmt ihn als Ehrensoldaten in die Rote Armee auf. Als er trotz der Isolation von dieser Ehre erfährt, dankt er am 6. Mai 1923 aus dem Zuchthaus Breslau den sowjetischen Genossen und schreibt: „Wir deutschen revolutionären Kämpfer bewundern den heldenmütigen und zähen Kampf der russischen Brüder und Kameraden, und unser heißester Wunsch ist es, an Eurer Seite Schulter an Schulter mit Euch für die gemeinsame Idee der Internationale zu kämpfen."

In Hoelz' Einstellung zur Sowjetunion gibt es in all den Jahren kein Schwanken. Er ist immer ein glühender Anhänger der Großen Sozialistischen Oktoberrevolution und des Kampfes der russischen Arbeiter für eine neue Gesellschaft. Er empfand die Oktoberrevolution als den „Anfang vom Ende des Krieges". Die Freundschaft und tiefe internationale Verbundenheit zum Lande Lenins und seine große Achtung vor Lenin selbst sind unverrückbare Grundlagen seines Denkens. Als Hoelz im Januar 1924 von Lenins Tod erfährt, beschließt er, gemeinsam mit den fünfzehn bis zwanzig anderen kommunistischen Gefangenen im

Zuchthaus Breslau, am Tage der Beisetzung jede Nahrungsaufnahme zu verweigern, um, wie er schreibt, „unserer Trauer und unserer Ungebrochenheit Ausdruck zu verleihen".

Ein Kampfgefährte von Hoelz aus der Falkensteiner Zeit schreibt später in der „Weltbühne": „Gerade sein Verhältnis zu Sowjet-Rußland – überhaupt die Scheidelinie inmitten der babylonischen Ideenverwirrung der sogenannten ‚deutschen Linken' – zeigt, daß Max Hoelz kein Anarchist, sondern ein revolutionärer Klassenkämpfer ist, im besten Sinne dieses Wortes, den es seit Marx und Lenin hat."

Am 17. April 1924 meldet die „Rote Fahne": „Max Hoelz, Spitzenkandidat der Kommunistischen Reichswahlliste". Obwohl die Zentrale der Kommunistischen Partei seine Kandidatur für den Reichstag beschlossen hat, lehnt es Friedrich Ebert, der sozialdemokratische Reichstagspräsident, ab, dem Genossen Hoelz die bürgerlichen Ehrenrechte zurückzugeben und ihn aus dem Zuchthaus zu entlassen. Undenkbar, daß der Mann, der so wenig Respekt vor den bürgerlichen Klassenschranken hatte, zu den Wählern, die ihn in den Reichstag schicken wollen, sprechen kann.

Max Hoelz an der Spitze der kommunistischen Reichswahlliste: das ist der Ruf der Massen nach Freilassung der politischen Gefangenen. Das heißt: Jeder, der am 4. Mai der Kommunistischen Partei seine Stimme gibt, setzt sich damit auch dafür ein, daß die politischen Gefangenen des Proletariats endlich aus den Gefängnissen und Zuchthäusern der Bourgeoisie befreit werden.

Es war zu erwarten, daß dieser Beschluß der Zentrale der KPD einen Sturm der Entrüstung unter den reaktionären Kräften hervorrufen würde. Die „Berliner Morgenpost" bringt die Meldung von Hoelz' Kandidatur als erstes bürgerliches Blatt. Sie behauptet sofort, daß alle für Hoelz abgegebenen Stimmen ungültig seien, weil ihm die Ehrenrechte abgesprochen wurden und er deshalb nicht wählbar sei.

Die „Rote Fahne“ berichtet, daß Ebert die Rückgabe der Ehrenrechte für den hinter Kerkermauern gehaltenen und von der Bourgeoisie gehaßten und gefürchteten Max Hoelz ablehnt. Doch zahlreiche Arbeiterdelegationen unterstützen die Forderung, ihm diese Rechte zurückzugeben.

Die bürgerliche Presse fällt in den folgenden Wochen vor allem wegen Hoelz über die Kommunistische Partei her. Einer der wohl seltsamsten und verlogensten Anwürfe lautet, die Wähler seien gegen jede Form von Militarismus, auch in der Form des blutigen Waffenhandwerks von Hoelz. Das schreiben ausgerechnet jene Leute, die das „Stahlbad des Weltkrieges“ verherrlichen und vier Jahre lang die Arbeiter für das Kapital in die Schützengräben gehetzt haben.

Die Kommunistische Partei Deutschlands aber steht zu ihrem Genossen Max Hoelz. Die „Rote Fahne“ für die Provinz Brandenburg schreibt in ihrem Leitartikel vom 22. April 1924: „Max Hoelz ist heute die Verkörperung der schmachvollsten und niederträchtigsten weißen Justiz gegen das ganze deutsche Proletariat ... Der Mann, der sich auf seine Weise ehrlich und unerschrocken für das leidende und darbende Proletariat eingesetzt hat, soll deshalb auf Lebenszeit im Zuchthaus bleiben.“

Die Frist zur Einreichung der Reichstagskandidatenliste läuft ab, ohne daß es gelingt, Max Hoelz endgültig auf diese Liste zu setzen. Dennoch, so schreibt die „Rote Fahne“ am 25. April: „Max Hoelz, der sich im heldenhaften Kampf selbstlos und unerschrocken, nur das revolutionäre Ziel der proletarischen Revolution im Auge, an die Spitze seiner Kampfesbrüder den weißen Banden des kapitalistischen Staates entgegenwarf, er bleibt darum unser Max Hoelz. Der Beschluß, ihn als Reichstagskandidaten aufzustellen, galt seiner Befreiung aus den Zuchthausmauern, und dieser Kampf um seine Befreiung wie die der übrigen politischen Gefangenen wird fortgesetzt werden.“

Bei aller Wertschätzung für den Genossen Max Hoelz

sieht die Partei auch in dieser Zeit einige seiner Handlungen in den bewaffneten Kämpfen mit kritischem Blick. Hoelz hat Wege beschritten, die er inzwischen selbst als nicht gangbar verwirft. Er sieht ein, daß zeitweilig die Ziele, für die er kämpfte, den tatsächlichen Gegebenheiten nicht entsprachen. In einer von der „Roten Fahne" verbreiteten Erklärung nimmt Hoelz aus dem Zuchthaus heraus dazu Stellung. Da heißt es: „Es stimmt, daß ich zu den Menschen gehöre, die ganz rücksichtslos ihre eigenen Fehler aufdecken, aufzeigen und aus ihren Fehlern zu lernen suchen." Hoelz bekennt, daß er bedaure, zeitweilig die Methoden linkssektiererischer Gruppen angewandt zu haben, und gibt zu, daß er eine Zeitlang auf dem Standpunkt stand, er könne und müsse durch Sprengung von Gebäuden den lau gewordenen Kampfeswillen der Arbeiterklasse aufs neue entfachen. Gerade durch diese falschen Methoden, bekennt er, habe er sich in einen Gegensatz zur KPD gebracht, die mit Recht diese Kampfmittel verwirft. Er erklärt jetzt auch, warum er sich nicht früher zu seinem Verhalten äußerte. Jeder derartige Widerruf seiner Handlungen während des Prozesses wäre vom Gericht und der Öffentlichkeit, vor allem aber von der Arbeiterschaft nur in dem Sinne ausgelegt worden, als wolle er aus Angst und Feigheit kneifen und eine milde Beurteilung erheischen.

Er tat deshalb gerade das Gegenteil, er zeigte dem Sondergericht die Zähne und bekannte sich rückhaltlos zu allen Handlungen, auch zu jenen, von denen er nunmehr weiß, daß sie nicht im Interesse der kommunistischen Sache gelegen haben.

Angesichts der Herausforderung und Verleumdung im Zusammenhang mit seiner Reichstagskandidatur erklärt Max Hoelz: „Ich stehe unbedingt und rückhaltlos auf dem Boden des Programms der KPD. Ich sage das auf die Gefahr hin . . ., dadurch meine Lage als Gefangener zu verschlechtern. Ich habe die feste Überzeugung, daß die KPD die einzige Partei ist, die sich rückhaltlos für die Interessen aller Werktätigen einsetzt."

Tatsächlich verschlechtert sich seine Lage im Gefängnis Breslau weiter. Doch es gibt auch eine Hoffnung, die in sein Leben kommt.

# Hochzeit hinter Kerkermauern

Das Regime und die Behandlung im Gefängnis in Breslau war für Hoelz eine schwere Prüfung. Besonders, weil ihm systematisch alle Verständigungsmittel und Beziehungen zur Außenwelt genommen wurden.

So beschäftigt sich Hoelz in dieser Zeit viel damit, eine Zweckehe mit einer Genossin einzugehen, die ihn dann regelmäßig besuchen könnte. Nach der Scheidung von seiner Frau Klara sucht er Ende 1924 durch Vermittlung von Genossen nach einer solchen Möglichkeit.

Weihnachten 1924 trifft er im Gefängnis Breslau den Redakteur der dortigen Volkszeitung „Kommunist“, den Genossen Arthur Dombrowski, der eine vierzehntägige Strafe wegen eines Artikels in seiner Zeitung absitzt. Da es an den Feiertagen den Genossen erlaubt ist, Kontakt miteinander aufzunehmen, sitzt Hoelz mit Dombrowski in der Zelle und spricht mit ihm über dieses Problem. Genosse Dombrowski sagt zu, mit Wilhelm Pieck zu sprechen, der in der Partei zu dieser Zeit für die Amnestiebewegung verantwortlich ist und unter dessen Anleitung die Rote Hilfe, die Organisation zur Unterstützung der politischen Gefangenen und ihrer Angehörigen, arbeitet. Dombrowski vertraut auf die Meinung Wilhelm Piecks, den er als erprobten Kommunisten und lebenserfahrenen Menschen schätzt.

Wilhelm Pieck hört sich den Bericht Dombrowskis an und findet zunächst, daß man keiner Genossin zumuten könne, jemanden zu heiraten, den sie nie vorher gesehen hat und der noch auf unabsehbare Zeit im Gefängnis sitzen wird. Eine

Petja (vorn Mitte) mit Lena Hahn (rechts) und Katja Hahn (oben)

lange Diskussion schließt sich an, in der alle Für und Wider erwogen werden. Schließlich fragt Dombrowski: „Wenn sich also eine findet, was ist dann?“

„Dann reden wir weiter“, sagt Wilhelm Pieck.

Dombrowski hält Wort. Zunächst gewinnt er die Unterstützung von zwei Genossinnen aus Odessa, die seit mehreren Jahren in Berlin leben und im Komitee für die Befreiung von Max Hoelz und der anderen politischen Gefangenen außerordentlich aktiv sind: Lena und Katja Hahn. Beide sprechen sehr gut Deutsch, Lena war Deutschlehrerin in Odessa, und

Katja arbeitet in der ukrainischen Handelsvertretung in Berlin. Sie hat einen kleinen Sohn, Petja, der gerade zwei Jahre alt ist.

Ihre Männer sind in den revolutionären Kämpfen ums Leben gekommen, Lena war als Dolmetscherin im Generalstab der Roten Armee an vielen Schlachten gegen die Weißgardisten beteiligt.

Die beiden Schwestern leben mit dem kleinen Petja in der Bärwaldstraße achtundvierzig in Berlin im zweiten Hinterhof zur Untermiete bei einem Schneidermeister. Lena ist schon an die Fünfzig, Katja wesentlich jünger. Beide setzen sich in bewundernswürdiger Weise für die Freilassung der politischen Gefangenen ein. Sie reisen viel im Land umher, treten in Versammlungen auf, sammeln Geld für die Rote Hilfe und gewinnen immer mehr Menschen für die Amnestiebewegung der Partei. Lena hat Verbindung zu dem Dichter Erich Mühsam und zu Rechtsanwalt Dr. Apfel aufgenommen, der Max Hoelz später betreut.

So kommt Lena Hahn eines Tages auch ins Vogtland, wo, wie in Berlin, ein Komitee für die Freilassung der politischen Gefangenen existiert. Sie sucht den jungen Genossen Erich Schmalfuß in Falkenstein auf und erzählt ihm von den Schwierigkeiten, mit Hoelz eine ständige Verbindung herzustellen. Schmalfuß erinnert sich: „Kurz und gut, Lena sagt zu mir: ‚Paß auf, der Genosse Hoelz will dich adoptieren, damit du unter seinem Namen in Rote-Hilfe-Versammlungen auftreten kannst, denn von der Partei kommt niemand an ihn heran.‘ “

Schmalfuß stimmt zu, auch sein Vater ist einverstanden. Doch das Vogtland ist zu weit weg. Man braucht jemanden in Berlin. Und so adoptiert Hoelz den kleinen Petja, den Sohn von Katja Hahn. Damit hat die Rote Hilfe nun über Katja eine ständige Verbindung zu ihm.

Hoelz, der selbst keine Kinder hat, findet Gefallen an dem kleinen Jungen, den er bald wie einen Sohn liebt und um den er sich sorgt. In seinen Briefen erwähnt er ihn oft. Auch über Katja, die stille aufopfernde Genossin, die eine mögliche „Zuchthausfrau“ für Hoelz sein könnte, erfahren wir aus seinen Briefen: „Ich schätze sie sehr und halte sie für einen äußerst prächtigen Menschen, der offen und ehrlich ist. Trotzdem könnte Käte nie der Partner für mich sein, der mich ausfüllt. Meine Gefühle für sie sind dieselben wie für Rosa Luxemburg, Karl Liebknecht, Lenin usw. Das heißt, ich fühle mich eins mit Käte in allem, was die kommunistische Sache anlangt.“ Doch das reicht nicht für eine Ehe.

Schließlich findet Arthur Dombrowski eine Genossin, die bereit ist, Hoelz zu heiraten. Er geht mit ihr wieder zu Wilhelm Pieck, der spricht lange mit der jungen Frau, sagt ihr, wie schwer die Aufgabe ist, die sie übernehmen will, und wünscht ihr Glück. Es ist Traute Loebinger, Tochter eines jüdischen Arztes, eines in ganz Breslau damals bekannten Obermedizinalrats.

Traute Hoelz-Slanska berichtet später darüber, wie es dazu kam, daß Max Hoelz im Gefängnis eine neue Ehe schloß. „Er wollte aus dem Gefängnis heraus, seine Kraft für die Sache der Revolution mobil machen. Er wollte zeigen, daß sein Kampf hinter Mauern und Gittern ein Beispiel für alle anderen eingekerkerten politischen Gefangenen sein soll. Er wollte Vorkämpfer sein für die gesamte Amnestiebewegung. Wenn man ihm auch alle Besuche verbieten und die Briefe beschlagnahmen konnte, die einer Ehefrau konnte man auf die Dauer nicht untersagen. Seine Frau würde zur Verbindung zwischen dem kämpfenden Hoelz und den Genossen draußen werden. In diesem Sinne wurde mir von Breslauer Freunden die Heirat mit Max Hoelz nahegelegt.

Nun wollte Max aber seine zukünftige Frau erst einmal sehen. Zusammen mit seinem damaligen Anwalt erhielt ich die erste Besuchserlaubnis. Das Betreten des Zuchthauses war erschreckend, graue Wände, Gitter, Aufseher, das laute Rasseln der Schlösser und Schlüssel. Den ersten Eindruck, den Hoelz

Trauung mit Traute Loebinger im Breslauer Zuchthaus

auf mich machte, kann ich kaum beschreiben. Dieses Gefängnis hatte mich zutiefst erschreckt. Da saßen wir uns gegenüber.

Hoelz sah mich an, nun, ich bin ziemlich klein. Er sagte: ‚Das ist ja eine Konfirmandin.‘ Dann stellte er mir viele Fragen, zuletzt diese: ‚Wenn ich dir einen Befehl gebe und die Partei gäbe dir einen anderen, welchem würdest du folgen?‘ – ‚Natürlich dem der Partei!‘ – ‚Dann geh, ich kann dich nicht gebrauchen‘, rief er aus. Also, aus dieser Heirat würde nichts werden, stellte ich erleichtert fest. Aber ein paar Tage später mußten der Anwalt und ich wieder ins Zuchthaus kommen. Hoelz hatte darum gebeten. Er empfing mich mit den Worten: ‚Genossin Traute, du hattest ganz recht, natürlich dem der Partei.‘ – Das war typisch Max. Erst eine temperamentvolle Antwort, dann überlegte er und kam zu einem anderen Schluß, der ihm richtiger erschien, und er schämte sich nicht, seinen Fehler einzugestehen.

Danach fuhr ich nach Berlin, um in der Roten Hilfe alles Weitere zu erfahren. Freundlich, vertrauenswürdig, verständnisvoll besprach Wilhelm Pieck diese Aufgabe und legte mir nahe, das für die Partei und die Amnestie zu tun.“

Das Aufgebot wird bestellt und sowohl im Rathaus als auch im Zuchthaus angeschlagen. Dann kommt der Tag der Eheschließung. Alles war einmalig und aufregend. Die Trauzeugen, die Genossen Dombrowski und Glückauf, gingen mit der Genossin Traute zum Zuchthaus. Sie hatte ein hübsches langes Kleid an und einen Strauß roter Rosen im Arm. Die Männer trugen aus einem Bekleidungsinstitut entliehene dunkle Anzüge. Um die Zuchthausöde zu überspielen, hatte einer heimlich eine halbe Flasche Wein in die Tasche gesteckt und der andere ein Weinglas. Das eiserne Tor öffnete sich vor der seltsamen dreiköpfigen Hochzeitsgesellschaft. Zwei Wachbeamte führten sie an den Gefangenenzellen vorbei in einen kleinen Raum, dessen einziges Fenster vergittert war. Dort stand ein Tisch, dahinter saß der offiziell bestellte Standesbeamte. Vor dem Tisch befanden sich zwei Stühle für das Brautpaar, auf der im Hintergrund stehenden Bank durften die beiden Trauzeugen Platz nehmen. Der Rechtsanwalt, der Zuchthausdirektor und eine ganze Reihe Aufseher waren anwesend.

Dann wurde Max Hoelz hereingeführt. Zur Feier des Tages hatte man ihm sogar die Handschellen abgenommen. Traute wurde weiß wie die Wand. Auch der Bräutigam wirkte zunächst nervös. Der Bann brach, als sich der Standesbeamte erhob, um den bei solchen Gelegenheiten üblichen Text vorzulesen. Auf seine Worte „Sind Sie bereit . . .“ kam aus dem Mund von Traute ein leises „Ja.“ Max dagegen antwortete mit kräftiger Stimme: „Jawohl.“

Traute Hoelz erinnert sich: „Der Standesbeamte namens Niedergesäß vollzog die Trauung innerhalb einer viertel Stunde. An mein schwarzes Taftkleid, das ich von einer Freundin ausgeborgt hatte, erinnere ich mich noch sehr gut. Es war zu weit und rutschte. Den Trauring hatte ich selbst vorher gekauft, und Max durfte ihn mir an den Finger stekken. Damit war auch die ganze Hochzeit vorbei. Nur vor den Toren standen ein paar hundert Genossen, man konnte undeutlich ihre Rufe und ihre Lieder hören. Das war der Hochzeitsmarsch.

In dem vier Jahre währenden Kampf lernte ich diesen Mann, Max Hoelz, kennen, lernte ihn als einen aufrichtigen Menschen kennen, der Unrecht nicht duldete, für das, war er als Recht erkannte, unerschrocken einstand, der das Proletariat liebte und ihm diente, der die Bourgeoisie glühend haßte und bekämpfte, der nie etwas für sich selbst erreichen wollte oder sich bereichern wollte, voller Mut und der Sache des Sozialismus leidenschaftlich ergeben.“

Hoelz schreibt in seinen immerhin vierhundert Seiten langen Erinnerungen über diese Hochzeit nur einen lapidaren Satz: „Genossin Traute, nunmehr vor dem Gesetz meine Frau, entwickelte eine bewundernswerte Aktivität.“

In einem Buch, das die unmenschlichen Bedingungen in den deutschen Zuchthäusern anprangert und den Arbeitern helfen soll, dagegen anzukämpfen, das Solidarität mit den Eingekerkerten schaffen und sie befreien helfen soll, will er nicht über so persönliche Dinge schreiben. Doch diese Heirat hat ihn stark beschäftigt. Sie bedeutet ihm mehr, als daß sich nun ein Mensch ganz persönlich um ihn kümmert, in der Öffentlichkeit für ihn auftreten wird. Erst recht nicht entscheidend für ihn ist, daß der Direktor ihm einige Erleichterungen verschafft: Er darf jetzt täglich zwei Stunden im Hof spazierengehen, erhält Raucherlaubnis – was für einen Zigarrenraucher viel bedeutet –, er kann sich von den zwanzig Mark, die ihm die Rote Hilfe und seine vogtländischen Freunde monatlich schicken, Lebensmittel, Obst und eine Zeitung kaufen. Aber das ist es nicht allein. In einem Brief an einen Freund öffnet er sein Herz.

„Eine der Ketten", schreibt er da, „an denen sich meine Rebellenpsyche täglich wund scheuert, ist die Tatsache, daß meine Haft begann zu einer Zeit, wo ich physisch und seelisch plus Sexus noch unverbraucht war." Nun saß er seit fast vier Jahren hinter Kerkermauern, und es gab Stunden, und nicht wenige, wie er dem Freund schreibt, „in denen mich ein wahnsinnig glühendes Verlangen durchströmt . . ." Und weiter heißt es: „Als Du das erste Mal mit Traute hier warst und bei meinem Eintritt ins Zimmer mein Blick auf Traute fiel, war ich erschrocken. Mir schien die ganze Sache wie ein schlechter Witz. Diese zarte, zierliche Genossin, die wie eine von Hagelschauer jäh herabgerissene Frühlingsblüte, so hingehaucht auf dem Stuhl in der Tischecke kauerte, diese schwarze Amsel wollte mit mir eine Kampfgemeinschaft eingehen. Das war mir unfaßbar. Ich hätte Dich am liebsten gebackpfeift. Das sollte diejenige Heroine sein, der Du durchaus vor allen anderen den Vorzug geben wolltest . . .

Erst als ich dann einige Minuten mir ihr gesprochen, dämmerte es hinter meinen Wolken. Ich spürte dann instinktiv die bolschewistischen Krallen, die ihr zur Defensive und Offensive zur Verfügung standen. Wo sie danach am Sonntag wieder erschien, hätte ich sie brennend gern in meine Bärentatzen gerissen und drauflosgebrüllt: ‚Brüder, zur Sonne, zur Freiheit!' Da war mir die bolschewistische Amsel als Genossin *und* Weib gleich wertvoll.

Und es keimte schon der Gedanke, das Verlangen, in Traute *mehr* zu finden, als nur die Genossin und Kampfgefährtin . . . Daß Traute in diesem Falle meine Empfindungen nicht erwidern kann, darf ihr nicht zum Vorwurf gereichen. Daß Traute den Typ Hoelz in bezug auf Libido – Eros – Sexus nicht leiden mag, ist doch nicht ihr persönliches Verschulden oder persönlicher Mangel. Und daß ich den Typ Traute begehre, kann wiederum nicht mir zur Last gelegt werden."

Ein seltsames Hochzeitsfoto zeigt die beiden, Hoelz mit einer Art Bürstenfrisur, schmales Bärtchen auf der Oberlippe, im braunen Zuchthauskittel ohne Kragen, die Hände vor dem Bauch verschränkt. Traute sitzt halb auf dem Stuhl, legt den rechten Arm um ihn. Wie schön sieht sie aus mit ihrem Bubikopf und den lebhaften Augen. Hoelz leidet darunter, daß sie seine Gefühle nicht erwidert. Aber auch in der Liebe will er keine Almosen. „Entweder den vollen Menschen, das heißt das ganze Weib, die ganze Traute, oder, wenn das nicht sein kann, dann aber auch nicht einen Zipfel von ihr. Mit Halbheiten, Bruchstücken oder Teilchen eines Weibes gibt sich ein Mensch wie ich nicht zufrieden."

Hier, wo Hoelz sich mehr als sonst offenbart, lernen wir einen empfindsamen, sensiblen Menschen kennen. Bei dem Versuch, die außerordentlich vielschichtige Persönlichkeit darzustellen, nimmt dieser Brief an einen Freund eine Schlüsselrolle ein. Hier entwickelt er nicht nur – was er in dem Buch nicht tut – seine ethischen Vorstellungen über die Liebe, hier klingen Saiten bei ihm an, die anzurühren er sich im revolutionären Kampf oft versagen mußte. „Das Schwierigste bei der Unterdrückung meiner Empfindungen ist das Faktum, daß das bloße sexuelle Verlangen *nie* allein auftritt, sondern stets in Verbindung mit einem anderen, rein seelischen Verlangen. Und zwar dem Verlangen, *einem* Menschen etwas Besonderes zu sein."

Bemerkenswert ist auch, welch enge Beziehungen für Hoelz zwischen seinem ganz persönlichen Glück und dem Kampf um das Glück aller Menschen bestehen. „Gewiß", schreibt er, „der Kampf für unsere kommunistische Sache ist auch etwas ganz Besonderes, ist etwas, das mich ganz beherrscht und dem ich mit Haut und Haaren, mit Leib und Seele vollständig verschrieben bin. Anders wäre es ein Unding für mich, meine Einkerkerung zu ertragen. Aber ganz vollkommen ausfüllen kann einen Menschen wie mich diese Zielstellung nicht. Ich brauche daneben noch und gerade, und um *alle* und die tiefsten Kräfte in mir für die kommunistische Sache mobil zu machen, einen Menschen, der mich körperlich und seelisch befruchtet, in dem ich mich selbst wiederfinde und der alles mit mir empfindet und teilt, sowohl die Höhen als auch die Tiefen meines Wollens und Könnens."

Und etwas zaghaft, fast resignierend, stellt er fest: „Das Verlangen, *einen* anderen Menschen ganz auszufüllen, und von ihm ausgefüllt zu werden! Ob ich überhaupt jemals einen solchen Menschen, eine solche Genossin für mich finde – später draußen –, das mag der Teufel wissen."

Traute Hoelz opfert Jahre ihres Lebens dafür, Max Hoelz zu retten. Sie spricht als Genossin Hoelz im ganzen Reich, in Hunderten von Versammlungen und Kundgebungen. Ihr Wirken bringt nicht nur das Wiederaufnahmeverfahren in Gang. Sie fördert auch in hohem Maße die von der Roten Hilfe organisierte Massenbewegung für die Freilassung aller politischen Gefangenen. Sie wird verhaftet, sitzt wochenlang im Frauengefängnis und reist dann doch wieder von Stadt zu Stadt, von Versammlung zu Versammlung. Genossin Traute Hoelz-Slanska – sie ist 1979 in Prag verstorben – hat sich um

die Kommunistische Partei Deutschlands sehr verdient gemacht.

Unter dem Motto „Heraus mit den politischen Gefangenen!“ spricht Genossin Hoelz am 2. Juni 1926 vor der Ammendorfer Arbeiterschaft auf einer Massenkundgebung zur Amnestie aller politischen Häftlinge. Es ist ein Beispiel für viele solcher Kundgebungen, die von der Kommunistischen Partei und der Roten Hilfe in dieser Zeit organisiert werden.

Das Mitteilungsblatt der Roten Hilfe im Bezirk Halle-Merseburg, „Golgatha“, berichtet darüber: „Die Ammendorfer Arbeiterschaft war an der Ortsgrenze aufmarschiert, voran der Spielmannszug und die Kapelle des RFB, um die Genossin Hoelz im halleschen Bezirk zu begrüßen. Ein dreifaches ‚Rot Front' schallte ihr aus Hunderten Arbeiterkehlen entgegen. In wuchtiger Demonstration unter roten Fahnen ging es dann durch die Straßen von Ammendorf. Immer neue Massen schlossen sich dem Zug an. In der ‚Burg' ist beim Eintreffen der Delegation der Saal längst gefüllt. Die Massen müssen im Garten Platz suchen. Auch dort kommen nicht alle von den weit über tausend Besuchern hinein. Viele müssen am Zaun stehenbleiben und von dort aus der Kundgebung beiwohnen. Die Internationale wird gespielt, und ein Redner begrüßt die Frau des aus den Märzkämpfen von 1921 mit dem mitteldeutschen Proletariat so eng verwachsenen Max Hoelz. Er verspricht, nicht zu ruhen, bis auch Max Hoelz wieder in Freiheit mitkämpfen kann."

Die Zeitung zitiert auch Genossin Traute Hoelz, die achtzehn Monate zuvor schüchtern in der Redaktionsstube der Breslauer Parteizeitung saß und die nun im Zentrum einer großen Kampagne für die Freilassung der politischen Gefangenen steht; die gelernt hat, in der Öffentlichkeit aufzutreten und zu reden.

„Was wurde mit eurem Genossen Max Hoelz gemacht?" fragt sie die Kundgebungsteilnehmer. „Weil er mit den roten Garden des mitteldeutschen Proletariats, das Gewehr in der Hand, gegen den Überfall der Schupo und Reichswehr kämpfte, wurde er nach der Niederschlagung des Aufstandes wie ein Wild durch Deutschland gehetzt. Sein Prozeß und das Schandurteil sind noch in der gesamten internationalen Arbeiterschaft lebendig ...

Hoelz wird nicht aus dem Zuchthaus herauskommen, bevor nicht die Arbeiterschaft von ihren Machtmitteln Gebrauch macht und ihn durch Massendruck befreit. Die Arbeiterschaft darf nicht bei der Bewunderung ihrer Vorkämpfer stehenbleiben und staunen. Nein, sie muß sich vornehmen, nie wieder darf die Bourgeoisie die Möglichkeit haben, die roten Garden in den Kerker zu werfen. Ich spreche nicht für Max Hoelz, weil er mein Mann ist, sondern weil er der einzige deutsche Klassenkämpfer ist, der zu lebenslänglicher Zuchthausstrafe verurteilt, hinter Kerkermauern schmachtet. In seinen Taten ist Max Hoelz auch nur einer von den tausend namenlosen Helden."

Genossin Traute, die, durch eine seltsame Hochzeit mit dem revolutionären Kämpfer Max Hoelz verbunden, ans Licht der Öffentlichkeit gestoßen wurde, liest und lernt viel in dieser Zeit. Sie schreibt Hoelz, daß sie sich gern und oft in die Briefe von Rosa Luxemburg vertieft.

Hoelz antwortet ihr in einem seiner schönsten Briefe: „Sie (die Briefe von Rosa Luxemburg – Anm. M. G.) sind eine Quelle des Schönen und eine Quelle der Kraft; wenn Du sie zu Deiner liebsten Lektüre erwählst, dann kann ich Dich nur beglückwünschen. 1922 las ich im Zuchthaus Münster wochenlang den ‚Dortmunder Generalanzeiger'. Dieses bürgerliche Blatt veröffentlichte die gesamten Gefängnisbriefe von Rosa Luxemburg. Ich wollte Dich schon oft fragen, ob Du nie mit Dr. Sch. über Rosa gesprochen hast ... Dieser bürgerliche Mann hatte eine ungeheure Achtung vor unserer Rosa. Ihm war es doch vergönnt, während ihrer Haftzeit in Breslau täglich mit ihr zu sprechen. Ich habe mit Sch. stundenlang über Rosa debattiert und von ihm viel erfahren, was mir noch nicht bekannt war ... Ihr überaus reiches Wissen auf allen Gebieten (Politik, Kunst, Naturwissenschaft und alle anderen Geisteswissenschaften), ihr geradezu fabelhaftes Gedächtnis und ihre unendliche Herzensgüte, die die ganze Menschheit umspannte, haben auf den Bürger Sch. den stärksten Eindruck gemacht. Er hat mir so prächtige und ergreifende Züge von Rosas vorbildlicher Menschlichkeit geschildert, daß ich im Tiefsten gepackt und erschüttert war. Dieser kleine, unscheinbare und kränklich-gebrechliche Körper war beherrscht von einem gigantischen Geist. Das Schönste und Größte an dieser einzigen Frau aber war ihr großes Verstehen, ihre Seele, die ein wunderbarer Spiegel aller Menschenleiden war ... Sie hatte eine Seele, die mit allem und allen leidet, die nie ganz froh werden kann, solange noch irgendwo im weiten Weltenrund ein Geschöpf gequält wird ... Nur ahnen kannst Du dieses Leid, wenn Du, meine liebe Traute-Frau, mit verstehendem Herzen in ihren Briefen liest ..."

## Die „Braunen Husaren"

In ganz Deutschland finden jetzt Kundgebungen für Max Hoelz und alle politischen Gefangenen statt. In einem Telegramm an die Justizbehörden fordern Krefelder Arbeiter die sofortige Haftentlassung und Wiederaufnahme seines Verfahrens. Die Ortsgruppe Schneeberg der Roten Hilfe, die Ortsgruppe Auerbach im Vogtland fordern Einleitung des Wiederaufnahmeverfahrens und Amnestie für alle politischen Gefangenen. Aus Offenbach, Erfurt, Aachen und Kassel, vom Komitee der Werktätigen in Prenzlau, von der Roten Hilfe in Neumünster, den Einwohnern von Schwarza, den Vertretern des Roten Frauen- und Mädchenbundes in Hessen, Frankfurt, aus Böhla bei Dresden, Geldern am Niederrhein, aus Bonn, Wittenberg, Saalfeld, Nordhausen und anderen Städten kommen Eingaben an den Reichsminister der Justiz in Sachen Hoelz und aller politischen Gefangenen. Die Kampagne für die Freilassung von Hoelz, die von der Roten Hilfe schon jahrelang geführt worden ist, erreicht nun ihren Höhepunkt. Die von der Roten Hilfe Deutschlands herausgegebene Broschüre von Erich Mühsam „Gerechtigkeit für Max Hoelz" erscheint 1926 in einer Auflage von fünfzigtausend Exemplaren.

Max Hoelz ist inzwischen von Breslau ins Zuchthaus Groß-Strehlitz in Oberschlesien verlegt worden. Wegen ihrer braunen Uniformen werden die Gefangenen hier die „Braunen Husaren" genannt. Was kaum denkbar schien: Die nun folgenden zwei Haftjahre übertreffen alles an Schikanen, was Hoelz zuvor in den Zuchthäusern Münster und Breslau erlitten hat. Hoelz wird, von allen übrigen Gefangenen vollständig isoliert, in einer Weise behandelt, die ihn an das graue Mittelalter und an die Zeiten der Inquisition denken läßt. Gleichzeitig mit ihm hat man ein Kommando der Sicherheitspolizei nach Groß-Strehlitz abkommandiert, und bei seinen kurzen Gängen im Hof stehen nun überall Polizisten. Wieder wird er in die Arrestzelle geworfen. In den vier Wochen, die er dort bleiben muß, nimmt er zwanzig Pfund ab.

Die Besuche in Groß-Strehlitz, erinnert sich Traute Hoelz später, waren für sie die scheußlichsten Erlebnisse: „Eines Tages wurde ich zurückgewiesen. Als ich den Direktor sprechen wollte, erschien ein Leutnant und zehn mit Karabinern Bewaffnete. Der Leutnant befahl mir, den Toreingang sofort zu verlassen, sonst müßte er mich wegen Widerstand gegen die Staatsgewalt verhaften.

Als ich das Kisch erzählte, bemühte er sich um eine Besuchserlaubnis und erhielt sie für sich und für mich. Das war eine besondere Ausnahme. Im vergitterten Besucherzimmer waren der Gefängnisdirektor, der Lehrer, der Geistliche und vier Aufseher anwesend. In der Mitte stand ein breiter schwerer Eichentisch. Als wir Platz genommen hatten, brachten zwei weitere Wärter Max Hoelz herein, der überglücklich war, Egon Erwin Kisch zu sehen. Nun gab der Direktor Verhaltensmaßnahmen für den Besuch zum besten, und die Unterhaltung begann sehr vorsichtig und im Rahmen des Erlaubten. Egon verstand es, das Gespräch zu lenken, und war auf einmal – Gott weiß wie? – bei seinen Reisen im Orient und in Indien angelangt. Sein Erzählertalent faszinierte alle. Der Lehrer, der Direktor, Hoelz stellten x Fragen, schließlich war Kisch bei den Yogis und Schlangenbeschwörern und Zauberern angelangt.

‚Hast du die Kunststücke wirklich gesehen?' fragte Hoelz. ‚Nicht nur gesehen, einige sogar abgeguckt', antwortete Kisch. Alle waren ganz Ohr, der Direktor wandte ein: ‚Das ist doch aber kaum möglich.' – ‚O doch, wenn Sie mal eine

Probe davon sehen wollen, könnte ich Ihnen ein paar zeigen. Aber das geht hier wohl nicht.'

Das war der richtige Köder. Natürlich wollte man sich hier in dem weltabgeschiedenen Groß-Strehlitz so eine grandiose Gelegenheit nicht entgehen lassen. Aller Augen waren auf den Zuchthausdirektor gerichtet, der, ob er wollte oder nicht, war bereits im Banne von Kisch und gab die Erlaubnis. Und Erwin zauberte. Zuerst ein paar übliche Kunststücke. Die Uhr des Lehrers lag auf dem Tisch. Auf einmal war sie weg, und Kisch holte sie aus dem Ohr eines Aufsehers heraus. Er zerriß 10-Mark-Scheine in der Luft und brachte sie heil und ganz wieder herunter. Dann besorgte er sich Münzen vom Direktor, drückte sie auf die Eichenplatte des Tisches, das Geld kam unter der Platte wieder zum Vorschein. Noch einmal mußte er dies dem aufmerksamen Publikum vormachen. Dann borgte er sich eine lange scharfe Nadel aus, und dann kam der Höhepunkt: Er rammte sich diese Nadel in die Wange und brachte sie aus der anderen Gesichtshälfte wieder unblutig zum Vorschein. Er stach sie sich in den Schädel und zog sie aus dem Haar hervor. Jeder wollte die Nadel sehen und kontrollieren. Ordnung und Aufsicht waren längst verschwunden, und in Hoelz' Taschen verschwanden Briefe, Kassiber, Zigaretten, Schokolade. Alles mögliche konnte ich ihm bequem zustecken. Niemand achtete auf den gefährlichen Max Hoelz. Alle waren von Kisch verzaubert, alle konnten nicht genug sehen und hören. Die Besuchszeit war längst überschritten. Egon Erwin Kisch hatte das Unmögliche möglich gemacht, hatte die preußische Zuchthausordnung weggezaubert. Als wir gehen mußten, war es schon Mittagszeit. Alle bedankten sich bei Kisch, am meisten Hoelz, der von diesem zauberhaften Erlebnis noch lange hinter den grauen Mauern zehrte. Und wenn man in späteren Jahren wollte, daß Kisch wieder mal zauberte, mußte man ihn einfach mit einem Kind besuchen gehen. Dann holte er wieder seine Künste hervor und zauberte, der wundervolle Zauberer Egon Erwin Kisch.

In Groß-Strehlitz wird Hoelz mehrmals von der Genossin Anna Rölz aus Auerbach besucht. Sie hat seinen Adoptivsohn Petja in Pflege genommen, da Katja Hahn ständig für die Partei unterwegs ist. In Berlin hatte der Junge kein geregeltes Leben, bekam nicht pünktlich seine Mahlzeiten und wurde schließlich krank. In der frischen Luft des Vogtlandes soll er sich erholen. Anna Rölz erzählt uns aus dieser Zeit.

Sie war damals jung verheiratet, ihr Mann Max, gelernter Zimmermann, hatte nur gelegentlich Arbeit. Doch beide zögerten keinen Augenblick, in ihrem kleinen Zimmer noch ein selbstgezimmertes Bett aufzustellen. Ab und zu kamen Katja und Lena Hahn, um nach dem Jungen zu sehen. Anna Rölz nähte ihm einen Anzug und Hosen, und einmal in der Woche schrieb sie seiner Mutter, wie es dem Kleinen geht, was er anstellt, was er sagt und wie er läuft.

Inzwischen ist Petja zweieinhalb Jahre alt und kennt alle Arbeiterlieder: „Max Hoelz, der kommandiert ...", „Brüder, zur Sonne, zur Freiheit" und die anderen, die damals gesungen wurden. Katja schickt alle Briefe von Anna Rölz an Max Hoelz ins Zuchthaus Groß-Strehlitz. Und eines Tages erhalten Anna und Max Rölz einen Brief von ihm. Mit seiner großen steilen Handschrift schreibt er: „Liebe Anna, lieber Max! Durch Eure Briefe habe ich Euch kennengelernt. Ich möchte mich bedanken für die große Hilfe, die Ihr meinem Sohn angedeihen laßt."

Anna Rölz hat diesen Brief wie auch die anderen vom selben Absender gut aufgehoben. In einem Brief fragt Max Hoelz: „Kann Petja von seinem Bettchen aus den Himmel und die Sterne sehen?" Und ein andermal schreibt er besorgt: „Liebe Anna, wenn dem Petja das Abreiben mit kaltem Wasser nicht bekommt, dann mußt Du so gut sein und das Wasser während der sehr kalten Wintermonate ein wenig erwärmen. Es ist aber wichtig und wertvoll, daß diese Abreibungen täglich vorgenommen werden ..."

In dieser Zeit plant Lena Hahn ihre Rückkehr in die So-

Anna Rölz mit Petja

wjetunion. Katja bleibt noch, denn Hoelz möchte sich nicht von Petja trennen. „Ich habe den kleinen Petrus ganz furchtbar lieb“, schreibt er in einem Brief, „und ihn als meinen eigenen Sohn angenommen. Er soll und muß auch meinen Namen kriegen.“

Hoelz schreibt nach Falkenstein, Anna und Max Rölz möchten nach Groß-Strehlitz kommen, es sei alles organisiert.

„Wir machten uns also auf die Reise“, erzählt Anna Rölz, „nach Oberschlesien. Es kam uns wie eine Weltreise vor. Das Zuchthaus lag nicht im Industriegebiet, sondern ganz am Ende der Welt zwischen Feld und Wald. Hier war alles trüb und düster.

Wir kommen in einen großen Saal, eine lange Besuchertafel steht da, so lang wie das Zimmer, und wir müssen erst einmal warten. Dann kommt die imponierende Gestalt von Max Hoelz herein, ein schöner Mann, das Haar schwarz, nach hinten gekämmt, ein markantes Gesicht. Er trug Holzpantoffeln wie alle Gefangenen damals. Doch man sah ihm an, daß er täglich Sport trieb.

Wir begrüßen uns, er ist rührend zu uns, als säßen wunder welche Persönlichkeiten am Tisch. Und dann kommt er heraus mit seinem Anliegen. Er informiert uns kurz, daß Lena Hahn in ihre sowjetische Heimat zurückfahren würde und sie ihm empfohlen hätte, mich an ihrer Stelle einzusetzen. Er brauchte eine Mittelsperson, der er vertraut und die für ihn Aufträge übernehmen kann. Hoelz ist sich seiner Sache ganz sicher. ‚Na ja‘, sagt er zu meinem Mann, Genosse Rölz oder Max oder wie er sagt, ‚du wirst doch einverstanden sein, daß deine Frau nicht mehr mit dir zurückfährt, daß sie in Berlin bleibt und für uns arbeitet.‘

Ich bin dann bei Katja Hahn gelandet. Den Auftrag habe ich so gut erfüllt, wie ich es konnte. Ich war damals 25 Jahre und noch sehr unerfahren. Ich wurde im Justizministerium vorstellig wegen seiner Verlegung in ein Zuchthaus, das näher bei Berlin liegt. Ich stellte mich als eine Verwandte von Hoelz vor und wurde auch vorgelassen. Einmal war ich wegen Hoelz sogar bei dem bekannten Professor Dr. Eduard Fuchs, der die berühmte Sittengeschichte geschrieben hat, die ich damals natürlich noch nicht kannte. Nach einigen Wochen aber holte mich mein Mann wieder zurück nach Falkenstein. Hoelz war darüber nicht erfreut, aber man kann es einem Mann auch nicht übelnehmen, wenn er seine Frau nicht ständig so weit weg haben will.“

Anna Rölz war damals mehrmals bei Hoelz in Groß-Strehlitz. Hoelz hatte hier schlechte Haftbedingungen. Er war bewacht wie kaum ein anderer. Aber er war auch eine Persönlichkeit des öffentlichen Lebens, im ganzen Land bekannt. Darauf mußte die Gefängnisverwaltung eine gewisse Rücksicht nehmen. So hatte Hoelz auch Verbindungen nach draußen, über die andere Gefangene nicht verfügten. Zu dieser Zeit kämpfte er mit aller Energie um die Wiederaufnahme seines Prozesses. Es kommt ihm darauf an, nachzuweisen, daß das ihm angehängte sogenannte gemeine Verbrechen, der Mord an dem Gutsbesitzer Heß, nur dazu dienen soll, ihn lebenslänglich einzukerkern und in den Augen der Öffentlichkeit herabzusetzen. Zugleich will Hoelz mit seinem Kampf den zahlreichen Genossen, die in den Gefängnissen verkümmern, ein Beispiel geben.

Insbesondere die Rote Hilfe, und hier besonders der Genosse Wilhelm Pieck, kümmert sich um Hoelz' Angelegenheit. Das bestätigt auch Hoelz 1926 in einem Brief. Eine große Rolle in Hoelz' Leben spielt in dieser Zeit auch der Schriftsteller Egon Erwin Kisch. Hoelz, der Kisch „meinen Freund“ nennt, bittet ihn, einen energischen Anwalt ausfindig zu machen. Kisch schlägt den Rechtsanwalt Dr. Apfel vor, der später auch Carl von Ossietzky und andere Demokraten verteidigt. Als Hoelz einverstanden ist, überträgt die Rote Hilfe Dr. Apfel das Mandat. Dem Anwalt, Mitglied einer bürgerlichen Partei, gelingt es, die maßgeblichen deutschen Zeitungen für den „Fall Hoelz" zu interessieren, dieselben Zeitungen, die Hoelz früher als Bürgerschreck in Grund und Boden verdammten.

Dr. Apfel veröffentlicht ein Kalendarium in Sachen Max Hoelz, mit dem er einen großen Leserkreis für den Fall interessiert. Zugleich unterbreitet er der Öffentlichkeit neues Material, das die Unschuld von Hoelz am Tod des Gutsbesitzers Heß beweist.

Am 2. Oktober 1926 veröffentlicht die „Rote Fahne" einen Beitrag von Ernst Schneller, einem der engsten Kampfgefährten von Ernst Thälmann: „Schluß mit der Schikane! Schluß mit den Justizverbrechen! Heraus mit Max Hoelz!" schreibt Schneller. Und er erklärt weiter: „Die proletarischen politischen Gefangenen werden mit allen Schikanen gepeinigt, gequält ... Ein Schulfall, der gerade durch die letzten Vorkommnisse und Erfahrungen beleuchtet wird, ist die Verurteilung des Genossen Max Hoelz. Der Haß der herrschenden Klasse braucht eine dauernde Unschädlichmachung dieses energischen revolutionären Kämpfers. Die Bourgeoisie betrachtet mit überlegener satter Neugier vor der Polizeiausstellung die in Sachsen und Preußen ausgestellten Bilder des Genossen Hoelz. Er kann ihnen nichts tun, er sitzt sicher, vielmehr, sie sind vor ihm sicher und grinsen: Der kommt nicht wieder! Alle defilieren sie vor den Bildern, dem Proletariat zum Hohn zur Schau gestellt, die Bankiers, Spekulanten, Konzerngewaltigen, die Klassenrichter, die hohen Herren der Reichswehr und der Polizei, die Königlichen und die Fememörder.

Max Hoelz ist zu lebenslänglichem Zuchthaus verurteilt, Max Hoelz hat zu allen seinen Taten gestanden. Doch die reichten nicht aus zur völligen Erledigung ... Die Richter des Ausnahmegerichtes vor fünf Jahren haben nur eins im Auge gehabt, die Erledigung von Max Hoelz. Im Falle des Genossen Max Hoelz, der nur einflußreiche Feinde hat, bedurfte es langjähriger beharrlicher Arbeit, um anhand von Tatsachen nachzuweisen, daß die Verurteilung von Max Hoelz durch das Ausnahmegericht aufgrund leichtfertiger und verantwortungsloser Feststellungen erfolgt ist, so wie das auch in zahlreichen anderen Fällen nachgewiesen wurde."

Der Fall Max Hoelz wird von der Kommunistischen Partei und von Hoelz' Anwälten neu aufgerollt. Sie warten im Herbst 1926 mit sensationellen neuen Beweismaterialien auf: Am 24. Oktober berichtet die „Rote Fahne", daß es nach jahrelangem und unausgesetztem Bemühen den Anwälten und Freunden von Max Hoelz jetzt gelungen ist, einen lückenlosen Beweis dafür zu erbringen, daß Max Hoelz an der Erschießung des Gutsbesitzers Heß, wegen der er 1921 zu lebenslänglichem Zuchthaus verurteilt wurde, überhaupt nicht beteiligt war.

Was ist geschehen? Einer der Kronzeugen gegen Hoelz, der Reichswehrmann Uebe, der sich zufällig der Hoelz-Truppe angeschlossen hatte und im Prozeß gegen Hoelz aufgetreten war, widerruft vor einem Rechtsanwalt in Mitteldeutschland seine Aussage. Er erklärt, seine Beschuldigungen vor Gericht seien von der Klassenjustiz erpreßt worden.

Zur selben Zeit meldet sich der Arbeiter Erich Friehe bei dem Berliner Rechtsanwalt Dr. Apfel und bekennt, daß seinerzeit er auf dem Gutshof Heß erschossen habe! Friehe ist Bergmann, verheiratet und hat ein Kind. Zur Zeit der Tat war er ganze achtzehn Jahre alt. Er hatte vor Angst und Wut mit dem Karabiner auf Heß geschossen und ihn getötet. Wegen seiner Teilnahme am Mitteldeutschen Aufstand wurde er übrigens 1921 zu einem Jahr Gefängnis verurteilt.

Jetzt schaltet sich auch die bürgerliche Presse ein, die bis dahin alle Bemühungen um die Wiederaufnahme des Verfahrens totgeschwiegen hat. Die „Frankfurter Zeitung", damals eines der maßgeblichen Sprachrohre der Bourgeoisie, schreibt am 30. Oktober: „In einer Versammlung der Roten Hilfe sprach Donnerstagabend Frau Hoelz für die Wiederaufnahme des Verfahrens gegen ihren angeblich unschuldig zu lebenslänglichem Zuchthaus verurteilten Mann. Wenn man bei ihren temperamentvollen und klug durchdachten Ausführungen von allen auf agitatorische Wirksamkeit berechneten Behauptungen absieht, so bleibt doch noch eine Menge angeblichen Tatsachenmaterials übrig, an dem man, wenn es auf Wahrheit beruhen sollte, nicht mit Stillschweigen vorübergehen kann!"

Genossin Hoelz klagt in ihren Versammlungen auch die Strafvollzugsbehörden an, da sich die Behandlung von Max Hoelz auffallend verschlechtert hat, nachdem Mühsams Broschüre „Gerechtigkeit für Max Hoelz!" erschienen ist. Rechtsanwalt Victor Fraenkl schreibt in der „Weltbühne": „Die Behandlung (von Max Hoelz – Anm. M. G.) hat sich zu besonderer Schärfe und Härte gesteigert, seitdem – ausgerechnet – die Deutschvölkische Freiheitspartei (ein norddeutscher Ableger der Nazipartei – Anm. M. G.) des Adolf Hitler und des Generals a. D. und Dr. med. h. c. Erich Ludendorff im Sommer 1925 ihre berüchtigte parlamentarische Anfrage an den preußischen Justizminister gerichtet hat. Daß zu den Abgeordneten dieser Partei ein im selben Ministerium beschäftigter Geheimer Oberjustizrat gehört, sei als neckische Begleiterscheinung vermerkt.

Die Behandlung, die Max Hoelz im Zuchthaus erleidet, ist die eines ‚gemeinen Verbrechers'."

Dem kranken Hoelz wird der Arzt verweigert, die Zellenfenster werden zeitweilig zugemauert. Monatelang darf er weder Briefe schreiben noch Post empfangen. Und das gerade in der Zeit, in der es um die Wiederaufnahme seines Verfahrens geht. Die „Frankfurter Zeitung" stellt fest: „Solche Anklagen sind natürlich alle problematisch. Was die Härte des Strafvollzugs angeht, so weiß man ja nicht, was Hoelz sich im Zuchthaus zuschulden kommen ließ. Aber immerhin", schreibt das Blatt, „kann man von den verantwortlichen Stellen erwarten, daß sie sich zu diesen öffentlich vorgebrachten Behauptungen äußern." Der Beitrag endet: „Die Darstellung durch Frau Hoelz, die allerdings eine äußerst geschickte Rednerin zu sein scheint, machte auf die Versammlung einen tiefen Eindruck. Die propagandistische Wirkung einer solchen Rede darf nicht unterschätzt werden."

Im „Berliner Börsenkurier" ist zu lesen: „Die deutsche Bürgerkriegsjustiz ist eine Wiedergutmachung schuldig. Es ist bis nahe an die Gewißheit wahrscheinlich, daß der Kommunist Max Hoelz seine Zuchthausstrafe seit fünf Jahren schuldlos verbüßt, schuldlos wenigstens an der Sache, um deren Willen er für lebenslänglich eingesperrt wurde."

Der Bergmann Friehe, der sich schuldig bekannte, hatte schon früher versucht, sich den Behörden zu stellen. Andere hatten ihn davon abgehalten, weil er Hoelz nicht mehr helfen und sich selbst nur schaden könne. Schließlich aber kann er es mit seinem Gewissen nicht mehr vereinbaren, daß ein anderer an seiner Stelle leidet. Nach dem Ordnen seiner privaten Verhältnisse will er sich nun endlich von der seelischen Last befreien.

Erich Friehe wird als ein kleiner, blonder, magerer Mensch mit blauen Augen, einem feingezeichneten Mund und einem energischen Kinn geschildert. Er spricht sehr sanft und freundlich und macht in der sauberen Sonntagskleidung auf einen Reporter, der ihn aufsucht, einen sehr netten und anständigen Eindruck. Aber er ist jähzornig und deshalb schon mehrfach mit dem Gesetz in Konflikt geraten. Wenn ihn die Wut packt, ist er mit der Waffe schnell zur Hand.

Hoelz' Rechtsanwalt Dr. Apfel und sein Vertreter im Amnestieausschuß des Reichstages berichten am 2. November 1926 vor diesem Ausschuß über die Selbstbezichtigung Friehes und die dadurch entstandene neue Lage. Danach werden – auch von Friehe – weitere Bemühungen unternommen, um das Verfahren in Gang zu bringen.

Doch wie schon wiederholt im Falle Hoelz geschieht auch jetzt wieder etwas in der Justizgeschichte Ungeheuerliches: Gegen Friehe wird keine Anklage erhoben.

Zunächst versucht man, seine Selbstanzeige als die Tat eines fanatischen jungen Kommunisten hinzustellen, der sich für den in der Partei so heißgeliebten Max Hoelz opfern will. Als Friehe am 30. November endlich zu einer richterlichen Vernehmung geladen wird, handelt es sich – um einen Steuerrückstand von zehn Mark. Es ist doch sonst nicht die Art der preußischen Justiz, jemanden, der sich eines Kapitalverbrechens bezichtigt, unbehelligt herumlaufen zu lassen. Hier aber geschieht es. Friehe wird weder verhaftet noch vernommen.

Nach fast drei Monaten endlich beginnt die Voruntersuchung gegen ihn. Es werden einige Personen vernommen. Doch um Friehe selbst kümmert sich weiterhin niemand. Der Richter weiß nicht einmal, daß er in Halle lebt. Ein einziger Telefonanruf hätte genügt, ihn vor seinen Stuhl zu zitieren. Aber der Richter ist nicht neugierig. Allerdings vernimmt er den ehemaligen Zeugen Uebe, der wiederholt, was er dem Verteidiger von Hoelz gestanden hat, und seine Aussage von 1921 widerruft.

Am 16. Mai 1927 wird Friehe zum erstenmal vernommen, nach fast sieben Monaten, in denen Max Hoelz schlimme Tage und Nächte im Zuchthaus Groß-Strehlitz durchlebt hat. Dennoch gibt Hoelz gerade in diesen Tagen ein Beispiel proletarischer Solidarität. Das linksbürgerliche „Tageblatt" veröffentlicht einen Artikel von ihm, in dem er über seine Verhaftung 1921 berichtet, um das Interesse an dem Fehlurteil wachzurufen. Dafür erhält er vom Verlag ein Honorar von dreißig Mark.

Es ist das erste Geld, das er in fast sechsjähriger Haft verdient. Als der Verlag anfragt, wohin er die dreißig Mark überweisen soll, schreibt Hoelz, er habe natürlich eine ganze Reihe von Möglichkeiten (und Notwendigkeiten) für die Verwendung dieser für ihn ganz respektablen Summe. Im ersten Augenblick will er seinem alten Vater eine kleine Geburtstagsfreude machen, denn die Eltern, die seine Ansichten nicht teilen, haben schwere Jahre durchgemacht. Dann denkt er daran, etwas für seinen Jungen zu tun. Die Idee, das Geld für sich zu verwenden, für ein Zubrot im Zuchthaus, kommt ihm gar nicht. Und so schreibt er aus dem Zuchthaus (vermutlich an seinen Rechtsanwalt): „Jetzt liegen die Dinge so, daß in England Hunderttausende von Bergarbeitern in schwerster Notlage sind ... Da ist es nun für mich eine ganz besondere Freude, daß ich zu einem geringen Teil die englischen Bergarbeiter in ihrem ungeheuren Kampfe unterstützen kann. Deshalb bitte ich Sie, ziehen Sie vom Verlag die 30 Mark für mich ein und überweisen Sie diesen Betrag sodann an Herrn Sch., Rote Hilfe. Sch. soll so gut sein und die Summe derjenigen Stelle übermitteln, die in Berlin für die englischen Bergarbeiter sammelt. In bürgerlichen Zeitungen lese ich, welche ungeheuren Opfer die russischen Arbeiter für ihre englischen Klassenbrüder aufbringen. Das ist vorbildlich und muß uns zur Nacheiferung anspornen."

Neben seiner vorbildlichen Einstellung zur internationalen Solidarität zeigt auch dieser Brief seine hohe Wertschätzung für die sowjetischen Genossen. In einem anderen Brief, gerichtet an die beiden Genossinnen Lena und Katja Hahn, schreibt er aus Groß-Strehlitz: „Wie geht es Eurer Mutter? Wenn ich aus diesem Käfig hier heraus bin, dann reisen wir ... in Eure Heimat und vergessen für ein paar Wochen alle unsere Sorgen. Allzu lange werden wir leider nicht bei unseren Freunden in der UdSSR bleiben können."

Der Kampf um die Freilassung von Max Hoelz ist längst über diese enge Zielstellung hinausgewachsen und gewinnt immer mehr allgemeine und außerordentliche Bedeutung. Die Reichsarbeitslosenkonferenz in Berlin nimmt am 1. Dezember 1926 einstimmig eine Resolution an, in der sie die sofortige Freilassung von Max Hoelz und die Amnestierung aller proletarischen politischen Gefangenen fordert. Die Kommunistische Partei führt unter Ernst Thälmann, der seit 1925 an der Spitze der KPD steht, mit aller Entschiedenheit den

Kampf um die Freilassung Max Hoelz' und aller politischen Gefangenen. Er ist ein Kernpunkt ihrer politischen Arbeit in dieser Zeit. Anfang Januar 1927 richtet die „Rote Fahne" einen Appell an die gesamte Arbeiterschaft: „Rettet Max Hoelz!" Darin heißt es: „Proletarier und Proletarierinnen! Seit ihrem Bestehen kämpft die Rote Hilfe Deutschlands unausgesetzt um die Freilassung der politischen Gefangenen des Proletariats. Ununterbrochen setzt sie ihre ganze Kraft ein für die Unterstützung der Opfer der Klassenjustiz, der Frauen und Kinder der politischen Gefangenen. Max Hoelz, der Schulter an Schulter mit dem Proletariat gekämpft hat, Max Hoelz, der tapfere Führer des Mitteldeutschen Aufstandes, ist von Klassengerichten zu lebenslänglich Zuchthaus verurteilt worden. Das sechste Jahr hinter Zuchthausmauern kämpft er mit eisener Energie gegen den Terror der Zuchthausverwaltungen und den schamlosen Justizmord, der an ihm begangen wird . . ., der Mord (an Heß – Anm. M. G.) ist von den Klassenrichtern konstruiert worden, um einen der besten und tapfersten Kämpfer des Proletariats auf kaltem Wege unschädlich zu machen. Indem wir für die Wiederaufnahme des Verfahrens in Sachen Max Hoelz kämpfen, kämpfen wir zugleich für Tausende von Proletariern, die von der deutschen Schnellfeuerjustiz zu schweren Zuchthaus- und Gefängnisstrafen verurteilt worden sind. Es geht nicht allein um den einen Max Hoelz. Es geht um Tausende Proletarier, an denen in gleicher Weise Rachejustiz verübt wurde."

# Von Brecht bis Vater Zille

Der Ruf nach Freiheit für Max Hoelz und alle proletarischen politischen Gefangenen wird indes immer lauter. Nicht nur die Kommunisten und ihre Presse setzen sich dafür ein. Im April 1927 wendet sich ein „Neutrales Komitee für Max Hoelz", das sich zusammensetzt aus Vertretern der verschiedensten politischen Richtungen, an die Öffentlichkeit, um die baldige Überprüfung seines Urteils zu erwirken.

„Seit fast einem halben Jahr", heißt es in dem Appell des Komitees, „ist der Öffentlichkeit und den Behörden bekannt, daß infolge der Selbstbezichtigung des wahren Täters, des Widerrufs des Hauptbelastungszeugen und auf Grund anderer wichtiger Tatsachen die Grundlagen des Urteils (gegen Hoelz – Anm. M. G.) im Falle Heß erschüttert worden sind; auch liegt bedeutsames Material vor, das geeignet ist, andere wesentliche Teile des Urteils als auf Justizirrtum beruhend erscheinen zu lassen.

Weite Kreise des In- und Auslandes, die den politischen Anschauungen von Max Hoelz völlig ablehnend gegenüberstehen, sind davon überzeugt, daß sein ganzes Tun stets nur von den lautersten Beweggründen geleitet war.

Das Komitee fordert die schleunige Herbeiführung eines neuen Urteils über die Taten und über die Person von Max Hoelz. Es erhebt gegen die auffallend langsame Bearbeitung des Rechtsfalles den schärfsten Protest und macht die Behörden auf die Erbitterung aufmerksam, die weite Kreise angesichts der ungleichmäßigen Anwendung der Amnestiegesetze ergriffen hat . . ."

Dieser Aufruf ist von mehr als einhundertfünfzig bekannten Persönlichkeiten unterschrieben. Die Namen der Unterzeichner reichen von A – Dr. Apfel, Rechtsanwalt, Berlin, und Bruno Asch, Stadtrat in Frankfurt (Main), bis Z – Heinrich Zille und Arnold Zweig. Da finden wir die Schriftsteller und Verleger Johannes R. Becher, Bertolt Brecht, Lion Feuchtwanger, Samuel Fischer, Hellmuth von Gerlach, Oskar Maria Graf, Wieland Herzfelde, Arthur Holitscher, Herbert Ihering, Alfred Kerr, Gustav Kiepenheuer, Egon Erwin Kisch, Rudolf Leonhard, Heinrich und Thomas Mann, Joachim Ringelnatz, Ernst Rowohlt, Ernst Toller, Kurt Tucholsky, Erich Weinert. Sie stehen neben Künstlern wie Paul Bildt, Otto Dix, Erich Engel, Heinrich George, George Grosz,

Käthe Kollwitz, Fritz Kortner und Erwin Piscator, neben Wissenschaftlern wie Albert Einstein, Robert Kuczynski, Paul Oestreich und Alfons Steiniger sowie neben Politikern aus bürgerlichen Parteien wie dem damaligen Landtagsabgeordneten Otto Nuschke, dem späteren langjährigen Vorsitzenden der CDU in der DDR.

Kaum eine politische Aktion in der Weimarer Republik hat ein so breites Echo gefunden wie der Kampf um die Freilassung von Max Hoelz. Die gesamte demokratische Intelligenz steht 1927 hinter dieser Forderung. Dies ist deshalb besonders wirkungsvoll, weil hier nicht nur die Namen bekannter linksstehender Vertreter von Kunst und Literatur zu finden sind, sondern auch die Unterschriften von Persönlichkeiten, die sonst nie unter derartigen Dokumenten stehen – von Rechtsanwälten, Universitätsprofessoren aller Fakultäten und selbst bürgerlichen Politikern und Industriellen. Mit großem taktischem Geschick gelingt es den Organisatoren des Komitees, die ständig wachsende Zahl derer um sich zu scharen, die sich ihr Gewissen bewahrt haben. Besonders Egon Erwin Kisch leistet eine große Arbeit. Im Verlag der Internationalen Roten Hilfe erscheint seine Broschüre „Sieben Jahre Justizskandal". Kisch gibt im Erich-Reiß-Verlag „Max-Hoelz-Briefe aus dem Zuchthaus" heraus. Er hat die Briefe gesammelt und mit einem Vor- und Nachwort versehen.

Kurt Tucholsky schreibt in seinem Artikel „Und immer wieder Max Hoelz!" dazu: „‚Briefe aus dem Zuchthaus' von Max Hoelz (bei Erich Reiß in Berlin erschienen). Während ihr das lest, sitzt er noch immer in seiner Zelle.

Egon Erwin Kisch hat die Briefsammlung mit einem brillanten Nachwort versehen, und der Verlag Erich Reiß hat sich ein wahres Verdienst erworben, so tapfer für einen unschuldig Verurteilten einzutreten. Das wagt nicht jeder (wie der im Buch enthaltene Aufruf zeigt, in dem ich viele sehe, die nicht da sind.)

‚Meine Ausdrucksformen sind ärmlich', heißt es in einem

der Briefe. Nun, Max Hoelz ist kein Literat und will gar keiner sein. Die Briefe, die ich von ihm empfangen habe und auf die ich stolz bin, zeigen ebenso wie die hier gedruckten in keiner Zeile einen Mann, der sich nun künstlich heraufschraubt, zeigen keine weinerliche Sentimentalität – sie zeigen den Mann, der die mutigste Rede vor einem deutschen Gericht gehalten hat, die mir bekannt ist. Unser Ernst Toller, der sich zutiefst auf die Psychologie von Gefangenen versteht, vermag sicherlich am besten zu beurteilen, wie echt das alles ist: das grüblerische Nachdenken, die unbedingte Konsequenz, das anständige Empfinden für den noch ärmeren Nebenmann. Hoelz hat nicht nötig, sich unsere ‚Sympathie zu verdienen' – wir ehren in ihm unsre Sache, auch da, wo wir uns mit seinen Taten nicht identifizieren, zu denen er ja heute anders steht als damals, wo er sie beging . . . Und wir verabscheuen, indem wir seine Sache vertreten, ein System.

Was dazu gehört, in einer solchen Lage eine Begnadigung abzulehnen, vermag nur der ganz zu würdigen, der einmal eingesperrt gewesen ist. Hoelz hat nie bittend die Hände ausgestreckt – Hoelz will etwas, das er verlangen kann: Gerechtigkeit. Das, was sie da mit ihm gemacht haben, ist keine.

So verengt auch der Gesichtskreis eines Gefangenen mit der Zeit wird: dieser weitet sich die Mauern seines Käfigs . . .

Dieser Mann hat die lebenslängliche Strafe nicht verdient. Ob er wegen Hochverrats abgeurteilt werden wird, ob er dieselben milden Richter finden wird wie die Leute von Kapp, das ist eine spätere Sorge. Aber er ist wegen einer Tat abgeurteilt worden, die er nicht begangen hat, die ein anderer getan und eingestanden hat. Das darf nicht sein.

Der Reichsgerichtspräsident, der so oft über das Wesen der Gerechtigkeit öffentlich gesprochen hat, vernehme diesen Schrei: Her mit dem Wiederaufnahmeverfahren für Max Hoelz!"

An Max Hoelz entzündet sich der Kampf gegen das kapitalistische System. Sein Name wird zum Synonym für den

Kampf gegen eine unmenschliche Ordnung. Max Hoelz, der Mann mit dem „sozialen Gewissen und dem Temperament eines Rebellen“, wie ihn die Engländerin Evelyn Anderson nennt, steht im Mittelpunkt des Kampfes für die Freilassung aller politischen Gefangenen der Arbeiterklasse. Er wird immer populärer.

In Carl von Ossietzkys „Weltbühne“ wählt ein Autor als Motto für seinen Beitrag das Hölderlinzitat: „Ich sprach in deinem Namen auch, ich sprach für alle, die in diesem Lande sind und leiden, wie ich dort gelitten.“ In diesem Artikel „Gerechtigkeit für Max Hoelz“ geht es nicht mehr um eine sachliche Wertung seiner Taten, sondern darum, möglichst breite Schichten für sein Schicksal zu interessieren, Anteilnahme zu wecken und seine Freiheit zu erwirken. „Die Weltbühne“ schreibt: „Max Hoelz – nach den Begriffen des deutschen Spießers, dessen Sprachorgan die Gerichte sind, ein Straßenräuber und Mordbrenner, weil er nicht vom Steine der Realpolitik essen wollte, die das deutsche Volk jahrhundertelang auf den Hund gebracht hat. In Wirklichkeit ist dieser Proletarier Max Hoelz, der ernsthaft gegen die Kappisten focht und im Mitteldeutschen Aufstand von 1921 die militärische Führung der provozierten Arbeiter übernahm, ein Nachfahre jener Bauernrebellen Thomas Müntzers, die in derselben deutschen Gegend ihr Leben lassen mußten, wo Max Hoelz die Arbeiter gegen die bereits siegreiche Reaktion führte. Es war, wie wenn er im März 1921 als Rächer aus den Gräbern der Gefallenen des Bauernkrieges von 1525 aufgestanden wäre.

Wie es ja bei so rührenden Gestalten selbstverständlich ist, wollte Max Hoelz sein Ziel mit den geringsten Opfern erreichen ... Aber Hoelz hatte gewagt, an die Grundlagen der bürgerlichen Ordnung zu tasten. Darum wurde er der Tötung des Gutsbesitzers Heß für schuldig befunden, obwohl seine Nichtbeteiligung, die heute außer allem Zweifel steht, schon damals mehr als wahrscheinlich war.“

Und in einem anderen „Weltbühne“-Artikel heißt es:

„Notwendig ist, das Bild dieses Mannes zu zeichnen, wie er ist. Ohne Legende, befreit von den Schlacken der Verkennung, im Freundes- wie im Feindeslager.

Max Hoelz ist ein Arbeiter. Behaftet mit den Schwächen der deutschen revolutionären Bewegung. Aber auch ein Repräsentant dessen, was groß und begeisternd an ihr war. Und wenn wir sein Leben bis an die Schwelle des Zuchthauses verfolgen: seine kleinbürgerlich-strebsame Entwicklung bis in die letzten Kriegsjahre, sein revolutionäres Erwachen beim ersten Zusammentreffen mit einem Sozialisten, seine Kämpfe 1919, 20 und 21, in denen er ... niemals individuelle Terrorakte beging, sondern stets in revolutionären Massenbewegungen stand und selbst in den heißesten Kampftagen Verbindung mit den politischen Organisationen aufrechterhielt und von ihnen Direktiven anforderte! – wenn wir dieses Kämpferdasein betrachten, so werden wir zwar auch Züge des individuellen Rebellen, des heißen, oft kühn vorstoßenden Tatmenschen entdecken. Doch hinter alldem steht ... so viel nüchterner Tatsachensinn, so viel realpolitische Abschätzung der Klassenkräfte, daß jeder erkennt, wie fern Max Hoelz allen anarchistischen Illusionen war.

Und in dem Jahrfünft seines bitteren Zuchthausdaseins vertiefte er, stets ein Lernender, sich in die Fragen der revolutionären Taktik, lehnte in Briefen an seine alten Kameraden jede Verschwörerutopie, jedes Sektierertum entschieden ab, legte ihnen, um ein charakteristisches Beispiel zu erwähnen, die Notwendigkeit zäher, beharrlicher Gewerkschaftsarbeit dar. Weit von sich wies Hoelz, grade unter dem Einfluß seiner Zuchthauserfahrungen, alle anarchistischen Illusionen."

Auch Carl von Ossietzky selbst, der Hoelz einen „romantisch beschwingten Klassenkämpfer" nennt, schreibt: „Der Fall Hoelz bleibt also unerledigt, wir müssen ihn weitertreiben, koste es, was es wolle."

Selbst Ernst Heilmann, inzwischen sozialdemokratischer Präsident des Preußischen Landtags, der immer gegen eine

Amnestierung von Hoelz aufgetreten ist, macht nun den preußischen Justizminister auf die Broschüre von Mühsam aufmerksam und empfiehlt Strafverkürzung für Max Hoelz.

Das Auftreten so bekannter Persönlichkeiten löst in der reaktionären Presse eine Flut wüster Beschimpfungen aus. So schreibt schon vier Tage nach dem Aufruf des „Neutralen Komitees" „Der Tag": „Jener Literatenklüngel, der jüngst für künstlerische Freiheiten des Herrn Piscator in die Schranken ritt, meldete sich jetzt für den Räuberhauptmann Max Hoelz zu Wort." Die Tat der Unterzeichner wird als „Don Quichotterie" verhöhnt. Besonders hat es die reaktionäre Presse auf Heinrich und Thomas Mann abgesehen. „Herr Thomas Mann hat mit der ‚Sympathieerklärung' für Max Hoelz dem deutschen Bürgertum die Anwort gegeben, und, weiß Gott, sie genügt. Heute nehmen wir nicht mehr an, daß Herr Thomas Mann etwa in Unkenntnis des wahren Sachverhalts gehandelt habe, daß etwa sein Name mißbraucht worden sei. Nein, wir wissen sehr gut, wie es mit Thomas Mann aussieht ... Nur hätten wir einen so schnellen Verfall aller politischen Urteilskraft bei diesem Deutschen nicht für möglich gehalten."

Doch die Stimmen demokratischer Kräfte überwiegen. Im Mai 1927 besucht der Gerichtsberichterstatter der „Vossischen Zeitung", Sling, Max Hoelz im Zuchthaus Groß-Strehlitz. Hoelz berichtet darüber: „Dieser bürgerliche Journalist wurde mir ein aufrichtiger Freund, den ich besonders schätze, weil er sich nicht nur für mich einsetzte, sondern für jeden Menschen, der unter das Fallbeil der Justiz geraten war."

Die Sympathie scheint durchaus erwidert worden zu sein. Sling berichtet: „Ich konnte es mir nicht versagen, von dem Wesen Hoelz' eine erneute Vorstellung zu gewinnen, und so benutzte ich die Gelegenheit, die man mir in meiner Eigenschaft als Mitglied des Neutralen Komitees dankenswerterweise bot, Hoelz persönlich aufzusuchen. Einzelheiten unserer Gespräche sind eigentlich kaum hervorzuheben. Die

Frage, die ich mir vorzulegen habe, ist die, ist die Hand, die ich hielt, wirklich die eines Mordbrenners, der eine politische Konjunktur benutzte, um seinen wilden Trieben nach Brand und Mord nachzukommen? Daß er versucht habe, sich persönlich zu bereichern, behauptet nicht einmal das Urteil. Man darf die einzelnen Handlungen Hoelz' verurteilen, man darf aber nicht vergessen, daß sein erster Kampf der berechtigten Abwehr eines hochverräterischen Aktes galt und daß er zum Kriegführenden wurde, als er die Republik sogar durch die Republikaner verraten glaubte, als gegen die hungernde und frierende Arbeiterbevölkerung Mitteldeutschlands Hörsingsche Sipo anrückte. Es war aus ihm das geworden, was aus einem jungen, ungewöhnlich tatkräftigen und begabten Menschen werden mußte ... Eine solche Persönlichkeit gehört nicht ins Zuchthaus."

Der Dichter Armin T. Wegner setzt sich in der „Berliner Volkszeitung" für Hoelz ein: Er fordert, daß ein „im wesentlichen Unschuldiger oder zumindest zu streng Verurteilter" aus der Haft entlassen werde. „Wir fordern die sofortige Entlassung des Max Hoelz", schreibt Wegner. „Durch das Volk selber, in dessen Namen der Richter sein Urteil spricht und an dessen Idealität wir appellieren, gilt es sobald als möglich diesen Schritt der Gerechtigkeit zu erzwingen."

Der Artikel von Sling in der „Vossischen Zeitung" und die Meinungsäußerungen vieler anderer erregen in der Öffentlichkeit großes Aufsehen und tragen viel dazu bei, das Interesse an dem Fall Hoelz zu vergrößern. Der Kampf gegen die juristische Voreingenommenheit hat hier Proletariat und Teile des Bürgertums zusammengeführt.

Diese Einigkeit ist jetzt dringend vonnöten; denn obwohl der Bergmann Friehe keinen Unschuldigen länger für sich büßen lassen will, wird erst nach schärfstem Druck der Öffentlichkeit Anklage gegen ihn erhoben. Ein Spezialrichter erbringt nach viermonatiger Untersuchung den schlüssigen Beweis, daß Hoelz unschuldig und Friehe der Mörder des

Gutsbesitzers Heß ist. Dennoch wird von der Strafkammer verkündet, daß Friehe der Tat nicht hinreichend verdächtig sei.

Jetzt ist es Ernst Toller, der sich für Hoelz einsetzt und sich nicht scheut, gegen die Hallenser Richter den Vorwurf der Rechtsbeugung zu erheben. Der mutige Literat hofft auf eine Beleidigungsklage, um den Beweis für seine Behauptung antreten zu können. Aber es wird nichts gegen ihn unternommen. Schließlich ereignet sich der seltene Fall, daß sich der Oberreichsanwalt selbst dem Wiederaufnahmeantrag von Max Hoelz anschließt. Doch Max Hoelz sitzt noch immer im Zuchthaus, und es geht ihm schlecht. Er leidet an einer schweren rheumatischen Erkrankung. Lange Zeit wurde ihm der Schwitzkasten vorenthalten, der seine Schmerzen lindert. Infolge eines Ischiasleidens muß er manchmal vom Hofgang in die Zelle zurückgetragen werden, in der ihn die Wanzen plagen, die in den Dielenritzen nisten. Hoelz scheuert den ungestrichenen, zerfaserten Fußboden, um die Wanzen zu vertreiben. Nun aber bleibt die Zelle den ganzen Tag über feucht, und diese Feuchtigkeit verschlimmert sein Rheumatismus. Er bittet darum, die Zelle entweder auf Kosten der Anstalt oder auf seine eigenen Kosten streichen zu lassen. Doch auch das wird ihm verweigert.

Die Anstaltsleitung hat den Lichtschacht in seiner Zelle zumauern lassen, so daß er kaum noch Luft bekommt. Seine Zelle ist die einzige, die mit mehreren Schlössern gesichert ist und vor der ständig zwei bis drei Aufseher stehen. Man versucht immer noch, Hoelz vor allem psychisch zugrunde zu richten. Wenn man ihn schon nicht direkt umbringen kann, so soll er das Gefängnis doch wenigstens als körperlich und geistig kranker Mensch verlassen, der der Arbeiterbewegung nicht mehr nützen kann. In einem Brief aus Groß-Strehlitz schreibt Max Hoelz: „Für mich selbst, für meine Person möchte und würde ich dieses beschissene Erdendasein nicht einen Tag länger leben. Nur weil ich glaube, daß ich mit den

Arbeitern zusammen für das Werden einer neuen und freien Menschheit noch einmal werde kämpfen können, nur deshalb bin ich krampfhaft und fieberhaft bemüht, eine Änderung meiner jetzigen unhaltbaren Lage zu erreichen ... Das, was mich bisher immer aufrecht gehalten hat, auch in den trübsten und schwersten Stunden meiner Kerkerzeit, war das Bewußtsein, daß ich nur ein Tropfen in dem ungeheuren Menschenmeer bin und daß ich als solcher nicht das Recht habe, ein Nur-für-mich-Leben zu führen, sondern daß es unsere natürliche Bestimmung ist, als ein Teilchen des Ganzen für das Ganze zu wirken."

Hoelz' Briefe aus dem Zuchthaus, die er in großen steilen Buchstaben, immer nur fünf bis sechs Worte auf der Zeile und nur wenige Zeilen auf einer Seite, schreibt, sind Zeugnisse großer Menschlichkeit, eines sensiblen Charakters und eines auch in den schlimmsten Situationen unerschrockenen Kämpfers. Nur am Rande enthalten die Briefe Bemerkungen über die menschenunwürdigen Zustände, unter denen er lebt. Vielmehr zeigen sie, wie er kämpft, wie er sich in die Front einreiht, die die politischen Gefangenen aus den Kerkern befreien will. Zu Unrecht beklagt er sich, daß seine schriftliche Ausdrucksfähigkeit unter einer stark ausgeprägten Schwerfälligkeit leide. „Ein Brief kann für einen Schreibenden eine große Erleichterung werden, wenn er das Empfinden hat, alles, was ein Herz und Hirn erfüllt und bewegt, zum Ausdruck gebracht zu haben. Es wäre gut, wenn ich mir solche Erleichterung durch Briefeschreiben verschaffen könnte."

Egon Erwin Kisch hat zu Hoelz' Briefen im Nachwort gesagt, er habe „keine syntaktische Wendung, kein Satzzeichen und kein I-Pünktchen" geändert. Und unter welchen Umständen wurden diese Briefe geschrieben! Die meisten in der Kanzlei, wohin Hoelz gebracht wurde und wo er unter Aufsicht mehrerer Beamter nachdenken und schreiben sollte.

Egon Erwin Kisch schreibt in seinem Nachwort weiter: „Die Kerkerliteratur vergangener Zeiten beschreibt keine entsetzlicheren Folterqualen, als diese aus der Zeit um 1927 ... Dostojewskis ‚Totenhaus' ist ein Idyll gegen das Totenhaus, aus dem die Schreie von Max Hoelz zu uns drangen ... Nur die Zarentürme, Peter-Pauls-Festung und Schlüsselburg, hatten ... ein adäquates Leid zu vergeben ... Max Hoelz' Haltung", schreibt Kisch, „ist durch seine politische Einstellung bedingt. Wie er darauf besteht, es um kein Jota besser zu haben als seine Mitgefangenen, wie er es ablehnen muß, durch Annahme eines Ämtchens in der Anstaltskanzlei, einer Bibliothekarstellung oder dergleichen die Institution des Zuchthauses irgendwie zu bejahen, so muß er auch prinzipiell darauf bestehen, daß innerhalb des großen an ihm begangenen Unrechts kein kleines Unrecht gegen ihn verübt werde ... (In Münster lehnte er zum Beispiel die Raucherlaubnis ab, weil sie den anderen Gefangenen versagt war.)"

Jeden Morgen um vier Uhr springt er von seiner eisernen Schlafpritsche, obwohl die Gefangenen erst um sieben Uhr aufstehen, gießt sich ein oder zwei Tonkrüge kaltes Wasser über den Körper, reibt sich ab und macht dann zwei Stunden lang gymnastische Übungen.

Über diese Übungen schreibt er öfter. Er hat sie zu einer solchen Perfektion entwickelt, daß er nicht nur auf den Händen, sondern sogar auf den Fingern stehen kann. Er führt so schwierige Übungen durch, daß er sich selbst wundert, wieso er sich dabei noch nicht das Genick gebrochen hat. Wieviel eiserne Energie gehört dazu, in der schlecht durchlüfteten, vom Gestank des Kübels erfüllten winzigen Zelle täglich, jahraus, jahrein, zu turnen und Atemübungen zu machen. „Mich selbst", schreibt er, „hat außer den Büchern nur regelmäßig und systematisch durchgeführte Gymnastik vor Verkalkung und völligem Zusammenbruch gerettet ... Erst im Zuchthaus lernte ich die große Bedeutung und den unschätzbaren Wert – zugleich auch für die Erhaltung der geistigen Frische – der Körperübungen kennen. Ich nahm diese Übungen genauso ernst wie alles andere, was ich anpackte, und erreichte dadurch, daß trotz meiner 40 Jahre mein fast zusammengebrochener Körper wieder elastisch und leistungsfähig wurde."

Einen regen brieflichen Kontakt hat Hoelz in dieser Zeit nach der Gründung des „Neutralen Komitees" mit Schriftstellern. Es gibt nicht wenige unter seinen Genossen, auch im Zuchthaus, die ihm das verübeln und behaupten, daß sein Hinneigen zu bürgerlichen Intellektuellen ihn den Arbeitern entfremden werde. Hoelz hält es für unkommunistisch, jeden Intellektuellen als seinen bürgerlichen Feind zu betrachten und so zu behandeln. „Wir wollen Menschen für unsere Bewegung gewinnen", sagt er, „oder zumindest dafür zu interessieren versuchen, nicht aber uns gegen sie abschließen und sie abstoßen." An Arthur Holitscher schreibt er: „Als ich Ihren ‚Bruder Wurm' das erstemal kennenlernte, habe ich mir die Frage vorgelegt: Welcher Unterschied besteht eigentlich zwischen dem Schriftsteller A. H. und dem sogenannten ‚gemeinen Verbrecher' Max Hoelz?" Und Hoelz beantwortet die Frage so: „Sie – und andere ihrer Berufskollegen – gebären Ideen. Sie gießen das Erdachte, das Ersehnte, gewünschte Menschheitsideal in herrliche Formen, Sätze, Bücher usf. – und wir, die wir die Zuchthäuser bevölkern, wir erachten es für unsere zwingende und dringende Pflicht, Ihre Ideen, Ihre Wünsche, Ihr Sehnen – die auch *unsere* Ideen, unsere Wünsche, unser Sehnen sind – wenn wir auch nicht die Gabe des Ausdrucks haben, die die Natur Ihnen verlieh, wir erachten es für unsere Pflicht, die Ideen lebendig zu machen, für sie mit unsern heißen Herzen zu kämpfen."

„Durch fleißige Lektüre und schriftliche Arbeiten", schreibt er, „habe ich die Lücken und Löcher meiner ganz mangelhaften Dorfschulbildung auszufüllen versucht." Und an anderer Stelle: „Ich glaube nicht, daß unser Proletariat an Gedankenarmut leidet, sondern an einer Unbeholfenheit des Ausdrucks." Doch Hoelz ist durchaus in der Lage, sich treffend und plastisch auszudrücken.

# Von Groß-Strehlitz nach Sonnenburg

Die sieben Jahre, die Hoelz in verschiedenen Zuchthäusern verbringen muß, umfassen nahezu die Hälfte seines politisch bewußten Lebens. Die Zeugnisse aus dieser Zeit sind deshalb für das Verständnis seiner Persönlichkeit von großer Bedeutung. Gerade in seinen Briefen äußert er sich außer zu persönlichen Problemen auch immer wieder zu den wichtigsten Fragen des politischen Kampfes, zu Krieg und Frieden und speziell zu Fragen der Gewalt.

An einen bürgerlichen Friedensfreund schreibt er aus dem Zuchthaus: „Große Teile der Ihnen nahestehenden Kreise sehen in uns Kommunisten nur Gewaltanbeter. Wir sind jedoch weder das eine noch das andere, wir glauben vielmehr mit derselben starken Überzeugungskraft wie Sie und Ihre Friedensfreunde an die Notwendigkeit und Möglichkeit eines allgemeinen Weltfriedens. Die Möglichkeit, d. h. den Weg zu diesem umfassenden Frieden, erblicken Sie und Ihre Freunde in erster Linie in der Abrüstung der Köpfe . . . Auch wir Kommunisten glauben an die Notwendigkeit der Abrüstung der Köpfe, und wir wirken dafür, dabei wissen wir aber auch nur zu genau (als historische Materialisten, d. h. auf Grund unserer aus der Geschichte geschöpften Erfahrung resp. Erkenntnis vergangener Jahrhunderte und Jahrtausende), daß mit der Abrüstung der Köpfe zugleich auch eine Abrüstung der Hände vor sich gehen muß . . . Abrüstung der Hände, darunter verstehe ich die Überführung aller materiellen und technischen Machtmittel (Grund und Boden, Produktionsmittel, Verkehrsmittel sowie Verwaltung und Exekutive) unter die unbedingte Verfügungsgewalt aller Werktätigen ..."

Hoelz durchdenkt immer aufs neue das Problem der Gewalt und der Gewaltlosigkeit, ihr Verhältnis zueinander. In einem Brief, in dem er sich zu Gandhi äußert, schreibt er: „Es wäre für mich – auch heute noch – das Allerschönste, was ich mir überhaupt auszudenken vermag, wenn die von Menschenhand geschwungenen Geiseln: Not, Elend, Krieg, Grausamkeit und Verbrechen, durch Liebe, nur durch Liebe und ohne jede Gewalt bezwungen werden könnten. Wäre dies möglich, dann wollten wir, die wir heute mit Gewaltanwendung gegen die bürgerliche Ordnung anrennen, gern tausendmal den Kreuzes- und Kerkertod erleiden ... Im Schauen nach diesem höchsten Gipfel unserer Wünsche finden sich unsere Herzen, treffen sich unsere Blicke, die Ihren, Gandhis, Tagores, des Zimmermannssohns vor 2000 Jahren und unsere, der Ungezählten, die wir in den Kerkern verkümmern."

Doch, so Hoelz weiter, sei es nur eine schöne Utopie, durch Liebe die Weltwunden zu heilen. Deshalb glaube er, daß wir „mit aller Kraft helfen müssen, alle materiellen Machtmittel unter die Kollektiv-Verfügung aller Werktätigen zu bringen".

„Die Gewalt", führt er aus, „die ich und meine Arbeitsbrüder anwenden, dient dem Zwecke, den wirklichen und tatsächlichen Gewaltanbetern, den hirn- und herzlosen Parasiten an der Menschheit, den Kriegern aus Sport und Leidenschaft die Waffen- und Machtmittel zu entreißen, die sie zum Schaden und Verderb der ganzen Menschheit mißbrauchen. Vielleicht werden Sie sagen, das sei eben verkehrt, den Teufel mit dem Beelzebub austreiben zu wollen. Das ist relativ richtig. Gewiß wird es möglich sein (und auch besser sein) manchen ‚Teufel' mit geistigen Waffen zu bezwingen ..., aber daneben gibt es (leider) auch noch Teufel, die nur durch stärkere Teufel zu bezwingen sind." In einem Brief an den Schweizer Schriftsteller Carl Seelig, mit dem er schon in mehreren Briefen über Rosa Luxemburg diskutiert hat, schreibt Hoelz im April 1927 aus Groß-Strehlitz: „Ihr Gruß und Ihre freundl. Zeilen haben mich erfreut. D. h. bedingt erfreut. Es schmerzt mich, daß Sie wohl das Große an Rosa L. erkennen und lieben, aber vor dem *Größten* dieser Frau steht ihre Seele unbegreifend. Ihr Herz schreit auf, wenn Sie denken, daß R. L. aus purem Altruismus zu keiner anderen Lösung kam, als jene zu vernichten, um diese zu beglücken.

Lieber lieber Carl Seelig, *das* war das Größte und Wundervollste an dieser zarten, mit ihrer unendlichen Liebe *alle* Geschöpfe (auch ihre Gegner und Feinde) umfassenden sozialen Kämpferin.

*Groß* war ihr Wissen und ihr Erkennen, ihr Verstehen, ihre Liebe, ihr Können, aber *größer* als all dieses, das unbedingt *Größte* an ihr war die Konsequenz ihres Handelns, das heißt, daß sie alle sozialen Probleme *bis zu Ende durchdachte*, ihre Kausalität erkannte und darauf ihr Handeln einstellte, trotzdem dadurch ihre Seele blutete.

R. L. sagte 1918 in einer Versammlung: ‚Jede Träne, die geflossen ist, obwohl sie abgewischt werden konnte, ist eine Anklage gegen uns.' Unsere Seele schreit auf, wenn wir den Freund vernichten, töten, und sie schreit ebenso laut auf, wenn wir den Gegner, den Feind, den *Menschen*, das Tier, *jedes Geschöpf* vernichten, töten.

Schreit sie denn weniger auf, wenn wir den Gegner, den Peiniger, den Menschenvernichter und -töter (aus Profitgier) *nicht* töten, sondern zusehen, wie unsere Brüder und Schwestern täglich und stündlich getötet und vernichtet werden?

Trotz unserer jahrtausendelangen Bitten, Beschwörungen, Forderungen nach ‚Gerechtigkeit', trotz unserer Friedfertigkeit, mordet der Moloch frisch, fromm, fröhlich weiter . . ."

Die präzise Anwendung der Zuchthausparagraphen, die Hoelz immer wieder fordert, hat oft zu erbitterten Konflikten mit den Strafvollzugsorganen geführt. Hoelz hätte es in all

Max Hoelz im Zuchthaus Sonnenburg

den Jahren leichter haben können, wenn er fügsamer gewesen und weniger bestimmt für seine Rechte eingetreten wäre. Das bestätigen ihm auch seine Anwälte immer wieder. Doch Hoelz wäre nicht Hoelz, wenn er sich anders verhielte. An seinen Anwalt schreibt er: „Verlangen Sie alles von mir, nur nicht die Aufgabe meines ‚Mich-Wehrens' gegen ein Übermaß an Quälereien und Schikanen. Ich will, muß und werde mich gegen dieses Übermaß wehren, es geht dabei um mein physisch-seelisches Sein . . . Mir geht es *nicht so sehr* darum, ob ich nun in ein paar Monaten oder Jahren meinen Kerker

verlassen kann, sondern weit mehr darum, daß ich diesen Kerker nicht als Kretin verlasse. Ich sagte, ich will und muß mich wehren."

Mancher hat ihm dies als Schwäche, als Unbeherrschtheit ausgelegt. Hoelz gibt diesen Kritikern zu bedenken, daß sie selbst, solange er in den Reihen der kämpfenden Arbeiter stand, seine Auflehnung gegen Unterdrückung und Ungerechtigkeit als eine Stärke ansahen. Soll er nun diese Eigenschaft beiseite schieben wie der Schauspieler, der nach beendeter Vorstellung seine Ritterrüstung ablegt und am nächsten

Tag ebenso naturgetreu den braven Familienvater, Gelehrten oder Liebhaber mimt?

Die Parteiführung der KPD unter Ernst Thälmann widmet sich energisch seiner Freilassung und der Freilassung der neuntausend politischen Gefangenen. Dem Einfluß der anschwellenden Protestbewegung ist es zuzuschreiben, daß Hoelz Ende August 1927, genau an dem Tag, an dem die Justiz der Vereinigten Staaten Sacco und Vanzetti ermordet, in die humanere Anstalt Sonnenburg verlegt wird, in der die Nazis Jahre später Carl von Ossietzky und andere Antifaschisten einsperren und foltern. Sonnenburg liegt näher an Berlin als Groß-Strehlitz, was für die weitere Betreibung des Wiederaufnahmeverfahrens gegen Hoelz sehr wichtig ist. Im Zuchthaus Sonnenburg, das schon äußerlich einen besseren Eindruck macht als die Anstalten in Münster, Breslau und Groß-Strehlitz, verbessern sich seine Haftbedingungen merklich. Er kommt in eine Doppelzelle und darf sich hier an Sonntagen mit anderen Genossen treffen.

Egon Erwin Kisch beschreibt diesen Raum so plastisch, daß man ihn heute noch deutlich vor Augen hat: „Die Zelle von Max Hoelz ist wie alle anderen Zellen. Aber Energie hat die neun Quadratmeter zu einer Welt umgestaltet. Unter dem Fenster – Fenster! welch Euphemismus für diese vergitterte Luke! – lehnt der Schwitzkasten, als Deckel ein Schachbrett aus Wachsleinwand, in das eine Öffnung für den Kopf des Patienten eingeschnitten ist . . . Daneben das winzige Brett ist der Schreibtisch, auf dem mit großer Schrift die großen Briefe geschrieben werden. Kaum Platz für den Briefbogen. Wo liegt das Schreiben, das er beantworten will? Wo das Material, das er zitiert? Nun, Max Hoelz hat die Ausnutzung des Lokals im Vertikalen erfunden: Zwirnfäden hängen von der Decke herab und an ihnen eine ganze Registratur, die Briefe, die er zu beantworten, die Bücher, die er zu lesen hat, die Seitenzahlen der wichtigsten Stellen, der Stundenplan, das Verzeichnis der Postsendungen.

An der Wand oberhalb des ‚Schreibtisches': Photoreproduktionen von Henri Barbusse, Maxim Gorki, Albert Einstein und Alexandra Kollontai, aus dem Prospekt einer Buchgemeinschaft ausgeschnitten. Neben dem Fenster: ein Kranz aus Heidekraut, darin ein farbiges Bildchen – im Barkenhof, dem Erholungsheim der Roten Hilfe, haben Kinder politischer Gefangener den Kranz geflochten und das naive Bildchen gemalt.

In der Mitte an der anderen Wand das ‚Bett', eine aufklappbare Pritsche, das am wenigsten benutzte Möbelstück, denn Hoelz arbeitet täglich einundzwanzig Stunden. Gegenüber: der Eimer! Nicht hermetisch verschließbar ... Zwischen der Lagerstatt und der Tür ist ein Bücherbrett an die Wand genagelt: Mit Marx' ‚Kapital', dem deutschen Sammelband aus Lenins Schriften und Rosa Luxemburgs Werk über die Akkumulation beginnt die Reihe der marxistischen Bücher, dann folgen die juristischen und die wenigen schöngeistigen Bücher, die er liebt ... Jeder, der mit Max Hoelz zu tun hat, auch der Gegner, muß erkennen, einen zielbewußten und bescheidenen, revolutionären und gütigen, strengen und sozialen Menschen von umfassender, schwer erworbener Bildung vor sich zu haben."

Außer Max Hoelz befinden sich zu diesem Zeitpunkt noch siebenundzwanzig andere Genossen in Sonnenburg, Menschen, die seiner Vorstellung von Kommunisten entsprechen. Er findet hier unerschrockene zuverlässige Kämpfer, die sich den Klassenrichtern gegenüber und auch in jahrelanger Haft tapfer verhalten haben. Hoelz wird bei den Zusammenkünften aber auch bewußt, wie menschenscheu und schwierig er durch die lange Isolierung und Einzelhaft geworden ist. Er beginnt sich Gedanken darüber zu machen, wie er in der Freiheit, die irgendwann kommen wird, leben soll. So entsteht der Wunsch, sich gleich nach der Freilassung auf längere Zeit auf ein Dorf zurückzuziehen, um dort körperlich zu arbeiten. Bei Land- oder Gartenarbeit hofft er, sich langsam wieder an den freien Umgang mit anderen Menschen zu gewöhnen.

Im Herbst 1927 besucht Erich Weinert den Gefangenen Max Hoelz im Zuchthaus Sonnenburg. Er berichtet darüber in der „Weltbühne“:

„Besuch bei Max Hoelz

An einem kalten, nassen Oktobertage fuhren wir mit dem Auto nach Sonnenburg.

Einsam und neblig liegt die Chaussee bis Müncheberg. Da schlägt sie ein paar romantische Kurven durch den Hügelwald. Der ist schwanger von nassem Dunst. Dann ist wieder meilenweit nichts zu sehen als die starre Perspektive der Landstraße, die weit vorn im Nebel aufgeht.

Küstrin liegt schon weit hinter uns im Nebel. Die Gegend wird unheimlich. Auf beiden Seiten der Chaussee meilenweit nichts als quatschnasse Warthebrüche. Die Kleinbahn schläfert mit leeren Wagen neben der Landstraße her. Eine Meile lang nichts, nichts! Zuchthauslandschaft!

Weit hinter uns, in Küstrin und Landsberg, sitzen die amnestierten Spitzbäuche auf den Sofas in den guten Stuben und rauchen ihre dicken Zigarren. Weit vor uns, wo die Chaussee am Horizont auf einen dämmrigen Knoten zuläuft, das finstere Sonnenburg, wo . . . ein unschuldiger Mensch zwischen seinen vier engen Wänden hockt, für den die repräsentativen Gehröcke der Republik keine Zeit und keine Liebe mehr übrig haben.

Am Rande des Ortes liegt das Zuchthaus. Man kann es von der Straße aus nicht sehen; Riesenkastanien überwachsen die Vorgebäude. Der einsame Vorhof schläft in der Herbstregenluft. Das Propyläum zum Tempel des ewigen Schweigens!

Der Diensthabende fragt kurz und streng durch den Fensterspalt: ‚Zu wem? – Zu Hoelz? – Die Besuchserlaubnis bitte!‘ Das Fenster schließt sich wieder.

Zehn Minuten stehen wir vor der Tür. Kastanienfrüchte

klacken auf das nasse Pflaster und lassen ihre glänzenden, goldbraunen Kugeln herausspringen.

Die schwere Tür geht auf. Da liegt das große kalte Gebäude mit seinen tausend schwarzen Augenlöchern. Ein Häftling im braunen Kittel, der auf dem Hofe Arbeit verrichtet, starrt uns unverwandt an. Ein Schatten aus der Unterwelt.

Wir werden ins Besuchszimmer geführt. Da eben kein Wärter frei ist, müssen wir uns längere Zeit gedulden. Vom Fenster kann man den inneren Anstaltshof übersehen. Gefangene gehen zu zwei und zweien mit Eßgeschirren, hinter ihnen ein Mann mit einem Gummiknüppel am Koppel . . .

Es kommen Schritte den Gang herauf. Man hört eine Stimme draußen: ‚Hoelz, Sie haben Besuch!'

Die Tür geht auf. Ein Oberwärter führt Max Hoelz herein. Er lacht aus frischen Augen und drückt uns herzlich die Hände. Das erste lebende Wesen in diesem Schattenreich.

Wie unerschöpflich muß die Seelenenergie dieses prächtigen Menschen sein, der sechs Jahre und vier Monate, gleich sechsundsiebenzig Monaten, gleich zweitausenddreihundert Tagen, auf seinem Wandbänkchen sitzen muß und dennoch nicht eine Spur von jener bleiernen Resignation zeigt, die hier herumgespenstert.

Von seinen Händen, obwohl eiskalt vor Erregung, geht eine Wärme aus, die das eingefrorene Herz des Besuchers auftaut.

Er spricht lebhaft und impulsiv; seine Augen glänzen. Es hat sich nachträglich in den Akten über seinen Fall eine solche Fülle Entlastungsmaterial gefunden, daß nach seiner Meinung das Wiederaufnahmeverfahren gar nicht von der Verurteilung des Bergmanns Friehe abhängig gemacht zu werden braucht. Aber Gottes Gerechtigkeitsmühlen mahlen langsam, wenn es sich nicht um Putschmajore handelt.

Der Wärter sitzt schweigend in der Ecke des Zimmers. Er ist neutral. Für ihn ist das nicht der historisch gewordene Volkstribun Max Hoelz, auf dessen Kommando sich einst Vogtland und Mitteldeutschland erhoben, für ihn ist das der

Strafanstaltsinsasse Hoelz, Einzelhaft, lebenslänglich. Aber trotz dieser sachlichen Strenge, die sein beamtliches Gesicht verhüllt, dämmert doch zuweilen hinter seiner Strafvollzugsmiene ein leises Bedauern auf, das aber von dem staatserhaltenden Gedanken ‚Ordnung muß eben sein' schnell wieder verscheucht wird.

Wer Max Hoelz einmal gegenübergesessen hat, wird sein Antlitz nie wieder aus dem Gedächtnis verlieren. Es ist weder etwas in diesen prachtvollen Zügen, das an tribunales Pathos, noch etwas, das an doktrinären Fanatismus erinnerte. Nur eine unbesiegliche schöpferische Menschlichkeit und Gütigkeit leuchtet aus diesen Augen. Ich kann es verstehen, daß, wenn er seine Faust hebt, hunderttausend Fäuste sich begeistert mitheben, daß hunderttausend erloschene Leben sich entzünden, wenn er mit seinem glühenden Leben unter sie tritt.

Er sprach sich seine Einsamkeit von der Seele. Wir sagten fast nichts. Ich glaube beinahe, er wollte keine Pausen eintreten lassen, damit bei uns keine mitleidige Stimmung aufkomme.

Zum Abschied küßte er uns. Als wir schon am Ende des Ganges waren, stand er noch in seinem braunen Kittelchen neben dem Wärter und lachte und winkte uns nach."

Auch der sowjetische Journalist Michail Kolzow besuchte Hoelz im Zuchthaus Sonnenburg. Er veröffentlichte darüber eine Skizze unter dem Titel „Das Wiedersehen", die von der geistigen Überlegenheit gegenüber seinen Kerkermeistern und von der seelischen Stärke des Revolutionärs zeugt.

In diesen Wochen wird unter den Gefangenen viel und lebhaft über eine Amnestie gesprochen. Sie erwarten sie zu Hindenburgs Geburtstag im Oktober 1927. Viele politische und auch kriminelle Gefangene rechnen damit, diesmal dabeizusein. Doch Hoelz glaubt nicht, daß man ausgerechnet ihn zu Hindenburgs Geburtstag freilassen wird. Aber er weiß, daß die Klassenjustiz ihn auf die Dauer nicht mehr hinter Gittern halten kann, nicht etwa deshalb, weil sie ihren Irrtum einsähe und das Fehlurteil revidieren möchte, sondern ausschließlich, weil die Bewegung für seine Freiheit im ganzen Land immer stärker wird.

Obwohl die Kampagne zu seiner Freilassung von Tag zu Tag mehr Menschen erfaßt und trotz der erdrückenden Beweise für seine Unschuld weigert sich die Klassenjustiz, sein Verfahren wiederaufzunehmen. Ja, sie läßt erklären, daß immer noch genügend Gründe vorhanden seien, Hoelz weiter im Zuchthaus zu belassen.

Die „Rote Fahne“ schreibt dazu: „Diese Mitteilung zeigt deutlich, daß Kräfte am Werk sind, die eine Wiederaufnahme im Falle Hoelz mit allen Mitteln zu hintertreiben suchen.“

Damit ist die Reihe der Justizskandale in der Weimarer Republik um ein neues Beispiel bereichert. Ein Reporter der kommunistischen „Welt am Abend“ besucht im Mai 1928 „den Gefangenen von Sonnenburg“.

„Als wir den langen breiten, niedrigen Gang betreten“, berichtet er, „biegt um die Ecke ein mittelgroßer robuster, breiter Mann in einem braunroten Drillichrock, sieht uns mit leuchtenden rehbraunen klugen Augen scharf an, wendet sich um und ruft uns mit kräftiger Stimme zu: ‚Ihr wollt doch zu mir!‘

Der Mann, der uns so warm begrüßt, ist Max Hoelz. Als wir ihm einige Minuten später gegenübersitzen, überrascht uns alle an diesem Menschen, der Fragen über Fragen hervorsprudelt, nicht einen Augenblick im Gespräch stockt, eine Interessiertheit, eine Teilnahme an den Vorgängen der Außenwelt, als lebe er nicht schon sieben Jahre eingesperrt. Hoelz kommt sofort auf die Wahlen und die Aussichten der Kommunistischen Partei zu sprechen, ist voller Freude über die günstige Situation der Partei, rühmt ihre gute Politik.“

Der Autor schildert Hoelz so: „Seine Bewegungen sind immer knapp, bestimmt, ein von Energie ganz erfüllter Mensch sitzt da vor uns, ein lebensstrotzender, kraftvoller ruhiger

Mann in den besten Jahren seines Lebens, mit frischem, lebhaftem, gewinnendem Gesicht, äußerst regem Geist. Im Bewußtsein, daß draußen eine geschlossene Front steht, kann er hier so tapfer aushalten."

Der Kampf um Freiheit für Max Hoelz und die anderen politischen Gefangenen geht nun in die letzte Runde. Er wird gleichzeitig im Zuchthaus und außerhalb desselben geführt.

Traute Hoelz reist von einer Solidaritätskundgebung zur anderen. In Remscheid veranstaltet die Rote Hilfe in Verbindung mit der KPD eine Kundgebung in der Stadtparkhalle. Traute Hoelz kommt am selben Abend von Düsseldorf, wo sie am Vortag gesprochen hat, nach Remscheid und wird von Demonstranten begrüßt. Einige Tage später spricht sie in Elberfeld. Im „Bergischen Haus" ist der Saal überfüllt. Die Bevölkerung des oberen Kreises Solingen begrüßt sie am Samstag, dem 16. Juni 1928, auf dem Solinger Hauptbahnhof. In der Stadthalle haben sich eintausendeinhundert Menschen versammelt, wie die „Freiheit", Tageszeitung der KPD für die Heimatstadt von Friedrich Engels, Elberfeld/Barmen, und Umgebung, schreibt.

Die Bewegung für die Befreiung von Max Hoelz bleibt nicht auf Deutschland beschränkt. Bei den zu dieser Zeit in der gesamten Sowjetunion stattfindenden Neuwahlen der Stadt- und Dorfsowjets wird Max Hoelz am 1. Januar 1928 zum Mitglied des Leningrader Stadtsowjets gewählt.

Am 14. Juli 1928 endlich wird das vom Reichstag beschlossene Amnestiegesetz rechtskräftig. Am 16./17. Juli werden die ersten politischen Gefangenen aus Sonnenburg entlassen. Die amnestierten Kommunisten freuen sich auf das Wiedersehen mit ihren Angehörigen und Genossen, doch sie weigern sich, das Zuchthaus zu verlassen, bevor ihre Leidensgenossen frei sind. Sie gehen nicht freiwillig, die Aufseher sind gezwungen, sie aus dem Zuchthaus hinauszutragen.

Die Amnestie kommt Hoelz' Wiederaufnahmeverfahren zuvor. Seine lebenslängliche Zuchthausstrafe wird in eine

Gefängnishaft von siebeneinhalb Jahren umgewandelt. Am 18. Juli 1928 wird er vorfristig aus der Haft entlassen. Das Reichsgericht faßt dazu folgenden Beschluß: „In der Strafsache gegen den verheirateten Techniker Max Hoelz von Falkenstein, geboren am 14. Oktober 1889 zu Moritz bei Riesa, zur Zeit Strafgefangener in Sonnenburg, wegen Hochverrat und anderem, hat das Reichsgericht, Feriensenat, in der nichtöffentlichen Sitzung vom 18. Juli 1928 nach Anhörung des Oberreichsanwalts beschlossen:

Auf den Wiederaufnahmeantrag des Verurteilten und seiner Verteidiger Dr. Apfel und Dr. Rosenfeld in Berlin und auf das Gesetz über Straffreiheit vom 14. Juli 1928 RGBl I, S. 195 wird gemäß Paragraph 360 Absatz 2 St.P.O. die beantragte Unterbrechung der Strafvollstreckung angeordnet.“

Hinter diesem Bürokratendeutsch verbirgt sich folgendes: Von dem Totschlag, für den Hoelz verurteilt wurde, ist jetzt nicht mehr die Rede. Dieser Anklagepunkt war nicht aufrechtzuerhalten. Aber Hoelz wird nicht endgültig entlassen. Die Strafvollstreckung wird lediglich *unterbrochen.* Der Strafrest von drei Monaten Haft bedroht ihn weiter und ist jederzeit vollstreckbar. Überhaupt nicht erwähnt wird in dem Dokument die Tatsache, daß die jahrelange zähe Kampagne der KPD und der Roten Hilfe für Max Hoelz und alle politischen Gefangenen schließlich zu seiner Freilassung führte. In Vergessenheit soll geraten, daß es die von der Kommunistischen Partei unter Führung Ernst Thälmanns und Wilhelm Piecks mobilisierten Massen waren, die in erster Linie die Entlassung von Hoelz aus dem Zuchthaus erkämpft haben.

Was nicht erwähnt wird, ist der Anteil von Juristen wie Dr. Apfel und Felix Halle, sind die publizistischen Vorstöße der Journalisten und Schriftsteller Erich Weinert, Sling, Thomas Mann und anderer, die unermüdlichen Rufe von Erich Mühsam, Egon Erwin Kisch, Arthur Holitscher, Ernst Toller sowie die Hunderte von Kundgebungen, der Genossin Hoelz.

# Wieder in Freiheit

Am Mittwoch, dem 18. Juli 1928, erhält der Zuchthausdirektor in Sonnenburg ein Telegramm vom Reichsgericht in Leipzig mit dem Bescheid, daß Hoelz sofort zu entlassen sei. Um vier Uhr nachmittags erfährt der Gefangene den Beschluß des Gerichts. Doch nach sieben Jahren und drei Monaten schlimmster Haft traut er der Nachricht nicht. Allzu oft wurde er in den vergangenen schweren Jahren getäuscht. Er befürchtet, lediglich in ein anderes Gefängnis verlegt zu werden, und ist zu schärfstem Widerstand entschlossen.

Auch der Gefängnisdirektor ist mißtrauisch. Er glaubt, das Telegramm sei von Hoelz' Genossen fingiert. So telegrafiert er nach Leipzig zurück. Doch die Antwort lautet, Hoelz müsse in einer Stunde die Anstalt verlassen haben. Sein Anwalt sei schon unterwegs nach Sonnenburg. Nun wird es Ernst.

Hoelz: „Um 6 Uhr kamen im Automobil von Berlin mein Rechtsanwalt Dr. Apfel, seine Frau, seine Sekretärin und mein Freund Egon Erwin Kisch. Sie wollten mich in Empfang nehmen." Doch ebenso wie am Vortag seine Mitgefangenen will Hoelz das Zuchthaus nicht verlassen, solange noch Genossen eingesperrt bleiben. Man muß ihn fast überreden, bis er schließlich einsieht, daß er draußen mehr für seine Genossen tun kann als hinter Gittern.

Dann fährt das Auto mit ihm durch das große Zuchthaustor hinaus in die Freiheit. Max Hoelz ist frei!

Er selbst kann es nicht fassen. Was mag in diesen Stunden, auf der Fahrt nach Küstrin und danach, in ihm vorgehen?

Noch erscheint ihm alles wie ein Traum, und es würde ihn nicht wundern, wenn er plötzlich auf seiner Pritsche erwachte und wieder in der Zelle wäre.

Einige Kilometer hinter Sonnenburg läßt er den Wagen halten. Auf keinen Fall will er mit nach Berlin fahren. Der plötzliche Wechsel vom Zuchthaus in die Riesenstadt ist ihm, so sagt er, zu kraß. Er bittet, ihn in einen kleinen Ort zu bringen, wo er übernachten kann. Sie fahren nach Küstrin und mieten sich in einem kleinen Hotel ein. Um kein Aufsehen zu erregen, meldet sich Hoelz unter falschem Namen an.

Kisch bestellt etwas zu essen, aber Hoelz bekommt kaum einen Bissen herunter. Um die trübe Stimmung zu verscheuchen, bestellt Kisch nun auch noch etwas zu trinken. Plötzlich kommt ein Auto vorgefahren, dem ein paar Genossen von der Roten Hilfe, unter ihnen Ottomar Geschke, entsteigen. Hoelz ist erschrocken. Er befürchtet, daß noch mehr Leute erscheinen könnten – er hat Angst vor so vielen Menschen.

Es ist drei Viertel Zwei, als Hoelz endlich auf das Zimmer geht, das er mit Kisch teilt. Zum erstenmal seit nahezu acht Jahren liegt er in einem richtigen Bett. Schlafen kann er nicht. Nach zwei Stunden springt er wieder auf, treibt eine Stunde Gymnastik, während Kisch schnarcht. Gegen fünf Uhr verläßt Hoelz mit Dr. Apfel, vom Hotelpersonal unbemerkt, das Haus und fährt, um nicht am Morgen einer größeren Menschenmenge zu begegnen, mit dem Frühzug nach Berlin.

„Ich sah die im Flug vorbeisausenden Wiesen", schreibt er, „auf denen Vieh weidete, sah Bäume, Sträucher, Häuser und Brücken und dazwischen Menschen, die keine Zuchthauskleider trugen. Meine Gedanken schweiften unwillkürlich acht (Es lag erst sieben Jahre zurück – Anm. MG) Jahre zurück, und greifbar deutlich erlebte ich noch einmal den Tag meiner Einlieferung in das Zuchthaus Münster, hörte die Ketten klirren und die schweren eisernen Türen zuschlagen, und ich spürte noch einmal dieselben, das Herz abschnürenden, grauenhaften Empfindungen wie in meiner ersten Zuchthausnacht."

Unerkannt kommen sie in Berlin an. Im Büro des Anwalts hält sich Hoelz den ganzen Tag über in einem abgeschlossenen Raum auf. Am Abend holen ihn die Genossen der Roten Hilfe zu einer Begrüßungskundgebung ab. Seine Ankunft hat sich wie ein Lauffeuer verbreitet. Die Berliner Arbeiter sind in unübersehbaren Massen aufmarschiert. Für Hoelz ein überwältigender unvergeßlicher Eindruck. „Ich hatte so ungeheure Massen noch nie auf einem Platz oder in Straßen zusammengeballt gesehen", schreibt er in seinen Erinnerungen. „Ich mußte alle Selbstbeherrschung aufbieten, um nicht wieder wie im Zug von Küstrin die Fassung zu verlieren und den Tränen freien Lauf zu lassen wie ein Kind."

Die „Rote Fahne" rief die Werktätigen Berlins zum Empfang für Max Hoelz auf, und etwa einhunderttausend Berliner Arbeiter kamen. In dem Aufruf hieß es: „Das rote Berlin, die kommende Hauptstadt der deutschen Revolution, empfängt heute Max Hoelz. Rote Fahnen heraus! Zeigt der Bourgeoisie und ihren Helfershelfern, daß die klassenbewußte Arbeiterschaft diesen Tag begeht mit dem festen Willen, vorwärts zu marschieren bis zum Sieg der proletarischen Revolution. Max Hoelz blieb, was er als Kämpfer in den Jahren des Aufstandes, als Angeklagter vor dem Ausnahmegericht gewesen war: ein aufrechter Revolutionär der Arbeiterklasse, ein Kommunist."

Ernst Thälmann erklärt zur gleichen Zeit auf dem VI. Weltkongreß der Komintern in Moskau: „Die Rückkehr unseres Genossen, des proletarischen Revolutionärs Max Hoelz, und der anderen politischen Gefangenen in Deutschland zur Arbeit der Partei wird von uns allen auf das lebhafteste begrüßt."

Für den Abend haben Partei und Rote Hilfe eine Versammlung auf dem Brunnenplatz in Wedding vorbereitet, wo sich hauptsächlich Parteiorganisationen aus dem Berliner Norden, aus dem Wedding, aus Pankow und Reinickendorf treffen. Ein Augenzeuge erinnert sich: „Die Teilnehmer an der

Empfangskundgebung in Berlin

Demonstration waren mit zahlreichen roten Fahnen und Transparenten erschienen, auf denen die Vollamnestie aller politischen Gefangenen des Proletariats gefordert wurde. Die Fahnenabteilung und Schalmeienkapellen hatten vor dem Portal des Amtsgerichts Wedding Aufstellung genommen. Besonders fiel ein großes rotes Transparent auf, das die Inschrift trug ‚Wir Jungproleten vom Wedding begrüßen Max Hoelz.'

Gegen sechs Uhr traf auf dem Brunnenplatz ein mit Girlanden und roten Fahnen geschmückter Lastkraftwagen ein, auf dem Max Hoelz und die übrigen aus der Strafanstalt Sonnenburg entlassenen Gefangenen standen. Einer der Amnestierten schwenkte eine rote Fahne, auf der in weißen Buch-

staben der Name Max Hoelz stand. Hoelz wurde von den Versammelten mit stürmischen Rot-Front-Rufen begrüßt, und von allen Seiten reichte man ihm, der schon den ganzen Arm voll Blumen hatte, neue Sträuße. Hochrufe auf Max Hoelz und die Weltrevolution, Forderungen nach völliger Amnestie für alle politischen Gefangenen erklangen. Dann sangen alle die ‚Internationale', formierten sich zum Demonstrationszug, in dessen Mitte sich der Lastwagen mit Hoelz, den Führern der KPD und den übrigen amnestierten Genossen befand."

Auf dem Foto erkennen wir neben Hoelz die Genossen Wilhelm Florin und Hugo Eberlein, zwei hervorragende Funktionäre aus dem engsten Kreis um Ernst Thälmann.

MAX
HOELZ

Unzählige Menschen folgen dem Zug, so daß zeitweise der ganze Fahrdamm und beide Bürgersteige von den Demonstrierenden eingenommen werden. Die Straßen, die die Kolonnen passieren, sind von einer dichten Menschenmenge gesäumt, die immer wieder in Jubelrufe für Max Hoelz ausbricht; an vielen Häusern wehen rote Fahnen.

Am Bülowplatz, dem heutigen Rosa-Luxemburg-Platz, trifft die Demonstration auf die Züge der anderen Bezirke. Von hier aus nimmt der ständig wachsende Strom seinen Weg nach dem Lustgarten, wo er gegen zwanzig Uhr eintrifft. Auch dort ist bereits eine große Menschenmenge versammelt. Hoelz fährt unter allgemeinen Rot-Front-Rufen auf einem geschmückten Lastwagen um den ganzen Platz, auf dem bereits achtzigtausend bis hunderttausend Menschen warten.

Nach der Begrüßung durch die Vertreter des Zentralkomitees der KPD und der Roten Hilfe spricht Max Hoelz: „Genossen, Arbeitsbrüder und Arbeitsschwestern! Ich bin erdrückt und überwältigt von dieser Begeisterung und dieser Sympathie, mit der ihr uns empfangen habt; erwartet deshalb nicht viel Worte von mir. Aber ich kann mich nicht restlos freuen, denn noch schmachten Rudolf Margies, Josef Müller und Burkhardt hinter Zuchthausgittern. Solange diese Kameraden nicht befreit sind, kann ich mich nicht freuen. Ich begrüße die Berliner Arbeiter und werde mit Taten beweisen, daß ich bereit bin, für uns mit dem revolutionären Proletariat zu kämpfen, selbst dann, wenn ich morgen wieder ins Zuchthaus muß!"

Man sieht Hoelz die Anstrengungen der letzten Tage und Stunden an. Er schreibt über diesen Abend in seinen Erinnerungen: „Ich spürte, daß die heißen Wellen von Sympathie und Liebe, die sich mir entgegenwälzten, nicht meiner Person galten, sondern daß diese von der Kommunistischen Partei Deutschlands organisierte und von einem einzigen Willen beseelte Masse an die Revolution und an ihren Sieg glaubte. Die Wogen der Begeisterung, die mich an diesem Abend in fast erdrückender Wucht hin und her warfen, waren mir der si-

Auf der Tribüne links von Hoelz Wilhelm Florin, rechts Hugo Eberlein

cherste Beweis dafür, daß wir Hunderte von kommunistischen Gefangenen nicht umsonst in den Zuchthäusern gelitten hatten. Aus der kleinen Kommunistischen Partei von 1920 und 1921 war eine Massenpartei geworden, die das Vertrauen der Werktätigen besaß. Hier in den Straßen Berlins, eingekeilt von unübersehbaren Mengen, empfand ich mit aller Deutlichkeit, daß ich nicht aus dem Zuchthaus entlassen worden war, weil etwa die Justizorgane ein längst offensichtliches Fehlurteil korrigieren wollten, sondern weil der Druck der Hunderttausende und Millionen kommunistischer Arbeiter und mit der Kommunistischen Partei Sympathisierender den bürgerlichen Staat gezwungen hatte, mich freizugeben. Ich war so ergriffen von diesem machtvollen Aufmarsch und der leidenschaftlichen Begrüßung der Berliner Arbeiter, daß ich vor innerer Freude und Erregung kaum ein paar Worte zu den Hunderttausenden sagen konnte."

Erich Weinert schreibt einen „Gruß an Max Hoelz":

Du hast der Schandjustiz die Stirn geboten,
Die Dich begrub in ewige Kerkerhaft.
Nun bist Du auferstanden von den Toten
In alter Liebe und in alter Kraft!
Sie hatten Dich begraben sieben Jahre;
Doch Dich vernichten hat man nicht gekonnt!
Der erste Windstoß weht durch die Talare,
Denn immer breiter wird die rote Front!
Nun stehst Du wieder auf dem alten Posten
Nach sieben langen Jahren Zuchthausgruft.
Grüßt das helle Morgenrot im Osten
Und atmest wieder frische Morgenluft.
Nun siehst Du rings die roten Fahnen fliegen
Für Dich, Max Hoelz, nach sieben Jahren Qual!
Laß Dir das eine Wort zum Gruß genügen:
Wir lieben Dich, Genosse General.

(Veröffentlicht in der „Welt am Abend" vom 20. Juli 1928.)

Max Hoelz nach seiner Entlassung aus dem Zuchthaus bei einem Spaziergang mit Freunden in Berlin

Die ersten Tage der Freiheit sind für Max Hoelz beeindrukkend und verwirrend zugleich: der Autoverkehr, die vielen Menschen, die an ihm vorbeihasten, die bunten Schaufenster, die Kinos, in denen gerade Henny Portens Filme laufen.

Er schreibt: „Wenn Freunde oder Bekannte mit mir sprachen, war ich gar nicht imstande, aufmerksam zuzuhören.

Meine Augen irrten wie trunken von einem Gegenstand zum anderen, jedes Kind, das ich irgendwo sah, hätte ich am liebsten gepackt und abgeküßt. Erwachsene hingegen wirkten fast fremd auf mich."

Der Haß der Gegner war auch nach siebenjähriger Haft noch grenzenlos. In einem Leitartikel schreibt die „Frankfurter Post" vom Sonnabend, dem 21. Juli 1928: „Die Kommunisten glaubten, daß die Arbeiterschaft die Freilassung von Max Hoelz erzwungen habe und daß dieser Sieg eine glutvolle Feier erfordere. Doch noch viel interessanter als der Anteil des Druckes der Straße an der schließlichen Freilassung des berüchtigten Bandenführers ist der Begeisterungsrummel, der die linke Hälfte der deutschen Welt, also weit mehr als die Kommunisten, ergriffen hat ... Hoelz folgte dem Instinkt des Plebs. Die intellektuellen Literaten aber, die ihn jetzt begeistert verteidigen, sollten doch wissen, daß aus dem Hoelz kein vollwertiges Mitglied der menschlichen Gesellschaft werden kann."

Die bürgerliche Presse ist in diesen Wochen auch voll von Vermutungen und Verdächtigungen, was Hoelz nun wohl machen werde. Es wird von Unsummen geschwafelt, die angeblich gesammelt wurden, damit er in ein teures Privatsanatorium fahren kann. Doch Hoelz fährt zu den Arbeitern, die mit ihm gegen Reaktion und Reichswehr gekämpft haben.

# Kesselheizer der Revolution

Überall im Lande wird der Wunsch laut, Max Hoelz möge kommen und auf Versammlungen für die Freilassung aller noch in den Gefängnissen festgehaltenen Genossen sprechen. Ständig ist er nun unterwegs und kann doch den Bitten der Roten Hilfe und der örtlichen Parteiorganisationen nur zu einem Teil nachkommen.

Wenige Tage nach seiner Begrüßung in Berlin fährt er zu Kundgebungen ins Vogtland und nach Mitteldeutschland, in das Gebiet, in dem er 1921 kämpfte. Er spricht in Bitterfeld, Halle, Ammendorf, Merseburg, Hettstedt und Eisleben. Überall empfängt man ihn mit der gleichen Begeisterung wie in Berlin. Ein Eislebener Parteiveteran erinnert sich, daß sich zehntausend Menschen zur Begrüßung von Max Hoelz in der Stadt versammelten. Es war eine der größten Kundgebungen, die Eisleben jemals erlebte. Die Mansfelder haben Max Hoelz ebensowenig vergessen wie die Arbeiter in anderen Städten.

Wo immer er hinkommt, erklingt wie vor Jahren der Max-Hoelz-Marsch nach der Melodie „Was blasen die Trompeten?“.

Genossen zu den Waffen!
Heraus aus der Fabrik!
Sprung auf, marsch, marsch!
Es lebe die Rote Republik!
Es lebe der Kommunismus, es lebe die Tat!
Es lebe, wer sein Leben gibt fürs Proletariat!

Doch unser Sieg ist nah,
Max Hoelz ist wieder da!
Er hält die rote Fahne hoch
und schwingt sie: hurra!

Die Handgranat' am Gürtel,
im Arme das Gewehr,
so stürzt Max Hoelzens Garde
durchs Sachsenland daher.
Der Bürger knickt zusammen,
er sperrt den Geldschrank auf,
Hoelz präsentiert die Rechnung
mit dem Pistolenlauf,
doch unser Sieg ist nah,
Max Hoelz ist wieder da.
Er hält die rote Fahne hoch
und schwingt sie: hurra!

Der Bürger schnaubt nach Rache,
sein Geldsack ist noch stark,
wer Hoelzens Kopf zerschmettert,
kriegt hunderttausend Mark.
Ihr Mörder und ihr Spitzel,
zerstört die rote Saat.
Es kämpft für seine Freiheit
das Proletariat.
Doch unser Sieg ist nah,
Max Hoelz ist wieder da,
er hält die rote Fahne hoch
und schwingt sie: hurra!

Max Hoelz ist ein begeisternder Redner. Wo immer er auftritt, fesselt er die Zuhörer. Von einer dieser Reden ist uns eine Schallplatte überliefert, trotz der schlechten Wiedergabe bleibt dem Zuhörer seine helle Stimme im Ohr. Hoelz sagt: „Genossen, wir proletarischen politischen Gefangenen haben uns in den Kerkerzellen, den Steinbergen der bürgerlichen Demokratie für ihre lebendig begrabenen Opfer, ein Bild zu machen versucht, wie es sein würde, wenn der Kampf um unsere Freilassung einmal zum Erfolg führte. Alle solche Vorstellungen wurden durch die Wirklichkeit noch weit überboten. Dennoch können wir keine reine Freude empfinden, denn in den Kerkern schmachten nach wie vor zahlreiche proletarische politische Gefangene. Wenn überhaupt ein Teil der politischen Gefangenen des Proletariats herauskam, dann verdanken wir das gewiß nicht der Gnade der Bourgeoisie, sondern allein dem immer stärker gewordenen Druck der breiten Massen, der arbeitenden Bevölkerung, deren Kampf um die Amnestie durch die Kommunistische Partei Deutschlands geführt und organisiert wurde. Wenn die Arbeiterschaft nach unserer Freilassung mir und den anderen befreiten Klassenkämpfern begeistert zujubelt, wissen die Rechten, daß diese Begeisterung, dieser Jubel nicht unserer Person gilt, sondern der proletarischen Revolution, in deren Dienst wir gekämpft haben, und in die Zuchthäuser, Gefängnisse und Festungen geworfen wurden.

Es ist gewiß gut, daß die Arbeiterschaft sich an diese Jahre der unmittelbar aufsteigenden Welle der Revolution erinnert, in denen wir mit der Waffe in der Hand für die Sache der proletarischen Freiheit und den Sozialismus kämpften. Zeiten wie damals werden wiederkommen. Wer heute sagt, wenn erst die Zeit der revolutionären Kämpfe da ist, werde auch ich auf den Barrikaden stehen, wer so spricht, ist kein wirklicher Revolutionär, nein, die Arbeiter, die uns entlassene Gefangene wegen unserer früheren Taten feiern, müssen verstehen, daß es keinen Unterschied gibt zwischen dem Mut, den man dem Klassenfeind gegenüber mit der Knarre in der Hand beweisen muß, und dem zähen, unermüdlichen, opferwilligen Aufgehen für die Sache des Proletariats in der täglichen Kleinarbeit.

Die vielen Tausende Funktionäre bei der Kleinarbeit haben genau die gleichen Verdienste um die Sache der proletarischen Revolution wie ein Max Hoelz oder ein anderer, der das Ehrenkleid des Zuchthäuslers der Kommunistischen Partei trug. Genossen, es geht nicht an, daß einzelne diese schwere opferwillige Arbeit leisten, während die anderen abseits stehen und nur zu Kundgebungen und Demonstrationen oder Versammlungen erscheinen. Der klassenbewußte Arbeiter, der mit der Kommunistischen Partei einverstanden ist, der ihre Politik für die einzig richtige proletarische Politik erkannt hat, muß auch die Konsequenz daraus ziehen. Er muß Mitglied der Partei werden. Das ist es, was wir proletarischen politischen Gefangenen von der Arbeiterklasse fordern, und wir haben uns ein Recht dazu erworben, solche Forderungen an die Arbeiterklasse zu stellen.

Wenn man mich früher einmal den Kesselheizer der Revolution genannt hat, so sage ich heute, ja, ich will auch weiterhin einer der vielen Kesselheizer der Revolution sein, indem ich alle meine Kräfte in den Dienst der Kommunistischen Partei stelle, indem ich jedem Arbeiter zurufe:

Hinein in die Reihen der Kommunistischen Partei Deutschlands!

Es lebe die Kommunistische Partei Deutschlands!

Es lebe die Kommunistische Internationale!

Es lebe unser geliebtes Sowjetrußland!"

Nach einer Kundgebung in Hannover besucht er zum erstenmal wieder seine Eltern, die nach seiner Verhaftung ihre sächsische Heimat verlassen mußten und nun bei Hannover leben. Danach reist er in den Schwarzwald, um das Versprechen einzulösen, das er Hunderten von Gefangenen während seiner Kerkerhaft gegeben hat: Er will ein Buch schreiben über all das, was er in deutschen Zuchthäusern erlebt hat.

Dazu braucht er Ruhe. So folgt er der Einladung des Tiefbauingenieurs Heyd in das kleine Schwarzwalddorf Todtmoos-Rütte. Heyd sympathisiert mit der Arbeiterbewegung und hat sich 1918 als Mitglied des Darmstädter Arbeiter- und

Soldatenrates den Haß der Reaktion zugezogen. Hier in dem kleinen Häuschen, in dem schon Erich Mühsam, Georg Ledebour und Traute Hoelz gewohnt haben, in der Einsamkeit und Ruhe des Waldes hofft Hoelz, den Übergang aus der engen Welt der Zuchthauszelle zu den Menschen und den Dingen der großen Welt, die sich so verändert haben, zu finden. Hier will er seine Erinnerungen niederschreiben, die zugleich Rechenschaft und Abrechnung sein sollen.

In den nächsten Wochen wird es still um Max Hoelz, der sich offensichtlich schwer mit dem Buch müht. Er erfährt, was jeder, der schreibt, weiß, daß Schreiben eine schwere Arbeit ist. In den ersten Wochen zerreißt er stets am nächsten Morgen, was er am Tag zuvor notiert hat. Hoelz, der immer Abstinenzler und Vegetarier war, beginnt plötzlich zu trinken und übermäßig viel zu essen.

Endlich, nach Wochen, kommt er zur Ruhe und kann schreiben. Die Arbeit geht voran, allmählich befreit er sich von dem seelischen Druck, der noch vom Zuchthaus her auf ihm lastet. Das Buch nimmt Gestalt an. Er nennt es: „Vom ‚Weißen Kreuz‘ zur roten Fahne“. Er widmet es den russischen und deutschen Arbeitern und allen Gefangenen.

Bis zum späten Herbst hat er wohl erst einmal ohne Unterbrechung in dem Schwarzwalddorf gearbeitet. In seiner 1930 in Moskau erschienenen Broschüre über den Kampf des Kommunistischen Jugendverbandes Deutschlands „Ein Jahr Kampf des KJVD“ berichtet er, was er selbst in diesem Jahr nach seiner Freilassung erlebte. Fast kein Tag vergeht in dieser Zeit, ohne daß Jungkommunisten von der Polizei oder von den Faschisten oder von beiden gemeinsam überfallen und niedergeschlagen werden. Dutzende der besten Genossen wurden meuchlings ermordet. Hoelz sprach im November 1928 auf dem Augustusplatz in Leipzig, und er berichtet über den imposanten Aufmarsch der revolutionären Jugend, bei dem zwei junge Männer den Polizeikugeln zum Opfer fielen.

Im April 1929 spricht Hoelz auf mehreren Veranstaltungen in Süddeutschland, in denen es um die Freilassung aller politischen Gefangenen geht. Sein Auftreten, seine faszinierende Art, zu den Menschen zu sprechen, ruft nicht nur Tausende von Arbeitern auf den Plan, sondern auch die Polizei und sehr bald dann die Nazis. Eine Kundgebung in der Festhalle in Karlsruhe am 23. April wird von etwa dreihundert Faschisten gestört, die sich im Saal postieren und auf Kommando Schlägerei und Tumulte auslösen. Die Polizei drischt danach mit Gummiknüppeln auf die Versammlungsteilnehmer ein. Max Hoelz erleidet erhebliche Verletzungen am Kopf und muß aus dem Saal geführt werden.

Für den nächsten Tag ist eine Kundgebung auf dem Lindenplatz in Pforzheim vorbereitet. Als Max Hoelz gegen zehn Uhr, von Karlsruhe kommend, auf dem Bahnhof Pforzheim eintrifft, hat sich eine unübersehbare Menge auf dem Bahnhofsplatz zu seiner Begrüßung versammelt. Noch bevor Hoelz ein Wort sagen kann, geht die Polizei mit Gummiknüppeln gegen die Demonstranten vor. Viele werden verletzt. Die Reaktion fürchtet Max Hoelz noch immer.

Doch die Kundgebung ist ein voller Erfolg. Siebentausend Arbeiter kommen aus den Fabriken und beherrschen die Straßen. Von Pforzheim geht es nach Heidelberg. In der städtischen Musikhalle findet eine Kundgebung statt, auf der Hoelz spricht. Am Abend tritt er in Mannheim vor Tausenden Arbeitern auf. Überall findet er die gleiche Begeisterung.

Zwei Tage später ist Hoelz in München, wo jede Zusammenkunft, auch jede geschlossene Mitgliederversammlung, an der er teilnimmt, polizeilich verboten war. An den Litfaßsäulen war eine Veranstaltung der Roten Hilfe angekündigt, auf der Professor Felix Halle, der bekannte deutsche Rechtswissenschaftler, über die neue Strafrechtsentwicklung sprechen sollte. Die Veranstaltung fand im „Löwenbräu" statt, und es hatten sich mehrere tausend Menschen eingefunden. Es war besprochen, daß Hoelz erst nach dem Referat eintrifft und als erster Diskussionsredner spricht. Dieser Plan gelang, und es wurde ein großer Erfolg.

Am 1. Mai 1929, der als Blutmai in die Geschichte einging, finden wir Hoelz in Berlin. Er erlebt, wie die Polizei blindwütig auf Demonstrationszüge und Menschenansammlungen schießt. Dreiunddreißig Demonstranten werden an diesem Tag ermordet, viele verletzt. Hoelz ist dabei, als die Arbeiter im Wedding und in Neukölln Barrikaden bauen und sich gegen die angreifende Polizei zur Wehr setzen.

Danach finden wir ihn bei der Landagitation im Schwarzwald. Hier verteilt er Flugblätter und verkauft gemeinsam mit Jungkommunisten aus Lörrach Zeitungen der Partei und der Roten Hilfe. Im Juni 1929 unternimmt er eine große Versammlungsreise nach Oberschlesien. Nach seiner Rückkehr geht es gleich wieder zu einer Propagandafahrt mit der Weddinger Jugend nach Potsdam und Umgebung, wo zu dieser Zeit die Nazis besonders stark waren. Ziel der Fahrt war es, noch abseits stehende Jugendliche, auch solche, die den Faschisten nachliefen, für den antifaschistischen Kampf zu gewinnen.

Am 5. Juli treffen wir Hoelz in Spandau bei einem öffentlichen proletarischen Untersuchungsverfahren gegen die Schuldigen der Morde vom ersten Mai in Berlin. Ende Juli fährt er mit mehreren Freunden nach Stettin, zur Festung Gollnow, in der viele Genossen, auch Junggenossen, eingesperrt sind, die er besuchen will. Dazu kommt es nicht, doch eine Demonstration zum Zuchthaus findet statt. Am 4. August fährt er mit der Parteizentrale der AEG Turbine in Berlin-Moabit zu einer Landagitation nach Beelitz, wo viele Proletarier in der Lungenheilanstalt wie in einem Zuchthaus gehalten werden. Einige Tage später treffen wir ihn in einer Zellensitzung in der Carmen-Sylva-Straße in Prenzlauer Berg, der heutigen Erich-Weinert-Straße, bei der Verteilung von Flugblättern am Bahnhof Berlin-Weißensee und bei der Haus-und-Hof-Agitation. Darüber berichtet er: „Ehe wir beginnen, werden drei Redner bestimmt, die abwechselnd in den Höfen eine Rede halten müssen, während die anderen in die Wohnungen gehen und dort Flugblätter verteilen. Zwei Genossen müssen auf der Straße bleiben, um uns rechtzeitig zu warnen.

Wir sind im ersten Hof. Der Genosse mit der Trompete bläst ein paar Signale, deren tönender Schall in diesem engen Hof an den Wänden und Fenstern hinaufklettert und ein lautes Echo zurückwirft. Im Nu öffnen sich alle Fenster, Frauen stecken neugierig ihre Köpfe heraus. Nun spricht der Genosse selbst etwa 20 Minuten lang. Alle Fenster sind besetzt. Männer, Frauen, Kinder horchen aufmerksam. So geht es von Haus zu Haus, von Hof zu Hof.

Nach Schluß der Haus-und-Hof-Propaganda gibt es eine kleine Meinungsverschiedenheit mit den Jugendgenossen, die mich begleiten. Zwei erklären, ich dürfte solche Kleinarbeit nicht mitmachen. Das wäre Arbeit der unteren Funktionäre. Dafür sei meine Kraft zu schade. Sie verteidigen sehr energisch und zähe ihren Standpunkt. Ich widerspreche und beweise ihnen, daß wir alle auch bei der Kleinarbeit mithelfen müssen, soweit dadurch die Erledigung unserer anderen Aufgaben nicht behindert wird. Ich erzähle ihnen Beispiele aus meiner Arbeit und meinen Erfahrungen im Vogtland, in Mitteldeutschland 1919, 1920, 1921. Das Beispiel ist das beste Erziehungsmittel.

Mir steht die schwierigste Aufgabe noch bevor. Heute nacht muß ich Kampfparolen mit roter Farbe auf die Straße malen. Ich habe noch nie Losungen gepinselt. Ich will ja gern mithelfen, bei jeder Arbeit. Aber ich möchte mich auch nicht gern blamieren. Im Geiste sehe ich mich schon Buchstaben malen, die kein Mensch lesen kann. Die Buchstaben müssen sehr groß sein. Die Kampflosungen müssen die ganze Straßenbreite ausfüllen.

Um 12 Uhr nachts treffe ich die Jugendgenossen an der verabredeten Stelle. Ich kriege einen Zweilitertopf mit roter

Farbe in die Hand gedrückt, den ich an einem Drahthenkel trage. In der Rechten habe ich den dicken Pinsel. Jetzt kann's losgehen.

In der Carmen-Sylva-Straße soll die erste Kampfparole gegen den Verfassungsrummel auf die Asphaltstraße gemalt werden. Zwei Genossen sollen an den Straßenecken aufpassen und uns warnen, wenn ein Überfallkommando kommt. Ein anderer bleibt in meine Nähe, um mir die Warnung weiterzugeben.

Ich fange an zu pinseln. Die erste Losung soll lauten: Es lebe Sowjetrußland! Das sind drei Worte. Nicht viel. Aber wie lange werde ich brauchen, um die zu pinseln. Bei den ersten zwei Worten blicke ich fortwährend scheu um mich, ob noch niemand kommt. Beim dritten Wort schaue ich schon nicht mehr auf. Bin ganz in meine Arbeit vertieft. Die Unsicherheit verschwindet. Ich glaube, wenn jetzt die Genossen rufen würden: ‚Die Polizei kommt, verschwinde!', ich würde ruhig den Satz zu Ende pinseln und auch das große Ausrufungszeichen nicht vergessen.

Vier Tage später finde ich im Briefkasten meiner Wohnung eine Vorladung zum Polizeirevier in der Prenzlauer Allee. Ich weiß, was das bedeutet. Ich habe die Frechheit besessen, in einer Anwandlung von Übermut unter die letzte Losung auf der Straße meine ‚Firma' zu setzen. In kleinen Buchstaben steht dort zu lesen ‚Max Hoelz'. Ich kann mich ja immer noch herausreden, daß ich das nicht gewesen bin, daß irgend jemand meinen Namen mißbraucht hat. Ich leiste der Aufforderung, auf dem Revier zu erscheinen, gar keine Folge. Das ist das Beste.

Vier Wochen später bin ich schon auf der Fahrt nach Leningrad."

Die nächsten Monate verbringt Max Hoelz dann bei seinen Genossen in der Sowjetunion. Auch hier wird er überall von den Werktätigen begeistert begrüßt. Endlich findet er nun auch Gelegenheit, sich zu erholen und seine Ge-

Max Hoelz bei sowjetischen Arbeitern

sundheit wiederherzustellen. Von dieser Reise hat er im Zuchthaus geträumt: „Zu unseren Freunden in die Sowjetunion reisen und für ein paar Wochen alle Sorgen vergessen", hatte er in einem seiner Briefe geschrieben.

Den Sommer über bleibt er im Kaukasus. Er ist begeistert von den Erfolgen im Land des Roten Oktober. Während die ganze kapitalistische Welt Ende 1929 von der Weltwirtschaftskrise erfaßt wird, arbeiten die Werktätigen der Sowjetunion an der Erfüllung des ersten Fünfjahrplans. Max Hoelz erlebt den Arbeitsenthusiasmus der Sowjetbürger, das Wachsen der sozialistischen Industrie.

Von hier schreibt er seinem Rechtsanwalt Dr. Apfel, daß er sich jetzt auf dem Weg nach Moskau befinde. Hier wird er seine marxistische Bildung erweitern.

Als Max Hoelz im Sommer 1930 nach Deutschland zurückkehrt, greift er unverzüglich in den Wahlkampf ein. Am 14. September soll ein neuer Reichstag gewählt werden. Der Wahlkampf der Kommunistischen Partei steht ganz im Zeichen der härtesten Auseinandersetzung mit dem heraufkommenden Faschismus.

Am 4. September tritt Max Hoelz gemeinsam mit Genossen Walter Ulbricht auf einer großen Wahlkundgebung im Berliner Sportpalast auf, wo Tausende Berliner ihre Treue zur Kommunistischen Partei Deutschlands und ihren unerschütterlichen Willen zum Kampf gegen den Faschismus bekunden.

Lange vor Beginn der Veranstaltung ist der Sportpalast überfüllt und polizeilich abgesperrt. Um zwanzig Uhr marschieren die Teilnehmer aus den Bezirken mit ihren Spielmannszügen ein. Die Umgebung des Sportpalastes gleicht einem Heerlager. Gegen halb neun marschieren die Fahnendelegationen in den Saal. Fanfarenklänge ertönen. Wie aus einem Mund erklingt der Kampfruf des Proletariats „Rot Front!". Genosse Albert Kunz eröffnet im Namen der Bezirksleitung die gewaltige Kundgebung. Zuerst spricht Walter Ulbricht. Er weist darauf hin, daß der gewaltige Massenaufmarsch der lebendige Ausdruck der revolutionären proletarischen Einheitsfront ist, die sich unter Führung der Kommunistischen Partei gegen den Faschismus bildet.

Nach ihm ergreift Hoelz das Wort. Als er die Rednertribüne betritt, wird er mit begeisterten Rot-Front-Rufen und gewaltigem Beifall empfangen. Unter dem Jubel der Massen überbringt er die brüderlichen Grüße der Arbeiter und Bauern der Sowjetunion, der Roten Armee und der Roten Flotte des befreiten Sowjetlandes.

Er schildert den Vormarsch des Sozialismus in Stadt und Land und ruft die deutsche Arbeiterschaft zur Unterstützung des heroischen Aufbauwerkes der Sowjetunion auf. Er geißelt mit scharfen Worten die Lügen der Bourgeoisie und deren Hetze gegen die Sowjetunion.

Am Schluß der Veranstaltung erheben sich die Massen, und Tausende singen das Kampflied der Arbeiter „Brüder, zur Sonne, zur Freiheit!"

In den nächsten Tagen wird Max Hoelz im Vogtland als Wahlredner eingesetzt – dort, wo er den Wählern am besten bekannt ist. Er soll zunächst auf der Wilhelmshöhe in Bad Elster sprechen und noch am selben Abend um einundzwanzig

Uhr in Markneukirchen. Die Nachricht, daß Hoelz sprechen werde, mobilisiert die Arbeiter. Aber sie fordert auch die Faschisten heraus, die die Bevölkerung terrorisieren.

„Markneukirchen“, erinnert sich der Parteiveteran Erich Schmalfuß, „war damals eine Hochburg der Faschisten, ein schlimmes Pflaster. Hier trieb die berüchtigte SS-Staffel II aus Plauen ihr Unwesen. In Markneukirchen ist Hoelz vom Kapp-Putsch noch bekannt, von einem Gefecht gegen die dortige Einwohnerwehr. Hoelz zwang damals die Führer dieser konterrevolutionären Truppe, die Schützengräben, die sie gegen die Arbeitersoldaten ausgehoben hatten, mit eigenen Händen wieder zuzuschütten.“ Das haben sie ihm nicht vergessen. Zumindest einige Mitglieder der damaligen Bürgerwehr tragen nun die schwarze Uniform der faschistischen SS.

Schon am Morgen warnt ein sympathisierender Bürger die Genossin Anna Rölz in Falkenstein. Er teilt ihr mit, daß geplant ist, Max Hoelz zu ermorden. Der Mann, der mit dem Fahrrad zu ihr kommt, hat gehört, wie die Nazis prahlten: „Wenn Hoelz heute abend auf der Wahlkundgebung in Bad Elster spricht, findet er dort sein Grab.“

Anna Rölz ist an diesem Tag allein, ihr Mann ist für die Partei unterwegs. Telefonisch gibt sie die Warnung weiter an den Genossen Wenzel Verner in der Unterbezirksleitung der KPD in Plauen, wo Hoelz sich an diesem Tag aufhält. Doch sie hält es für sicherer, den Genossen Hoelz persönlich zu warnen. So fährt sie am Nachmittag mit ihrem Schwager Erich auf dem Motorrad nach Bad Elster. Doch Hoelz ist wie immer unerschrocken. „Seit wann“, fragt er, „haben Kommunisten vor den Nazis Angst?“

Er fährt nach Bad Elster. Die Genossen, die seinen Schutz übernehmen sollen, hat er nach Markneukirchen geschickt, wo er den Angriff der Nazis erwartet. Lange vor Beginn der Veranstaltung drängen sich die Menschen vor dem Saal. Als die Genossen aus Plauen, die die Versammlung sichern sollen, schließlich eintreffen, haben die organisierten Schläger-

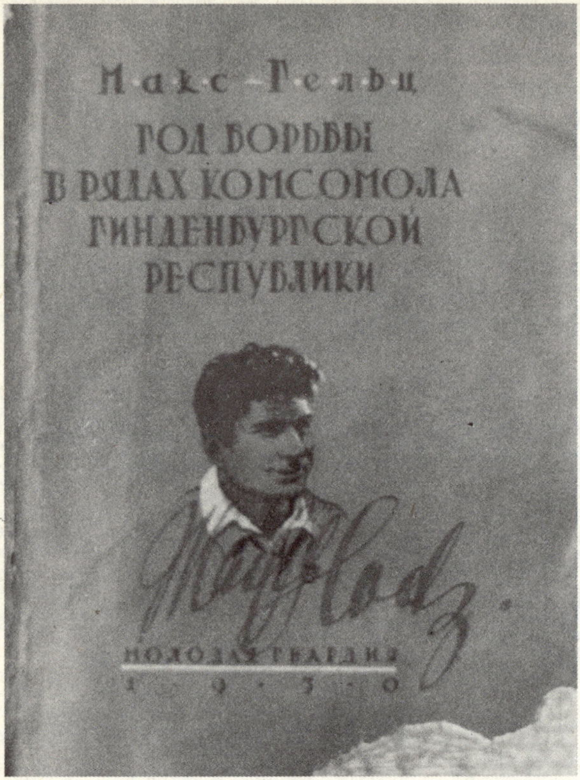


„Ein Jahr Kampf in den Reihen des kommunistischen Jugendverbandes der Hindenburger Republik" – Titel des 1930 in der SU erschienenen Buches von Max Hoelz

banden der Nazis schon die vorderen Stuhlreihen besetzt, um die Wahlversammlung zu verhindern und „um Max Hoelz zu erledigen". Die Faschisten tragen an diesem Tag keine Uniform, auf den ersten Blick sehen sie aus wie Arbeiter.

Anna Rölz erinnert sich: „Als ich in Bad Elster ankomme, ist der Saal schon überfüllt, so daß ich nur am Saaleingang stehen kann. Vor dem Lokal wartet noch eine größere Menschenmenge, die keinen Einlaß mehr findet. Max Hoelz begibt sich sofort auf die Bühne, um zu sprechen. Zuerst aber bittet er, die Tische zu entfernen, damit die draußen Stehenden noch hereinkommen können. Im selben Augenblick be-



Max Hoelz nach seiner Kopfverletzung im Jahr 1930

ginnt ein wüstes Pfeifen und Trampeln im Saal. Plötzlich werden Biergläser aus den ersten Reihen nach Max Hoelz geworfen. Bevor er sprechen kann, springen einige Männer auf die Bühne und schlagen mit Biergläsern und Stuhlbeinen auf Hoelz ein. Dabei brüllen sie laut wie die Tiere. Hoelz will unter allen Umständen verhindern, daß den Faschisten sein Rotbannerorden in die Hände fällt, er rammt einem der Schläger den Kopf zwischen die Beine und drückt mit aller Gewalt dessen Oberschenkel zusammen. So schützt er seinen Kopf und die Brust mit dem Orden.

„Die Menschen", so Anna Rölz, „verlassen fluchtartig den Saal. Ich stehe noch immer am Saaleingang. So sehe ich, wie sich die Männer aus den ersten Reihen mit den Schlägern zu einer Kolonne formieren. Aus den Taschen ziehen sie ihre roten Hakenkreuz-Armbinden. Sie grölen: ‚Die Rote Front, schlagt sie zu Brei, SA marschiert, Achtung, die Straße frei!' So verlassen sie den Saal.

Nun renne ich zur Bühne, wo Max Hoelz blutüberströmt liegt. Ich wische ihm das Blut notdürftig aus dem Gesicht. Gleich sind noch einige Genossen zur Stelle, die Max Hoelz hinaustragen. Ich schicke sofort nach einem Arzt. Der ordnet an, den Verwundeten ins Krankenhaus nach Plauen zu bringen, damit ihm die Glassplitter operativ entfernt werden.

Inzwischen kommt Hoelz wieder zu sich. Man kann wieder mit ihm sprechen. Ich frage ihn, ob er nach Plauen will. Doch er will nach Falkenstein. Im Pkw eines Falkensteiner Geschäftsmannes, Albert Trommers, der zufällig vor dem Lokal steht, bringen wir Max Hoelz nach Falkenstein in unsere Wohnung. In wenigen Minuten ist der Arzt, Doktor Pröschel, der Hoelz kennt und dem er vertraut, zur Stelle. Der Arbeitersamariter Eckstein, ein junger Sozialdemokrat, hält die erste Nachtwache an seinem Bett.

Mein Mann ist an diesem Abend als Gegenreferent auf einer SPD-Versammlung. Als er den Überfall bekanntgibt, ziehen Hunderte von Arbeitern spontan zu unserer Woh-

Anna und Max Rölz (1925)

nung, um Max Hoelz vor einem neuen Überfall zu schützen. Noch am späten Abend versammeln sich die Genossen der Roten Arbeiterwehr, wie sich der Rotfrontkämpferbund in der Zeit des Verbots nannte, die die ganze Nacht hindurch vor unserm Haus wachen.

Am nächsten Tag bekommen wir Mord- und Drohbriefe, gerichtet an Max Hoelz. Die Faschisten schreiben ganz offen: ‚Du Kommunistenschwein, wenn wir gewußt hätten, daß du noch lebst, hätten wir noch ein paarmal mehr zugehauen.' "

Die Partei besorgt nun ein illegales Quartier für den Genossen Hoelz. Am dritten Tag erst kann der Arzt die letzten Glassplitter aus dem Kopf entfernen. Aber schon wenige Tage danach spricht Hoelz wieder auf Wahlkundgebungen, zuerst in Falkenstein.

Ein Plakat aus jenen Tagen verkündet: „Heute, Donners-

Leningrader Arbeiter erwarten Max Hoelz, 1930

tagabend, 8 Uhr, wird Genosse Max Hoelz trotz seiner Verwundung in der Festhalle in Falkenstein sprechen.“ Anna Rölz erinnert sich, daß Hoelz, einen dicken Verband um den Kopf, auf der Rathaustreppe sprach.

Am Tag darauf, am 12. September, spricht er im alten Schützenhaus über seinen Aufenthalt in der Sowjetunion und über den Terror der Nationalsozialisten. Unmittelbar nach der Wahl am 14. September, die der Kommunistischen Partei 4,6 Millionen Stimmen bringt, kommt Herbert Wehner im Auftrag des Zentralkomitees der KPD nach Falkenstein, um Max Hoelz nach Berlin zu holen.

Von hier fährt dieser bald darauf wieder in die Sowjetunion. Dies hat die Partei beschlossen, weil ein weiteres Verbleiben in Deutschland offensichtlich lebensgefährlich für Max Hoelz geworden ist. Die Hitlerbanden haben geschworen, ihn umzubringen. Auf offenen Postkarten drohen sie ihm den Tod an.

In ihrer Nummer 9 des Jahrgangs 1930 meldet die von der Kommunistischen Partei in Falkenstein herausgegebene „Arbeiterstimme“: „Wir wollen an dieser Stelle verraten, daß Max Hoelz am Montag, dem 29. September, in Moskau angekommen ist. Unter dem Schutz des revolutionären Proletariats konnte er sich trotz Tausender Häscher wochenlang in Deutschland aufhalten. Der Genosse Hoelz wird wiederkommen – nicht wenn der Staatsanwalt es wünscht, sondern wenn die Arbeiterschaft ihn zu ihrem Befreiungskampf braucht.“

Die nächsten Jahre verbringt Max Hoelz nun in der Sowjetunion, in dem Land, dem seine Liebe und Bewunderung seit seinem politischen Erwachen im Herbst 1918 gilt. Er hält seinen Aufenthalt zunächst für vorübergehend, damit er unter der Obhut sowjetischer Ärzte richtig gesund werden kann, um dann zu lernen für künftige Aufgaben in Deutschland. Er besucht Vorlesungen an der Moskauer Leninschule und führt verschiedene Aufträge der Komintern aus. Viel reist er im Land umher und lernt die verschiedenen Gebiete der Sowjetunion und das Leben des Sowjetvolkes kennen. Überall wird er mit Liebe und Verehrung aufgenommen.

Auch im Privatleben beginnt für Max Hoelz nun eine glückliche Zeit. Nach all den Jahren des Alleinseins findet er einen Menschen, dem er sein Herz öffnet, die blutjunge Leningrader Pionierleiterin Jelena Pawlowna Serebrowskaja.

# Revolutionäre Romanze

Max Hoelz erlebt nun eine richtige Liebesgeschichte, eine revolutionäre Romanze. Am 1. Mai 1930 war Hoelz in Leningrad gewesen und hatte auf der Tribüne neben dem Genossen Kirow, dem Führer der Leningrader Parteiorganisation, gestanden. Max Hoelz, der gerade mit dem Rotbannerorden ausgezeichnet worden war, ist glücklich, seine braunen Augen leuchten, und er wird nicht müde, der Menge auf dem Schloßplatz zuzuwinken.

Im langen Zug der Leningrader Werktätigen marschiert eine kleine Komsomolzin, die Pionierleiterin Jelena Serebrowskaja. Ihre langen blonden Zöpfe reichen bis zur Hüfte, ihr fröhliches Gesicht strahlt. Sie trägt an diesem Tag Uniform, Bluse und Rock aus Militärstoff, Gürtel und Schulterriemen mit dem Abzeichen der Kommunistischen Jugendinternationale. Sie hat schon als Kind Deutsch gelernt und ist stolz, daß einem deutschen Genossen ein so hoher sowjetischer Orden überreicht wurde. Drei deutsche Kommunisten kennt sie mit Namen: Ernst Thälmann, Clara Zetkin und Max Hoelz.

Ende September kommt Hoelz wieder nach Leningrad. Jelena erfährt, daß der Held aus dem fernen Deutschland in der 191. Schule, die den Namen „Max Hoelz“ trägt, sprechen soll. Das läßt ihr keine Ruhe. „Wir müssen ihn auch zu uns einladen“, sagt sie zu ihrer Freundin. Am nächsten Tag macht sie sich mit zwei Schülern auf den Weg zur Max-Hoelz-Schule. Durch einen Kordon von Lehrern und Schülern gelangt sie nach der Versammlung ins Lehrerzimmer, zu

Max Hoelz. Sie hat sich die deutschen Sätze genau zurechtgelegt.

Hoelz sieht das Mädchen an. Er würde gern in ihre Schule kommen, sagt er, doch er habe einen Arbeitsplan, den er nicht umstoßen könne. „Sie müssen das verstehen", fügt er hinzu. „Sie" sagt er zu ihr. Jelena ist stolz und strahlt.

„Aber", sagt er weiter, „geben Sie mir Ihre Adresse, ich werde mich melden."

Jelena will gehen, doch er läßt sie nicht fort, fragt nach den Eltern, den Geschwistern, nach der Schule und nach der Pionierarbeit. Schließlich schreibt er ihr mit dicken Buchstaben einen Gruß an die Pioniere ihrer Schule ins Heft. Jelena ist glücklich. Den ganzen Tag über spaziert sie mit ihrer Freundin durch die Straßen und Parks der Newastadt, um das Ereignis zu besprechen.

Doch das eigentliche Erlebnis Hoelz' soll erst noch beginnen. Als sie nach Hause kommt, liegt schon ein Brief von Max Hoelz da und eine Zeitschrift mit Auszügen aus seinem Buch „Vom ‚Weißen Kreuz' zur roten Fahne". Man denke, der Mann, der am Ersten Mai neben Kirow stand, von dem alle reden, nach dem Schulen und eine Fabrik benannt sind, schreibt ihr, Jelena Serebrowskaja, von der 75. Schule.

„Werte Genossin Serebrowskaja", schreibt er am 2. Oktober, „leider kann ich nicht in Ihre Schule kommen. Ich fahre schon heute abend nach Moskau. Aber ich werde zwischen 7.00 und 8.00 Uhr abends für zehn Minuten bei Ihnen vorbeikommen."

Nach fünfzig Jahren sagt dieselbe Frau, heute eine bekannte Leningrader Schriftstellerin: „Ach, ich liebe diese operative Art." Doch zunächst sorgt der Brief für Aufregung im Haus, und keine geringe. Was tut man, wenn so hoher Besuch kommt und wenn er sich noch dazu so kurzfristig ansagt? Die Mutter flüchtet in die Küche. Teewasser muß aufgesetzt werden. Und Jelena läuft immer wieder auf den Hof, um den Gast zu empfangen. Er kommt in einem kleinen Auto vom

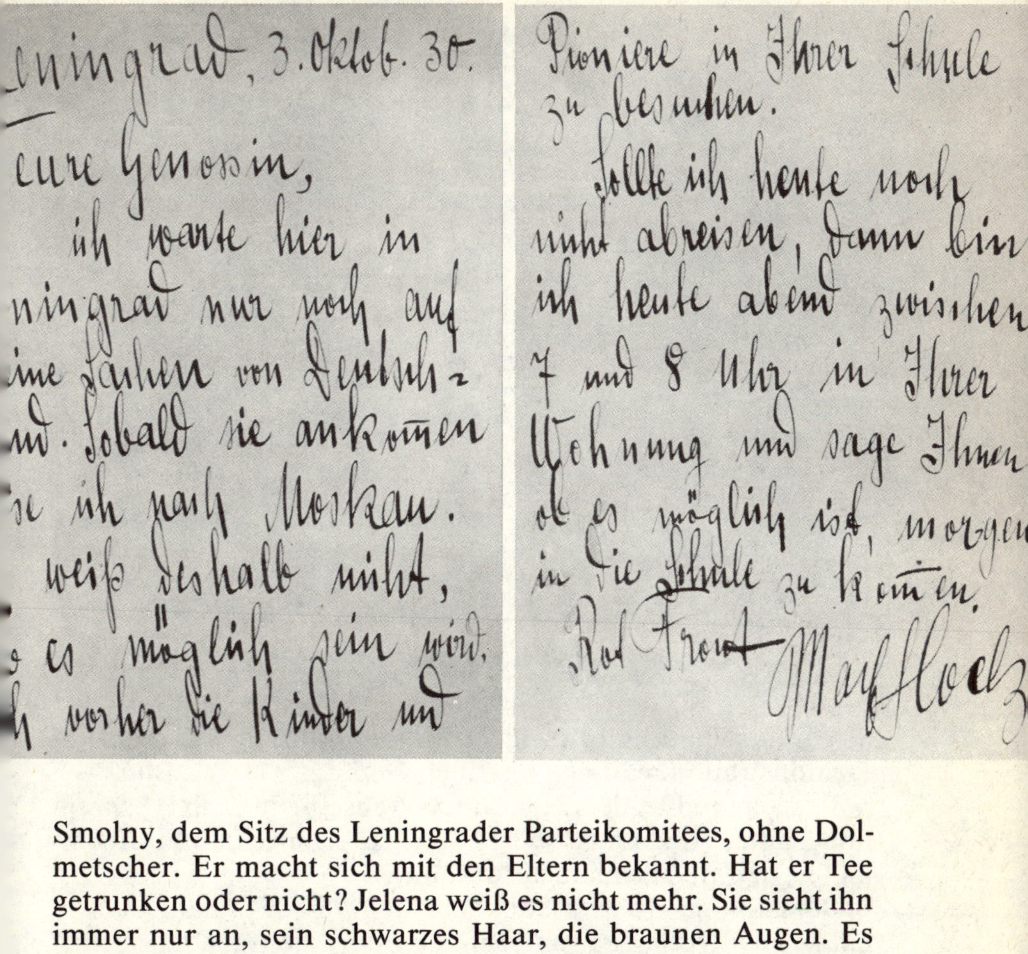
eningrad, 3. Oktob. 30.

eure Genossin,

ich warte hier in
ningrad nur noch auf
ine Sachen von Deutsch-
nd. Sobald sie ankomen
se ich nach Moskau.
weiß deshalb nicht,
es möglich sein wird,
h vorher die Kinder und

Pioniere in Ihrer Schule
zu besuchen.
Sollte ich heute noch
nicht abreisen, dann bin
ich heute abend zwischen
7 und 8 Uhr in Ihrer
Wohnung und sage Ihnen
ob es möglich ist, morgen
in die Schule zu komen.
Rot Front Max Hoelz

Smolny, dem Sitz des Leningrader Parteikomitees, ohne Dolmetscher. Er macht sich mit den Eltern bekannt. Hat er Tee getrunken oder nicht? Jelena weiß es nicht mehr. Sie sieht ihn immer nur an, sein schwarzes Haar, die braunen Augen. Es fällt ihr schwer, ihre Begeisterung für diesen Mann zu verbergen. Hoelz spürt das sofort.

Lebhaft und spannend erzählt er den Eltern von seiner Arbeit. Dabei sieht er sie an. Sie spürt seinen Blick. Plötzlich fragt er: „Würdest du mit mir nach Deutschland fahren?“ Für Jelena gibt es kein Überlegen. „Natürlich“, sagt sie und ist selbst erschrocken über diese Antwort. Hoelz aber bemerkt:

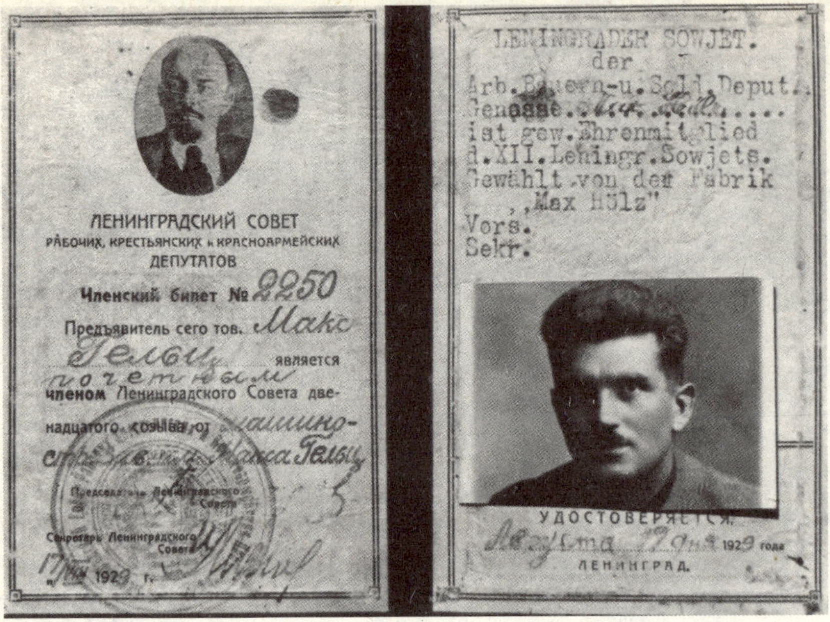
ЛЕНИНГРАДСКИЙ СОВЕТ
РАБОЧИХ, КРЕСТЬЯНСКИХ и КРАСНОАРМЕЙСКИХ
ДЕПУТАТОВ
Членский билет № 2250
Предъявитель сего тов. Макс Гельц является почетным членом Ленинградского Совета двенадцатого созыва от
Председатель Ленинградского Совета
Секретарь Ленинградского Совета
1929 г.

LENINGRADER SOWJET.
der
Arb.Bauern-u.Sold.Deput.
Genosse ..........
ist gew.Ehrenmitglied
d.XII.Leningr.Sowjets.
Gewählt von der Fabrik
„Max Hülz"
Vors.
Sekr.

УДОСТОВЕРЯЕТСЯ
1929 года
ЛЕНИНГРАД.

Ausweis als Ehrenmitglied des Leningrader Stadtsowjets

„In Deutschland gibt es nicht nur revolutionäre Lieder und Demonstrationen, da gibt es auch Gefängnisse und Blut."

Er streicht ihr übers Haar und verabschiedet sich. „Schreib mir", bittet er. Zum Abschied schenkt er ihr einen Füllfederhalter, den sie bis heute aufbewahrt.

Bald kommt Hoelz wieder nach Leningrad. Er hat Deutschland illegal verlassen, und seine Koffer, die irgendein Schiff mitgenommen hat, liegen nun im Hafen der Newa-stadt. Jelena soll ihm als Dolmetscher helfen, wenn er sein Gepäck in Empfang nimmt. Sie kommt ins Hotel „Astoria", das sich neben der Isaak-Kathedrale befindet. Auf dem Tisch stehen Weintrauben, daneben liegt sein Buch „Vom ‚Weißen Kreuz' zur roten Fahne", das soeben erschienen ist. Er schenkt es nicht ihr, sondern ihrem Vater mit einer Widmung.

Sie gehen zum Hafen. Die Zollbeamten freuen sich, Hoelz persönlich kennenzulernen. Zur Erinnerung schenkt er ihnen sein Taschenmesser. Dann gehen sie ins Hotel zurück. Jelena will sich verabschieden. Da kniet Hoelz vor ihr nieder. „Ich möchte, daß du immer bei mir bleibst."

Jelena weiß nicht, wie ihr geschieht. Erschrocken geht sie einen Schritt zurück, doch er ist schon aufgestanden und sagt: „Komm mit nach Moskau, dort kannst du studieren." Kein Kuß, keine Liebeserklärung. „Ein Zauber ging von ihm aus", sagt sie. „Es war wie ein Zauber."

Nun schreibt er ihr fast jeden Tag, und sie antwortet, erzählt von ihrem Leben, ihrer Komsomoltätigkeit. Er möchte, daß sie nach Moskau kommt, hier eine Parteischule besucht. Am 17. Oktober schreibt er ihrem Vater:

„Genosse Serebrowski,
Deinen freundlichen Brief vom 13. 10. empfing ich gestern. Ich freue mich sehr über Deine herzlichen Worte. Meine feste Überzeugung ist, daß Lena sehr gute Arbeit für den Weltoktober leisten wird. Sie ist für ihr Alter ungewöhnlich klug, hat eine rasche Auffassungsgabe und dazu eine starke Begeisterung für die revolutionäre Sache. Sie gehört zu den Menschen, die Großes, Hervorragendes und Vorbildliches leisten, wenn sie auf den Platz gestellt werden, der ihren besonderen Fähigkeiten entspricht. Je früher sie selbständig wird, desto besser für ihre weitere politische Entwicklung. An den Aufgaben, die ihr gestellt werden, wird sie geistig und politisch wachsen.

Ich freue mich schon auf Euer Kommen."

Bald darauf trifft Jelena mit ihrem Vater in Moskau ein. Max Hoelz bewohnt ein Zimmer im Hotel „Metropol". Es ist das Zimmer zweihundertneunundsechzig. Hier lebt er mit seinen Büchern, täglich geht er in die Leninschule, wo er studiert. Als Lena mit ihrem Vater kommt, zieht er ins Studentenheim und überläßt den beiden das Zimmer. Nach einigen Tagen fährt der Vater nach Leningrad zurück, Lena bleibt. Sie

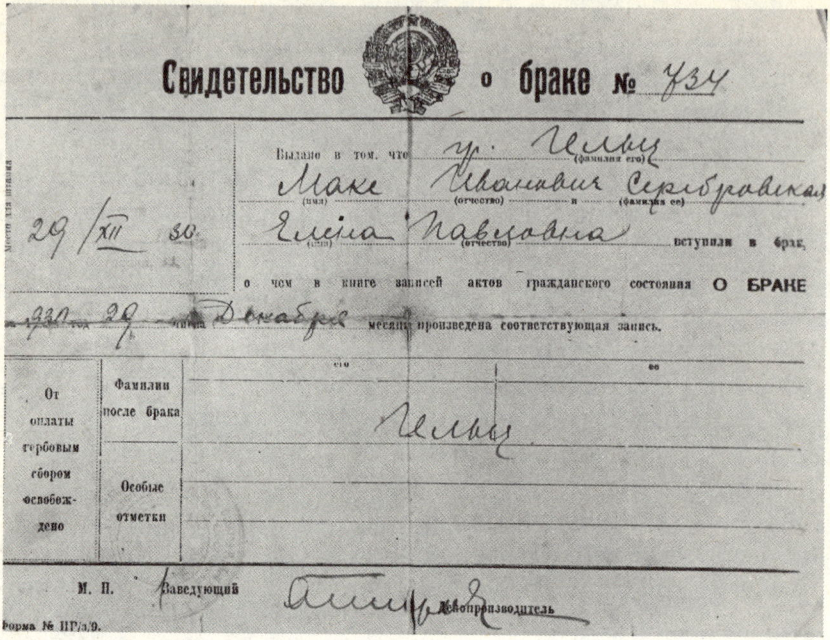

Свидетельство о браке № 734

Выдано в том, что гр. Гельц (фамилия его)
Макс (имя) Иванович (отчество) и Серебровская (фамилия ее)
Елена (имя) Павловна (отчество) вступили в брак,
о чем в книге записей актов гражданского состояния О БРАКЕ
1930 года 29 числа Декабря месяца произведена соответствующая запись.

29/XII 30

| От оплаты гербовым сбором освобождено | Фамилии после брака | его | ее |
|---|---|---|---|
| | | Гельц | |
| | Особые отметки | | |

М. П. Заведующий Делопроизводитель

Форма № ИР/з/9.

Die Urkunde über die Eheschließung von Max Hoelz und Jelena Serebrowskaja

besucht nun eine deutsche Schule in Moskau. Für beide beginnt eine schöne Zeit. Lena wohnt in Hoelz' Zimmer im „Metropol". Die erste Zeit leistet ihr eine Genossin vom Büro der Komintern Gesellschaft, damit sie sich in der großen Stadt nicht einsam fühlt. Jeden Nachmittag fünf Uhr kommt Max Hoelz aus der Schule. Sie erwartet ihn, beide trinken Tee, lesen, sprechen miteinander und verbringen gewöhnlich den Abend gemeinsam. Gegen neun Uhr fährt er zurück ins Internat.

Neben seiner Schule spricht er in dieser Zeit in vielen Betrieben. Lena begleitet ihn als Dolmetscherin. „Wenn er sprach", sagt sie, „lebte alles an ihm. Nie zuvor habe ich einen solchen Redner gesehen. Immer ging er am Tag vor der Versammlung in den Betrieb, informierte sich im Parteikomitee und bei den Arbeitern über ihre Probleme, damit er in seiner Rede konkret auf die Fragen der Arbeiter eingehen konnte."

Hoelz schreibt für Zeitungen und Zeitschriften, Dutzende von Brigaden tragen seinen Namen, und mit jeder einzelnen steht er im Briefwechsel. Er nimmt Anteil an ihrem Leben und an ihrer Arbeit. Das alles kostet viel Zeit und Kraft. Die Überanstrengung, die Folgen der langen Haft und das Attentat in Bad Elster, die zahlreichen Hungerstreiks, das alles hat seine Gesundheit untergraben. Eines Tages bricht er in der Schule zusammen.

Lena wartet am Abend vergeblich, auch am nächsten und übernächsten Tag. Sie macht sich Sorgen. Sie empfindet in diesen Tagen, daß etwas Besonderes in ihre Beziehung getreten ist, daß sie ihn liebt. Nie zuvor hat sie ein solches Gefühl erlebt. Hoffentlich, denkt sie, ist ihm nichts geschehen.

Endlich kommen Genossen von der Schule und erzählen ihr von seiner Erkrankung, bringen Grüße und sagen, daß er kommen wird, sobald er kann, schon morgen oder übermorgen.

Und dann endlich ist er da. Sie ist froh, daß sie ihn zurück hat. Den Dezember verbringt Hoelz hauptsächlich im Sanatorium. Zu den Folgeerscheinungen seiner Verwundung kommen Herzbeschwerden und Rheuma. Er beginnt wieder mit seiner Gymnastik, die er im Zuchthaus so konsequent betrieben hatte.

Immer öfter bittet er Lena, sie möge seine Frau werden. Die Ehe mit Traute war nach seiner Entlassung aus dem Zuchthaus auseinandergegangen. Schließlich willigt Lena ein. „Ich habe doch nicht viel für ihn tun können", sagt sie. „Ich war eben da, wenn er nach Hause kam, und wir sprachen miteinander. Aber ich hatte ihn lieb und wollte das Beste für ihn." So fuhren sie an einem kalten Dezembertag mit dem Auto zu der Behörde, bei der sie gemeldet waren, und ließen, wie man damals in Moskau sagte, ihre Ehe registrieren. Kein

Fest, keine Feier, nicht einmal Blumen. Nach der Registrierung ging jeder wieder an seine Arbeit. „Nicht einmal ein Gläschen Wein haben wir getrunken", sagt Frau Serebrowskaja. „Ich habe ihn überhaupt niemals Alkohol trinken sehen, obwohl ich denke, daß er zum Beispiel bei der Silvesterfeier im Hotel ‚Lux', von der Genosse Honecker erzählt, doch etwas getrunken hat."

Nun ist Jelena, das Mädchen aus Leningrad, Frau Hoelz. „Bist du stolz auf deinen Namen?" fragt er sie eines Tages. Aber sie antwortet: „Worauf soll ich stolz sein. Ich habe noch nichts geleistet, worauf ich stolz sein könnte." Da lachen sie beide.

Nach der Registrierung leben sie weiter wie bisher. Am Nachmittag kommen oft Freunde zu ihnen ins „Metropol". Einmal kommt ein Redakteur der „Roten Fahne", um Artikel mit Hoelz zu besprechen. An einem Nachmittag, als Jelena von der Schule nach Hause kommt, sitzt Ernst Thälmann bei Max Hoelz. Thälmann war in Moskau, um Parteiangelegenheiten zu besprechen. „Wahrscheinlich kam ich zu unpassender Zeit nach Hause", sagt Frau Serebrowskaja heute, „ich war doch noch kein Parteimitglied, sondern eine ganz grüne Komsomolzin. Thälmann und Hoelz saßen sich am Tisch gegenüber, das Gespräch verlief sehr hitzig. Nach dem, was mir Max später erzählte, machte ihm Thälmann Vorwürfe wegen Bad Elster, wohin er entgegen einer Warnung allein gefahren war. ‚Kommunisten', sagte Thälmann, ‚dürfen kein unnötiges Risiko eingehen.'

Auch Fiete Schulze, der legendäre Held des Hamburger Aufstandes von 1923, der 1935 von den Faschisten ermordet wurde, ist in dieser Zeit oft bei Max Hoelz zu Gast. Er besucht gemeinsam mit Hoelz die Leninschule.

Fiete Schulze ist einfach gekleidet wie ein russischer Bauer. Und er ist groß gewachsen im Vergleich zu Hoelz, der neben ihm klein und gedrungen wirkt. Hoelz schätzt Fiete Schulze sehr. Einmal sagt er zu Jelena: ‚Weißt du überhaupt, wer die-

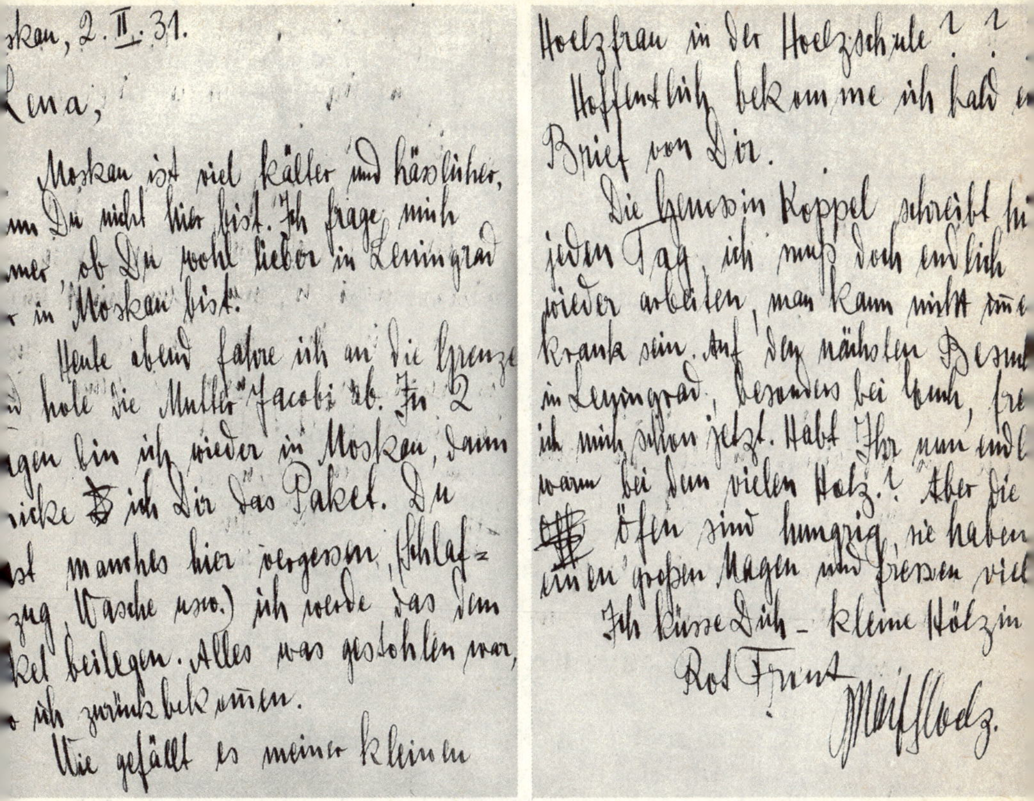

…skau, 2. II. 31.

…Lena,

Moskau ist viel kälter und häßlicher, …n Du nicht hier bist. Ich frage mich …mer, ob Du wohl lieber in Leningrad … in Moskau bist.

Heute abend fahre ich an die Grenze …d hole die Mutter Jacobi ab. In 2 …gen bin ich wieder in Moskau, dann …icke ich Dir das Paket. Du …st manches hier vergessen (Schlafanzug, Wäsche usw.) ich werde das dem …ket beilegen. Alles was gestohlen war, … ich zurückbekommen.

Wie gefällt es meiner kleinen Hoelzfrau in der Hoelzschule?!

Hoffentlich bekomme ich bald e… Brief von Dir.

Die Genossin Koppel schreibt … jeden Tag, ich muß doch endlich wieder arbeiten, man kann nicht im… krank sein. Auf den nächsten Besuch in Leningrad, besonders bei Euch, fre… ich mich schon jetzt. Habt Ihr nun endl… warm bei dem vielen Holz?! Aber die Öfen sind hungrig, sie haben einen großen Magen und fressen viel.

Ich küsse Dich – kleine Hölzin

Rot Front

Max Hoelz.

ser Fiete Schulze ist? Das ist der Held des Hamburger Aufstandes, ein hervorragender Arbeiterführer. Zusammen mit Teddy (so wurde Thälmann von den Arbeitern genannt – Anm. M. G.) führte er die revolutionären Kämpfer, ein Mann mit tollkühnem Wagemut.'"

„Na ja, natürlich handelt er auch überlegt und besonnen", setzt Hoelz hinzu, als er bemerkt, daß Fiete Schulze bei den Worten vom „tollkühnen Wagemut" skeptisch lächelt. Hoelz erzählt dann: „Wenn du sehen könntest, wie ihm die Arbeiter zuhören! Er kann ein ganzes Volk führen. Wir sind ja bei euch nur für eine bestimmte Zeit, um zu lernen, um uns weiterzubilden. In Sowjetdeutschland wird er dereinst Minister sein, mindestens!"

Ende Januar 1931 geht Jelena wieder nach Leningrad zurück, in die Fabrikschule des Max-Hoelz-Werkes, damals der erste Produzent von Linotype-Setzmaschinen in der Sowjetunion. Für Schüler und Lehrer ist sie weiter Jelena Serebrowskaja, nur der Direktor und der Parteisekretär wissen, daß sie eigentlich die Frau von Hoelz ist.

Hoelz bleibt in Moskau zurück, und er hat oft Sehnsucht nach ihr. Am 2. Februar schreibt er:

„Lena,

Moskau ist viel kälter und häßlicher, wenn Du nicht hier bist. Ich frage mich immer, ob Du wohl lieber in Leningrad oder in Moskau bist. Heute abend fahre ich an die Grenze ... In 2 Tagen bin ich wieder in Moskau, dann schicke ich Dir das Paket. Du hast manches hier vergessen, (Schlafanzug, Wäsche usw.) ...

Wie gefällt es meiner kleinen Hoelzfrau in der Hoelzschule??? Hoffentlich bekomme ich bald einen Brief von Dir ...

... ich muß doch endlich wieder arbeiten, man kann nicht immerzu krank sein. Auf den nächsten Besuch in Leningrad, besonders bei Euch, freue ich mich schon jetzt. (...)

Ich küsse Dich – kleine Hölzin,

Rot Front!
Max Hoelz"

In diesem Frühjahr kommt Hoelz mehrmals nach Leningrad, und sie fährt manchmal nach Moskau. Seine Besuche sind immer eine Freude für Lena, eigentlich für die ganze Familie, besonders für ihre kleinen Brüder, mit denen er herumtollt. Sie dürfen ihn im Wohnzimmer fesseln, und er muß sich befreien. „Er hatte Muskeln wie Eisen", sagt Frau Serebrowskaja.

Hoelz sorgt sich sehr um Lena, und ihr sind diese Monate,

eigentlich waren es immer nur Tage, die sie zusammen verbringen konnten, bis heute in schönster Erinnerung. „Ein Zauber ging von ihm aus . . .“

Fünfzig Jahre später gehe ich mit Frau Serebrowskaja durch die Pesotschnaja, die Sandstraße, wo damals auf einem hellgrauen Bretterzaun in großen Lettern stand: Max-Hoelz-Fabrik. „Kirow kam oft ins Werk“, erinnert sich Frau Serebrowskaja, „er nannte die Fabrik immer ‚Amerika auf der Pesotschnaja‘.“ Heute steht hier ein moderner großer Betrieb mit hellen hohen Fensterreihen.

Ein paar Minuten nur von hier entfernt, im Petrograder Rayon, liegt am Bolschoi-Prospekt neunundfünfzig das Gebäude der ehemaligen 191. Schule, der Max-Hoelz-Schule, in dem heute die Abteilung Volksbildung des Stadtbezirks ihr Domizil hat.

Und wieder ein paar Schritte weiter, am Kirow-Prospekt, lag der Betriebsklub der Max-Hoelz-Fabrik, im heutigen Haus des Rayon-Parteikomitees. Für Jelena Serebrowskaja ist der kurze Weg auf der Petrograder Seite von Leningrad ein Ausflug in ihre Lebensgeschichte, die bis heute eng mit Max Hoelz verbunden ist.

# Als Bergarbeiter in Temir-Tau

Im Sommer 1931, als er seinen Lehrgang an der Leninschule abgeschlossen hat, hält es Hoelz nicht mehr in Moskau. Er reist durch das Land, organisiert, schreibt und spricht auf Versammlungen und Kundgebungen. Auch das Leben der deutschen Arbeiter, die in der Zeit der Wirtschaftskrise in die Sowjetunion kommen und am sozialistischen Aufbau teilnehmen, beschäftigt ihn.

In einem Brief an die „Rote Zeitung“, ein deutschsprachiges Blatt in Leningrad, schreibt er:

„Bei meiner Anwesenheit in Leningrad erhielt ich die Nummer zwei der ‚Roten Zeitung‘. Sie macht inhaltlich und auch in ihrer technischen Aufmachung einen guten Eindruck. Die ‚Rote Zeitung‘ wird den deutschen Arbeitern in Leningrad ein Kamerad und Mitstreiter sein und sie beim sozialistischen Aufbau unterstützen. Unbedingte Voraussetzung dafür ist, daß ohne Ausnahme alle deutschen Arbeiter in Leningrad zugleich auch Mitarbeiter an ihrer ‚Roten Zeitung‘ sind. Jeder Arbeiter ein Arbeiterkorrespondent, dieser Satz ist zweimal unterstrichen.

Leningrad, Rot Front! Max Hoelz“

Immer wieder beschäftigt ihn die Verbindung zwischen sowjetischen und deutschen Kindern. Besonders an den Schulen, die seinen Namen tragen.

Viele sowjetische Pioniere und Komsomolzen haben in dieser Zeit die Patenschaft über ausländische Kinder übernommen. In Leningrad leistet besonders die 191. Schule eine ak-

Zu Gast in einer Leningrader Maschinenfabrik

tive internationalistische Erziehungsarbeit, wofür ihr der Name „Max Hoelz“ verliehen wurde.

Max Hoelz nimmt die Verbindung mit der Patenschule sehr ernst. Er schreibt den Schülern Briefe, in denen er von seinen Reisen durch das Land berichtet. Die Kinder schildern ihm regelmäßig, wie sie lernen und politisch arbeiten.

In einem dieser Briefe schreibt Hoelz: „Nach dem Besuch Eurer Schule weilte ich in einer ganzen Reihe von Städten, in Welikije Luki, in Witebsk, in Smolensk und in Wjatskoje, aber auch in vielen Dörfern, wo ich verschiedene Kollektivgüter besuchte. Besonders aktiv sind die Pioniere in Wjatskoje. Es gibt dort keine einzige Schule, in der nicht alle Kinder Mitglieder der Internationalen Roten Hilfe sind."

Hoelz freut sich über die Erfolge der Kinder und teilt sie auch den deutschen Pionieren mit. Im Namen der Roten Jungpioniere aus dem heimatlichen Vogtland hatte er schon 1930 einen Vertrag über einen Wettbewerb zwischen deutschen und Leningrader Pionieren angeregt. Zu den Verpflichtungen der Leningrader gehörte es unter anderem, alle Lehrer und Schüler für die Rote Hilfe zu gewinnen, die Arbeit des Zirkels für die militärische Ausbildung von Internationalisten und die des Esperanto-Zirkels zu aktivieren, die Eltern für die Solidaritätsarbeit zu gewinnen und anderes mehr.

Während seines Aufenthaltes im Vogtland beim Reichstagswahlkampf 1930 schließt er nun im Namen der Leningrader Pioniere mit den Jungkommunisten im Vogtland einen sozialistischen Wettbewerb ab. Nach dem Vorbild der sowjetischen Stoßbrigaden entstehen Stoßbrigaden der Roten Jungpioniere und der deutschen Jungkommunisten, deren Aufgabe es ist, die Partei zu unterstützen, die kommunistische Kinderorganisation zu stärken, die Kinder im Geiste des Internationalismus zu erziehen und vor allem den Kampf gegen den verderblichen faschistischen Einfluß zu führen.

Der Wettbewerb, an dem sich Hunderte von Kindern in Leningrad und im Vogtland beteiligen, entwickelt sich prächtig. Briefe gehen hin und her. Doch besser als Briefe, das zeigt sich bald, wäre eine persönliche Bekanntschaft.

Hoelz bittet Lena, den Besuch einer Gruppe junger Freunde aus dem Vogtland zu organisieren. Sie geht mit Feuereifer an die Arbeit, spricht in Versammlungen, sammelt Geld. Die Kinder tragen in Fünfkopekenstücken die Reisekosten zusammen. Max Hoelz schreibt einen Brief an seine jungen Leningrader Freunde: „Ich bitte Euch", heißt es da, „gemeinsam mit den Komsomolzen der Max-Hoelz-Druckmaschinenfabrik und den Pionieren und Komsomolzen der Schule der deutschen Minderheit ein Komitee zu bilden, das

Deutsche Jungkommunisten in Leningrad, Mai 1931 (vorn, 2. von rechts: Jelena Serebrowskaja)

über die Sammlung von Mitteln für eine solche Reise beraten soll und darüber, wie den Genossen die Einladung überbracht werden könnte. Eine solche Fahrt wäre von großem Nutzen für die Sache der internationalistischen Erziehung."

Schließlich kommt die Reise zustande. Gemeinsam mit der Mai-Delegation des ZK der KPD fahren fünf junge Delegierte aus dem Vogtland, ein Mädchen von den Roten Jungpionieren, drei Jungkommunisten und die Genossin Anna Rölz von der KPD, damals sechsundzwanzig Jahre alt, nach Leningrad. Max Hoelz begrüßt sie in Moskau. Die Zeitschrift

„Ogonjok“ berichtet unter der Überschrift „Delegation aus dem Vogtland“: „Am Morgen des Ersten Mai 1931. Leningrad. Wir, die Schüler-Komsomolzen, treffen auf dem Bahnhof eine Jugenddelegation, Gäste aus Deutschland. Dem Wagen entsteigen fünf junge Menschen in blauen Blusen . . . Das Auto bringt uns auf den Palastplatz, wo die Gäste auf der Tribüne Platz nehmen. Bis zu ihrer Ankunft standen wir mit ihnen im Briefwechsel. Wir verpflichteten uns, noch besser zu lernen, fleißig zu arbeiten, bei der Erfüllung des Fünfjahrplanes zu helfen und an den Subbotniks teilzunehmen; sie führten Aufklärungsarbeit unter der Landbevölkerung durch, um die Nazis zu entlarven, um für ihre Rechte zu kämpfen und der KPD zu helfen. Die fünf waren die Aktivisten in diesem Wettbewerb.“

Zwei Monate bleiben die Gäste aus dem Vogtland in der Sowjetunion. Max Hoelz kümmert sich viel um seine jungen Landsleute. Am 15. Mai schreibt er seiner alten Bekannten aus der Zuchthauszeit in Breslau, der Genossin Lena Hahn, die nun eine deutsche Schule in Odessa leitet. Er kündigt ihr die Ankunft der vogtländischen Genossen an und ermahnt sie, dafür Sorge zu tragen, daß die jungen Gäste nicht überanstrengt werden. Er schreibt, sie solle darauf achten, daß die Freunde, wenn sie in Versammlungen aufgetreten sind, immer genügend Ruhe haben, um sich zu erholen. Er fordert, daß man immer einen Tag frei hält, an dem sie nichts tun dürfen als spazierengehen und sich ausruhen. „Sie dürfen nicht überanstrengt werden“, schreibt er, „denn in Deutschland steht ihnen eine große Arbeit bevor.“

Jelena Serebrowskaja-Hoelz begleitete die Delegation auf der ganzen Reise, und ihre Freundschaft zu einigen Mitgliedern der Gruppe hat fünfzig Jahre, Krieg und Faschismus, überdauert.

Hoelz hält auch auf andere Weise Kontakt zum Vogtland. Die KPD-Zeitung „Arbeiterstimme“ veröffentlicht Briefe von ihm, in denen er die Sowjetunion gegen alle Feinde ver-

Als Bergarbeiter in Temir-Tau

teidigt und über das Leben im ersten Staat der Arbeiter und Bauern berichtet.

Im Sommer 1931 fährt Hoelz durch das Sowjetland; er besucht Tbilissi, Baku, Charkow, Kiew und andere Städte. Schon im Februar hatte er am 8. Uralkongreß der Sowjets teilgenommen. Er ist von den Reichtümern des Urals fasziniert. In seiner bilderreichen Sprache sagt er, daß die Bodenschätze den Ural „mit einer entsprechenden Technik zu einer steinernen Festung machen, zu einem Giganten der metallurgischen Industrie". Auch hier ist Hoelz ein Mensch der Tat, immer in Bewegung. Ein Brief vom November 1931 gibt einen Einblick in die Aktivitäten von Max Hoelz in diesem Herbst. Am 27. November 1931 schreibt er aus Kiew:

„Liebe Lena!

Dein Brief vom 25. 10. ist mir von Moskau über Tbilissi, Baku hierher nachgeschickt worden. Seit 1. Juni bin ich von Moskau abwesend. Eine sehr lange und interessante Reise habe ich hinter mir. Ausführlich darüber schreibe ich Dir noch.

Deine Zeitungsbeilagen waren sehr interessant. Dein Artikel in der Pionierzeitung ist ausgezeichnet . . . Von Moskau will ich Dir gründlicher schreiben. Dort bleibe ich nur einige Tage.

Rot Front! Max"

Im Winter 1931 kommt Hoelz nach Sibirien. Er will selbst am sozialistischen Aufbau mitarbeiten, und er tut es – wie immer im Leben – dort, wo es am schwersten ist. Im Dezember 1931 trifft er im Kusnezbecken, dem berühmten Steinkohlen- und Erzfördergebiet, ein. Hier im fernen Sibirien, im Gebiet Kemerowo, für sibirische Verhältnisse nicht weit entfernt von Schuschenskoje, wo Lenin in der Verbannung lebte, tritt er in eine Bergarbeiterbrigade ein. In einem Brief an die Max-Hoelz-Fabrik vom 30. April 1932 berichtet er darüber anschaulich wie ein Reporter. Er adressiert den Brief an den Direktor der Fabrik, den Parteisekretär und den Gewerkschaftsvorsitzenden.

„Teure Genossen,

seit Ende Dezember arbeite ich hier im Kusbass für das ZK der Partei und die Komintern. Erst war ich in Kusnezkstroj, und jetzt arbeite ich als Bergarbeiter in den Erzgruben Temir-Tau, welche das Erz für die Hochöfen in Kusnezkstroj liefern. Ich schicke Euch den Artikel mit, den ich über Kusnezk in der Prawda schrieb. Jetzt schreibe ich zwei neue Bücher. Das eine über das Leben und die Arbeit der Erzbergarbeiter in der sibirischen Taiga an der Front des sozialistischen Aufbaus.

Ich arbeite deshalb im Schacht, um das Leben und die Arbeit der Bergarbeiter wirklich kennenzulernen. Das ist die beste Methode, um etwas Gutes zu schreiben.

Die Arbeit der Erzbergarbeiter ist eine sehr, sehr schwere. Die meisten Menschen können sich überhaupt keine Vorstellung von dieser schweren Arbeit machen. Der Erzbergbau ist aber doch mit die wichtigste Basis für den Aufbau der Schwerindustrie und für die Eroberung der Technik. Die Genossen müßten sich schon aus diesem Grund etwas mehr mit der Arbeit in den Erzgruben beschäftigen.

Wir leben und arbeiten hier mitten in der sibirischen Taiga. Vor vierzehn Tagen lagen bei uns noch zwei Meter Schnee, jetzt aber sprießen fast überall die Blumen hervor. Gestern und heute schneit es wieder ganz toll.

Unsere Erzgruben sind erst neu angelegt, und deshalb haben wir noch fast gar keine Mechanisation der Arbeit. Alles ist bis zum Extrem primitiv. Wir müssen in den Schacht auf endlosen Holzleitern hinunterklettern und natürlich auch wieder hinauf. Das allein ist schon eine äußerst schwierige Sache, die uns täglich eine Menge Schweiß kostet.

Unten bohren wir dann neun Löcher in das harte Erz. Dazu verwenden wir Bohrer, die mehr als einen halben Zentner wiegen und die mit komprimierter Luft angetrieben werden. Diese Bohrer machen einen unbeschreiblichen Lärm. Man hat das Empfinden, als platzen einem die Trommelfelle, und die gewaltigen Erschütterungen, die der Bohrer verursacht, zerreißen uns fast die Gedärme. Wir müssen nämlich den Bohrer ganz fest an unseren Leib drücken und immer stark nachstoßen, sonst arbeitet er überhaupt nicht. Jedes der neun Löcher muß einen Meter und zwanzig Zentimeter lang sein. Sobald wir mit dem Bohrer auf Lehm kommen, was leider oft passiert, dreht sich der Bohrer nicht mehr von der Stelle, und wir müssen mit dem Handbohrer weiterbohren. Das aber ist eine schreckliche Quälerei, bei der wir förmlich Blut schwitzen müssen. Wir keuchen dabei wie die Hunde, wenn sie an heißen Sommertagen eine schwere Last ziehen müssen und am Verdursten sind. Beim Bohren in das Erzgestein wird uns durch die Stoßkraft der komprimierten Luft der ganze Erzstaub ins Gesicht getrieben. An manchen Tagen sind wir schwarz wie die echtesten Neger und an anderen Tagen rot wie die Indianer. Wir haben schwarzes und rotes Erz. Unsere Augen, unsere Lungen sind voll von dem schweren Erzstaub. Wenn die neun Löcher fertiggebohrt sind, dann werden sie mit Dynamit vollgestopft und gesprengt. Nach der Sprengung müssen wir schnellstens flüchten, sonst ersticken wir in den dicken Gasen, die durch die Sprengung entstehen.

Es dauert länger als eine Stunde, bis sich diese Gase endlich verziehen, weil wir leider noch keine Ventilation im Schacht haben. Nach dieser Sprengung schaufeln wir die losgelösten Erzmassen in die kleinen eisernen Waggons, welche wir dann einige hundert Meter weit den Stollen entlang bis zum Förderkorb schieben. Dort wird das Erz durch Pferdekraft hochgezogen. Wir müssen fünfzehn bis zwanzig Waggons volladen und fortschieben. Nachher beginnt die Versteifung und Stützung des Stollens mit schweren Säulen und Balken. Das müssen wir nach jeder Sprengung tun, sonst stürzt uns der ganze Schacht über den Kopf.

Wenn wir die Säulen und Balken aufgerichtet haben, beginnt wieder das Bohren. Und so geht es fort, jeden Tag. Meine Brigade, in der ich arbeite, besteht aus lauter Udarnikis (Stoßarbeitern). Die Brigade erfüllt ihren Plan zu 135 Prozent. Wir sind alle sehr stolz auf unsere Arbeit. Im Schacht lernt man erst richtig begreifen, daß die Arbeit für den sozialistischen Aufbau eine Sache der Ehre und des Ruhmes ist. Wir wissen, daß wir mit jeder Schaufel, die wir in den Wagen werfen, den hungrigen Hochöfen in Kusnezkstroj etwas zu fressen geben können, dem sozialistischen Lande Traktoren und Maschinen. Wir wissen, daß wir mit jedem Erzklumpen, den wir aus den Leibern der sibirischen Berge losreißen, die Verteidigung unserer teuren Sowjetunion stärken. Die Bergarbeiter hier kämpfen mit großem Ernst für die Durchführung der sechs Anweisungen des Genossen Stalin. Unsere Arbeit und unser Leben hier sind hart und schwer. Aber unsere Herzen und Sinne sind froh und glücklich, weil wir wissen, daß unsere Arbeit nicht faulen Ausbeutern das Leben schön und angenehm macht, sondern daß die Übererfüllung unserer Gegenpläne dazu beiträgt, auch unsere Arbeit schneller zu mechanisieren und leichter zu machen ...

Die Maschinen in den Händen der Kapitalisten haben Millionen Menschen arbeitslos und brotlos gemacht. Aber die Maschinen im Besitz der Arbeiter- und Bauernklasse im Sowjetlande haben die Arbeitslosigkeit liquidiert und machen den Werktätigen die Arbeit leicht und zu einer Quelle des Reichtums, der Freude und der neuen proletarischen Kultur.

In zwei bis drei Monaten werde ich meine Aufgabe hier erfüllt haben. Dann kehre ich nach Deutschland zurück, um dort in den Reihen der starken Kommunistischen Partei Deutschlands mitzukämpfen für ein Sowjetdeutschland ...

Mit einem donnernden Rot Front! Max Hoelz“

Max Hoelz fuhr nicht nur nach Sibirien, um dort Material für sein Buch zu sammeln. Er fuhr auch deshalb in den Schacht, um den deutschen Arbeitern ein Beispiel zu geben. Ein halbes Jahr arbeitete er unter diesen schweren Bedingungen in Temir-Tau, Bedingungen, die seinem Gesundheitszustand nicht dienlich waren. Doch wer hätte Max Hoelz je von einem Entschluß abbringen können, den er für richtig hielt? Es war nicht seine Art, sich selbst zu schonen. Auch an Lena schreibt er aus Temir-Tau:

„Liebe Lena!

Deinen großen Brief vom 11. März erhielt ich mit großer Verspätung, weil er erst nach Kusnezk gegangen war. Von dort waren wir aber mehrere Wochen ganz abgeschnitten, da infolge der Schneeschmelze die Eisenbahnlinie und alle Wege und Brücken unbenutzbar wurden.

Bei Arbeitern der Max-Hoelz-Fabrik

Die kleinen Bücher, die Du mir schicktest, habe ich bekommen. Ich kann mir sehr gut vorstellen, daß Du mit Arbeit überlastet bist und Dir die Zeit stehlen mußt, um in der Stadt herumzulaufen und Bücher aufzutreiben. Ich rechne so, daß Du vielleicht einen Deiner Brüder wegen der Bücher beauftragen könntest.

Ich habe die Sorge, daß durch die zu große Arbeitsüberlastung Deine Gesundheit ganz aufgerieben wird und Du dann keine gute Arbeit mehr leisten kannst. Du mußt ernstlich vorsichtig mit Deiner Gesundheit sein. Du solltest immer beden-

ken, daß Deine Gesundheit ein wertvolles Kapital Deiner Komsomolzelle ist, mit der Du keinen Raubbau treiben darfst.

Daß Du eine gute Korrespondenz mit Deutschland hast, das ist eine ausgezeichnete und wichtige Sache. Aber ich kann auch verstehen, wie unerhört viel Zeit Dir dieser Briefwechsel verschlingt. Wenn Du wenigstens so wie ich eine Schreibmaschine hättest, dann ginge das viel leichter. Eigentlich müßte ich Dir eine Schreibmaschine abgeben. Ich habe mich jetzt endlich ganz unabhängig von allen Stenotypistinnen gemacht. Ich schreibe alles selbst und bin nicht mehr auf die Mucken und Launen der Schreibmaschinenfräuleins angewiesen ...

Über das beigefügte Bild von Dir habe ich mich herzlich gefreut. Du siehst gut und munter aus. Es ist nicht wahr, daß Du auf dem Bilde schlecht getroffen bist, im Gegenteil: Du schaust fein aus.

Ich bitte Dich, daß Du unbedingt nach hier kommst. Du kannst es doch so einrichten, daß Du Deinen Urlaub ein oder zwei Monate früher nimmst. Ich muß Dich unbedingt sprechen, und ich kann leider nicht voraussagen, ob ich nach Leningrad kommen kann, so sehr gern ich möchte."

Die letzten Sätze schreibt er mit der Hand: „Ich warte sehr auf eine zustimmende Antwort von Dir. Schicke ein Telegramm, wenn Du dort abfährst. Du könntest meiner Arbeit hier und auch dem Komsomol schon in einem Monat viel nützen. Gib bald Antwort.

Rot Front, Dir, den Eltern und Brüdern
Euer Max Hoelz"

Doch Jelena kann nicht fahren. Sie steht gerade in den Prüfungen. Wegen ihrer politischen Arbeit hat sie ihre Ausbildung mehrmals unterbrechen müssen. In den letzten Jahren mußte sie dreimal die Schule wechseln. Mit gesellschaftlicher Arbeit ist sie ständig überhäuft. Vom 1. Mai an war sie mehrere Wochen mit der Delegation aus dem Vogtland unterwegs, und es fällt ihr schwer, das Versäumte in der Schule aufzuholen. In Mathematik, Physik und Chemie zeigen sich Lücken, und sie kann die Schule nicht schon wieder vor den Ferien unterbrechen.

„Heute tut es mir schmerzlich leid", sagt sie, „daß ich nicht zu ihm gefahren bin, aber damals sah ich keinen Weg. Vielleicht hätte ich ihm helfen können. Doch man kann Geschehenes nicht rückgängig machen."

Im Juni 1932 schreibt er ihr aus Moskau:

„Liebe Lena!

Deine beiden Briefe und das Telegramm aus dem Dorfe habe ich erhalten. In den ersten Tagen des August werde ich bestimmt in Leningrad sein. Den genauen Tag der Ankunft telegrafiere ich Dir noch. Die Fahrkarte habe ich schon. Ich freue mich, daß ich endlich nach so langer Zeit Dich sehen und über alle Fragen mit Dir sprechen kann.

Rot Front! Dein Max Hoelz“

Im Sommer kommt er nach Leningrad, in den Betrieb, der seinen Namen trägt. Ein Foto zeigt ihn im Kreise der Arbeiter, etwas mager und abgespannt von der schweren Zeit im Ural. Die Fabrik, die heute zum Kombinat Polygraph-Masch gehört und moderne Fototechnik für Druckereien herstellt, hatte damals einen Fabrikklub auf dem heutigen Kirow-Prospekt, in dem Max Hoelz mit den Arbeitern diskutierte.

Ein paar Plätze entfernt von ihm sitzt Lena, den Schreibblock in der Hand, seine Rede notierend, die sie übersetzt. Sie hat sich die Zöpfe abschneiden lassen, trägt nun eine Bubikopffrisur, die sie erwachsener machen soll.

Es ist der letzte Sommer für Hoelz und Jelena. Max Hoelz fährt wieder ab, neue Aufgaben, neue Pflichten warten auf ihn. Und Jelena muß ihre Fabrikschule abschließen. Eine Romanze geht zu Ende. Die räumliche Trennung tut ein übriges, und im April 1933 wird die Ehe geschieden.

In Deutschland herrscht der Faschismus. Als einem der ersten erkennen die neuen Machthaber 1933 Max Hoelz die deutsche Staatsbürgerschaft ab. An eine Rückkehr in die Heimat kann er unter diesen politischen Verhältnissen nicht mehr denken.

Um an frischer Luft seine Gesundheit wiederherzustellen, fährt er im Frühling 1933 aufs Land – auf ein Staatsgut in der Nähe von Gorki, wo er den Sommer verbringt.

# Trauer um Max Hoelz

In der Landwirtschaft hatte das Arbeitsleben von Max Hoelz vor dem ersten Weltkrieg begonnen. Damals hatte er sich, vierzehnjährig, als Knecht beim Bauern Klotzsche in Leutewitz bei Riesa verdingt. In der Landwirtschaft arbeitet er nun auch in seinem letzten Sommer, aber auf einem Sowjetgut, bei Gorki, dem ehemaligen Nishni Nowgorod, an der Mündung der Oka in die Wolga. Hier stirbt er in der Nacht vom 15. zum 16. September 1933 einen tragischen und sinnlosen Tod.

Hoelz ist am frühen Abend bei einer befreundeten Familie zu Gast. Auf dem Rückweg kommt er am Fluß vorbei. In seiner Unberechenbarkeit greift er sich ein am Ufer liegendes Boot.

Obwohl ihm bekannt ist, wie tückisch die Oka sein kann und wie schnell ein Sturm den Fluß, der hier tausend Meter breit ist, in einen reißenden Strom verwandelt, rudert er los. Aus den Notizen, die man später bei ihm findet, geht hervor, daß er am Abend noch in einer Telefon- und Radiofabrik sprechen sollte. Hoelz, der leidenschaftliche Sportler, will mit dem Boot zur Fabrik hinüberrudern.

Plötzlich kommt Sturm auf, das Wasser der Oka steigt in kurzer Zeit um mehr als einen halben Meter. Das Boot treibt ab und kentert.

In den Vormittagsstunden des nächsten Tages bemerken Kinder, die am Ufer der Oka spielen, wie eine Leiche im Wasser treibt. Sie holen die in der Nähe arbeitenden Fischer herbei, denen es mit viel Mühe gelingt, den Leichnam zu bergen. Es ist, zum Entsetzen der Menschen, die Leiche des deutschen Genossen Max Hoelz. Der Mann, der so viele Stürme durchlebte, ist bei einem Sturm auf der Oka ums Leben gekommen.

Eine sofort eingesetzte Untersuchungskommission bemüht sich, die näheren Umstände des Unglücks aufzuklären. Doch mehr ist nicht zu erfahren. Die 1933 im Verlag ausländischer Arbeiter in der UdSSR erscheinende Schrift „Max Hoelz, ein deutscher Partisan“ berichtet darüber:

„Die Kunde vom Tode Max Hoelz' verbreitete sich blitzschnell durch die Stadt. Schon am Abend desselben Tages fanden in den Betrieben Meetings statt. Die Menschen hier kannten ihn nicht nur aus Referaten und Presseberichten, sondern persönlich als Genossen, der, seitdem er im Gorki-Gebiet arbeitete, eifrig bestrebt war, mit ihnen Fühlung zu nehmen und ihr Leben kennenzulernen. Am nächsten Tage, dem Tage der Beerdigung, waren die Straßen der Stadt mit Trauerfahnen geschmückt. Der Leichnam wurde im Gewerkschaftshaus im Zentrum der Stadt aufgebahrt. Von allen Betrieben strömten Arbeiterdelegationen zum Gewerkschaftshaus. Um zwölf Uhr, als der Zugang geöffnet wurde, hatte sich auf dem Platz vor dem Gewerkschaftshaus eine große Menschenmenge versammelt. Einer nach dem anderen traten die Delegierten in den mit rotem und schwarzem Tuch geschmückten Saal, um Kränze auf den Sarg niederzulegen. In einen dunklen Anzug gekleidet, die Hände übereinandergefaltet, lag Hoelz im Sarg, inmitten eines Meeres von Kränzen und frischen Blumen. Eine Musikkapelle spielte Trauermärsche. Unbeweglich standen vier Stoßarbeiter neben dem Sarg Ehrenwache. Um fünfzehn Uhr dreißig erschien im Gewerkschaftshaus die Delegation des Exekutivkomitees der Kommunistischen Internationale, die am Morgen zur Beerdigung aus Moskau eingetroffen war, sowie Genosse Shdanow, der Sekretär des Gebietsparteikomitees, und zahlreiche Vertreter der Partei, der Sowjet- und Gewerkschaftsorganisation. Alle fünf Minuten wurde die Ehrenwache abgelöst. Als letzte

...лыгэса, паровую турбину Бобриковской станции, Ингрэса — к ним строжайшее завершение ударных заказов районных ГЭС.

## МАКС ГЕЛЬЦ

ГОРЬКИЙ, 16 (ТАСС). **Во время прогулки на лодке на р. Оке выше Канавинского моста в гор. Горьком вечером 15 сентября утонул известный германский коммунист тов. Макс Гельц.**

Похороны тов. Макса Гельца состоятся в Горьком 17 сентября.

## ПАМЯТИ МУЖЕСТВЕННОГО РЕВОЛЮЦИОНЕРА

Макс Гельц родился в 1889 году в Морице близ Ризы (Саксония), в семье рабочего лесопильного завода. При окончании мировой войны Макс Гельц был членом независимой с.-д. партии в Фохтланде (Саксония). **Вскоре после образования коммунистической партии он вступил в ее ряды** и организовал активную борьбу за интересы безработных. В связи с революционной деятельностью Макса Гельца власти назначили награду за голову Макса Гельца, которому пришлось долгое время скрываться. В 1920 году Макс Гельц стал во главе фохтландских рабочих в их борьбе против реакции. В 1921 году он был арестован и присужден к пожизненной каторге. **Семь лет он просидел за стенами каторжной тюрьмы.** В 1928 году он был освобожден, но его здоровье было подорвано, и по предложению ЦК германской компартии он переехал в СССР.

## МИРОВЫЕ ДОСТИЖЕНИЯ

Die Todesanzeige in einer sowjetischen Zeitung

nahmen die Genossen des Exekutivkomitees und der Genosse Shdanow von dem Verstorbenen Abschied. Dann wurde der Sarg aus dem Gebäude herausgetragen, und ein langer Zug setzte sich in Bewegung. An der Spitze marschierte eine Abteilung Rotarmisten. Dem Sarg wurden die Kränze und der Rotbannerorden vorangetragen, mit dem Max Hoelz in Anerkennung seiner Verdienste um die revolutionäre Arbeiterbewegung von der Sowjetunion ausgezeichnet worden war. Hinter dem Sarg schritten die Freunde von Hoelz, die Vertreter des Exekutivkomitees der Kommunistischen Internationale und die Funktionäre des Gebiets Gorki. Dann folgte der endlose Zug der Arbeiter. Langsam bewegte

Aufbahrung in Gorki

sich der Zug durch die Straßen, dem am Ende der Stadt liegenden Friedhof zu. Vor dem offenen Grab sprach Genosse Heckert im Namen der KPD von dem Kämpferleben dieses Partisans der deutschen Revolution. Er erzählte vom heldenmütigen Leben des toten Genossen.

Von seinem Kampf im Vogtland, im Mansfeldischen, von seinem unerschrockenen Verhalten vor dem Gericht, das den ‚Brandstifter und Räuberhauptmann Hoelz' zu lebenslänglichem Zuchthaus verurteilte. Er schilderte den Kampf der deutschen Arbeiter um die Befreiung von Hoelz aus den Klauen der Bourgeoisie. Sieben Jahre dauerte der Kampf, doch er war nicht vergebens. Hoelz wurde dem Leben wiedergegeben,

Knapp vierzig Jahre später: Jelena Serebrowskaja vor dem Gedenkstein für Max Hoelz auf dem Friedhof in Gorki

und er blieb, was er war: ein unerschrockener Kämpfer – ob er dann in der Sowjetunion lernte, reiste, arbeitete oder ob er im Wahlkampf 1930 gegen die deutschen Faschisten in Versammlungen sprach."

„Hoelz ist tot", ruft Fritz Heckert, „doch der Geist der Rebellion, der Hoelz zeitlebens erfüllte, lebt weiter, dieser Geist des Heroismus. Er ist in das proletarische Lied eingegangen und wird in ihm weiterleben. Max Hoelz ist tot, doch Millionen Jungarbeiter und Pioniere singen ihr Lied: ‚Wer will mit uns gen Hitler ziehen, Max Hoelz, der kommandiert!'"

Das Zentralkomitee der Kommunistischen Partei Deutschlands würdigt in einem Nachruf den Genossen Hoelz:

„... Die Kommunistische Partei Deutschlands hat in Max Hoelz einen bekannten Kämpfer für die deutsche proletarische Revolution verloren. Noch in den letzten Tagen zeigte sich der tiefe Haß, mit dem ihn die deutsche Bourgeoisie verfolgte, in der Aberkennung der deutschen Staatsbürgerschaft durch die faschistische Regierung. Diesem tiefen Haß aber stand eine ebensolche große Liebe entgegen, mit der ihn die deutsche revolutionäre Arbeiterschaft ehrte.

Im Jahre 1919 trat Max Hoelz zum erstenmal in die Reihen der Kommunistischen Partei, nachdem er bereits vorher als Proletariersohn seinen Platz in den Reihen des kämpfenden Proletariats gefunden hatte. Im Kapp-Putsch 1920 im Vogtland und in den März-Kämpfen 1921 in Mitteldeutschland hat Max Hoelz mit heißem Herzen und erfüllt vom Kampfeswillen Großes geleistet für das deutsche Proletariat und für die deutsche proletarische Revolution.

Das deutsche Proletariat hat die revolutionäre Kühnheit unseres Genossen Max Hoelz vergolten durch einen jahrelang währenden Kampf um die Freilassung des zu lebenslänglichem Zuchthaus verurteilten revolutionären Kämpfers und konnte ihm endlich nach sieben Jahren Kerker die Freiheit zurückgeben. Max Hoelz ging 1929 nach der Sowjetunion, um sich die Lehren Lenins vom Klassenkampf des

Proletariats in der Periode des Imperialismus anzueignen. Auch das Proletariat der Sowjetunion hat Max Hoelz als einen tapferen Kämpfer geehrt.

Schon viele Tausende deutsche Arbeiter sangen das Lied ‚Wer will mit uns gen Hitler ziehen, Max Hoelz, der kommandiert!'.

Nun haben wir unseren Max Hoelz verloren, aber seine Kampfbegeisterung lebt in den Tausenden von Aktionen, die heute schon die revolutionäre deutsche Arbeiterschaft in ihrem Kampf gegen die faschistische Diktatur durchführt."

Die Genossen in Falkenstein erfahren von seinem Tod durch die faschistische Presse, die hämisch darüber berichtet.

Doch ganz sicher fühlt sich die Reaktion vor ihm noch immer nicht. In einem geheimen Polizei-Rundschreiben vom Dezember 1933 wird mitgeteilt, aus vertraulicher Quelle sei bekannt geworden, daß der Kommunistenführer Max Hoelz lebe und sich bester Gesundheit erfreue. Es heißt dort: „Da wir nach Max Hoelz in allen Ländern Europas fahnden, und damit er in Vergessenheit gerät, um den Eindruck zu erwekken, er sei tot, hat Rußland der Welt vom tragischen Tod bei einem Badeunfall Mitteilung gemacht. Diese Mitteilung entspricht nicht der Wahrheit ... Es ist daher wahrscheinlich, daß Max Hoelz lebt und bei guter Gesundheit ist. Zur Zeit hält er sich aller Wahrscheinlichkeit nach unter falschem Namen im Saargebiet auf."

Welch ein Schrecken! So sehr hat er seinen Feinden zugesetzt, daß ihnen die Angst noch nach seinem Tod in den Knochen sitzt.

Vierundvierzig Jahre nur währte das Leben von Max Hoelz, aber was für ein Leben! Schon zu seinen Lebzeiten, aber erst recht nach seinem Tod beginnen sich Legenden um ihn und seine Taten zu ranken. Eine Hecke von Urteilen und Vorurteilen versperrt bald den Blick auf den Menschen Max Hoelz.

Er stirbt, als in Deutschland die faschistische Diktatur be-

ginnt. Die Grausamkeiten in den faschistischen Zuchthäusern und Konzentrationslagern übertreffen bei weitem, was er in den Zuchthäusern der Weimarer Republik erlebte. Angesichts dieser Untaten verblaßt die Erinnerung an den Mann, dessen Schicksal einst Hunderttausende zu offener Parteinahme aufrüttelte. Und viele, die ihn kannten, überlebten den Faschismus nicht. Zahlreiche seiner Mitkämpfer aus dem Vogtland, aus Mansfeld, Genossen, die er in Berlin und Moskau traf, wurden von den Faschisten verhaftet, mißhandelt, ermordet, unter ihnen Ernst Thälmann und Fiete Schulze.

Doch diejenigen, die überlebten, haben Max Hoelz nicht vergessen. In Gorki in der Sowjetunion pflegen sowjetische Jungpioniere sein Grab. In Falkenstein im Vogtland trägt eine polytechnische Oberschule heute seinen Namen.

# Daten aus dem Leben von Max Hoelz

| | |
|---|---|
| 1889 | 14. Oktober – Max Hoelz wird in Moritz bei Riesa geboren |
| 1891 | Familie Hoelz zieht nach Hirschstein an der Elbe |
| 1895–1903 | Besuch der Volksschule in verschiedenen Orten zwischen Riesa und Meißen |
| 1903 | Hoelz wird Landarbeiter beim Bauern Klotzsche in Leutewitz bei Riesa |
| 1905 | Hausdiener in Riesa, Silberputzer in Heidelberg, Diener in Baden-Baden |
| 1906 | Reise nach England, Arbeit als Liftboy, Küchenjunge, Wagenwäscher und technischer Zeichner in London |
| 1909 | Rückkehr nach Deutschland, Arbeit als Hausknecht und Hilfskellner in Berlin |
| 1912 | Übersiedlung nach Falkenstein im Vogtland, Arbeit als Landvermesser und Filmvorführer |
| 1914 | 10. August – Soldat im 18. Königshusarenregiment in Großenhain |
| | Ab Ende Oktober – Einsatz an verschiedenen Fronten des 1. Weltkrieges |
| 1917 | Erste Begegnung mit Georg Schumann an der galizischen Front |
| 1918 | 9. November – Rückkehr nach Falkenstein, Mitglied des Arbeiter- und Soldatenrates in der Novemberrevolution |
| 1919 | Februar – Hoelz wird Mitglied der Kommunistischen Partei Deutschlands |
| | 24. April – als Vorsitzender des Arbeitslosenrates in Falkenstein gewählt |
| | 29. April – Einmarsch der Reichswehr in Falkenstein |
| | 3. Juni – ein Jägerregiment besetzt die Stadt |
| | 22. Juni – dritte Besetzung Falkensteins durch Sicherheitstruppen |
| 1919 | Spätsommer – Besuch der Parteischule der KPD in Walsrode, Lüneburger Heide |

| | |
|---|---|
| 1920 | März – Teilnahme am Kampf gegen den Kapp-Putsch im Vogtland |
| | 12. April – Einmarsch der Reichswehr und Ausnahmezustand im Vogtland |
| 1921 | 19. März – Sicherheitspolizei besetzt die Betriebe und Städte im Mansfelder Land |
| | 21. März – Beginn des Generalstreiks in Mansfeld |
| | 22. März – Ankunft von Hoelz im Streikgebiet |
| | 23. März–1. April – Als Kommandeur von Arbeiterkampfgruppen Teilnahme an den Märzkämpfen in Mitteldeutschland |
| | 15. April – Verhaftung in Berlin |
| | 13. Juni – Beginn des Hoelz-Prozesses, der mit der Verurteilung zu lebenslanger Zuchthaushaft endete |
| | Juni – III. Weltkongreß der Kommunistischen Internationale beschließt Grußadresse an Max Hoelz |
| | 14. Juli – Einlieferung in das Zuchthaus Münster/Westf. |
| 1922 | September – Verlegung ins Zuchthaus Breslau |
| 1923 | Hoelz wird als erster Deutscher von der Sowjetunion mit dem Rotbannerorden ausgezeichnet |
| 1924 | Der noch immer Inhaftierte wird Spitzenkandidat der KPD für die Reichstagswahlen |
| 1925 | Zuchthausheirat mit Traute Loebinger |
| 1926 | Erich Mühsams Broschüre „Gerechtigkeit für Max Hoelz“ erscheint im Verlag der Roten Hilfe |
| | Verlegung ins Zuchthaus Groß-Strehlitz in Oberschlesien |
| 1927 | Gründung des „Neutralen Komitees für Max Hoelz“ |
| | Verlegung in die Haftanstalt Sonnenburg |
| 1928 | 1. Januar – Hoelz wird Ehrenmitglied des Leningrader Stadtsowjets |
| | 18. Juli – Hoelz wird aus der Haft entlassen |
| 1929 | Erste Reise in die Sowjetunion |
| 1930 | Rückkehr nach Deutschland, Teilnahme an den Wahlkämpfen |
| | September – Hoelz wird in Bad Elster von den Faschisten schwer verwundet |
| | Oktober – auf Beschluß der Partei Emigration in die Sowjetunion, Studium an der Leninschule |
| 1931–1932 | Bergarbeiter und Parteifunktionär in Sibirien |
| 1933 | Arbeit auf einem Staatsgut bei Gorki |
| | 15. September – Hoelz kommt bei einem Bootsunglück auf der Oka ums Leben |

# Personenregister

# Ortsregister

# Quellenverzeichnis

Als Quellen wurden vor allem genutzt:

W. I. Lenin: Der „linke Radikalismus", die Kinderkrankheit im Kommunismus, Werke, Band 31

W. I. Lenin: Brief an die deutschen Kommunisten, Werke, Band 32

Ernst Thälmann – eine Biographie, Dietz Verlag, Berlin 1979

Geschichte der deutschen Arbeiterbewegung in acht Bänden, Band 3

Max Hoelz: Vom „Weißen Kreuz" zur roten Fahne, Malik-Verlag, 1929

Max Hoelz: Briefe aus dem Zuchthaus, herausgegeben und mit einem Nachwort versehen von Egon Erwin Kisch, Erich-Reiß-Verlag, Berlin 1927

Max Hoelz: Ein Jahr Kampf des KJVD. Zentral-Völker-Verlag, Moskau 1930

Stefan Weber: Die Märzkämpfe 1921 – eine ruhmvolle Kampfaktion des mitteldeutschen Proletariats, herausgegeben von der SED-Kreisleitung Mansfeld-Kombinat, Eisleben 1971

Alfons Wätzig, Die revolutionären Kämpfe im Vogtland während der Novemberrevolution (Dissertation)

Kurt Lindner: Lutherstadt Eisleben, Zentrum des Mansfelder Kupferbergbaus, Band 2 (Manuskript)

Walter Drobnik: Der mitteldeutsche Aufstand 1921, Lübeck 1929

Joseph Schneider: Die blutige Osterwoche im Mansfelder Land, Verlag der Arbeiterbuchhandlung in Wien, 1922

Erich Mühsam: Gerechtigkeit für Max Hoelz! Verlag Rote Hilfe Deutschlands, 1926

Georg Schumann: Max Hoelz, der gemeine Verbrecher, Material zu dem an Max Hoelz verübten Justizmord, Halle-Merseburg 1923

Georg Schumann: Die Enthüllungen zu den Märzkämpfen, Halle 1922

Maximilian Harden, Max Fraenkel, Max Herrmann-Neiße, Franz Pfemfert, R. Hausmann über Max Hoelz. In: „Die Aktion", Berlin 1921

Wolfgang Jonas: Erlebnisberichte Mansfelder Kumpel, Verlag Tribüne, Berlin 1956

Hans Manfred Bock: Syndikalismus und Linkskommunismus von 1918 bis 1923, Meisenheim 1969
Max Hoelz, ein deutscher Partisan, Verlagsgemeinschaft ausländischer Arbeiter in der UdSSR, Moskau/Leningrad 1933
Max Hoelz, ein revolutionärer Kämpfer des Vogtlandes, Broschüre, veröffentlicht 1978 von der Kommission zur Erforschung der örtlichen Geschichte der Arbeiterbewegung bei der SED-Kreisleitung Auerbach
Briefe nach der Schweiz, herausgegeben von Theo Pinkus, Limmat Verlag, Zürich 1972
Illustrierte historische Hefte, VEB Deutscher Verlag der Wissenschaften
– Manfred Weißbecker: Flucht nach Weimar
– Erwin Könnemann/Hans-Joachim Krusch: Aktionseinheit gegen Kapp-Putsch
J. S. Pawlow: Zum 90. Geburtstag von Max Hoelz. In: Woprossy istorii KPSS, 10/1979 (russ.)
Zeitschriftenartikel von Egon Erwin Kisch, Erich Weinert, Kurt Tucholsky, Alfred Apfel, Ernst Toller, Carl von Ossietzky, Max Rudert, Albert Winter in: „Die Rote Fahne", „Die Weltbühne", „Welt am Abend", „Die Aktion" und anderen Publikationsorganen
Protokolle des Deutschen Reichstages, des Preußischen Abgeordnetenhauses
Akten des Prozesses vor dem Sondergericht in Berlin-Moabit 1921
Polizeiberichte

# Inhalt